사치와 자본주의

LUXUS UND KAPITALISMUS

Werner Sombart

사치와 자본주의

luxus und kapitalismus

베르너 좀바르트 지음
이상률 옮김

문예출판사

머리말

내가 간행하기 시작한 연구들은 나의 책《근대 자본주의Der Moderne Kapitalismus》의 개정을 위해서 시도한 경제사 연구의 성과를 담고 있다. 나는 이 연구들을 따로 나누어서 출판할 것이다. 그 외적인 이유는 하나의 일반적인 서술의 틀 속에 끼워 넣기에는 그 연구들이 다루는 내용의 범위가 너무 넓기 때문이다. 그리고 내적인 이유도 있다. 즉 그 연구들이 경제사 영역을 넘어서, 엄격한 경제사적 사고방식이 허용하는 것보다 문제를 훨씬 더 폭넓고 사실적으로 추적하기 때문이다. 또 다른 한편으로는 그 연구들이 각각 내적으로 일관된 통일성을 나타내고 있어 따로 취급하는 편이 더 좋으며, 또 그렇게 봐야 독립된 각각의 중심적인 시각에서 관찰할 수 있기 때문이다.

나는 (작년에 출판한)《유대인과 경제생활Die Juden und das Wirtschaftsleben》로 이 연구들의 간행을 시작하였다. 이 책과 마찬가지로 그 책에서도 근대 자본주의 발전사에서의 특정한 문제를 모든 갈래에 걸쳐서 검토하였다. 앞선 책에서는 유대인의 오랜 신인 여호와가 유럽 국민들의 경제생활에서 얼마나 중요한 의미를 갖고 있는지를 보여주는 데 관심이 있었다면, 지금 독자에게 선보이는 두 권의 연구에서는 근대 자본주의의 형성에 있어서 다른 두 개의 신[부富의 신과 무武의 신]이 행한 몫을 증명하고 싶다.

　본 '연구'의 제2권은 전쟁과 자본주의의 관계를 다루고 있다. 그런데 "사치와 자본주의"라는 제목을 갖고 있는 이 제1권은 원래 "사랑, 사치와 자본주의Liebe, Luxus und Kapitalismus"라고 제목을 붙였어야 할 것이다. 왜냐하면 이 책의 근본사상은 유럽 사회가 십자군전쟁 이후 겪은 변화에 의해서 남녀 간의 관계가 바뀌었고, 이러한 변화로 말미암아 지배계급의 생활양식 전체도 새롭게 형성되었으며, 이러한 새로운 형성이 근대적인 경제체제의 형성에 본질적인 영향을 미쳤다는 사실을 증명하는 것이기 때문이다.

리젠게비르게의 미텔 슈라이버하우에서

1912년 11월 12일 베르너 좀바르트

차 례

머리말 — 4

제1장 새로운 사회 — 9

I. 궁정 — 11
II. 시민의 부 — 16
III. 새로운 귀족 — 23

자료와 문헌 — 42

제2장 대도시 — 45

I. 16, 17, 18세기의 대도시 — 47
II. 대도시의 발생과 내부 구성 — 50
III. 18세기의 도시이론 — 68

자료와 문헌 — 74

제3장 사랑의 세속화 — 75

I. 연애에서 위법원칙의 승리 — 77
II. 고급창녀 — 92

자료와 문헌 — 105

제4장 사치의 전개 — 111

I. 사치의 개념과 그 본질 — 113

II. 궁정 — 120

III. 기사와 졸부의 모방 — 145

IV. 귀여운 여성의 승리 — 167

1. 사치의 일반적인 발전 경향 – 168 / 2. 가정에서의 사치 – 173

3. 도시에서의 사치 – 187

자료와 문헌 — 195

제5장 사치에서의 자본주의의 탄생 — 199

I. 올바른 문제 제기와 틀린 문제 제기 — 201

II. 사치와 상업 — 211

1. 도매업 – 211 / 2. 소매업 – 225

III. 사치와 농업 — 236

1. 유럽 – 236 / 2. 식민지 – 243

IV. 사치와 산업 — 248

1. 사치산업의 의의 – 248 / 2. 순수한 사치산업 – 253

3. 혼합산업 – 263 / 4. 사치소비의 혁명적인 힘 – 284

주 — 289

옮긴이의 말 — 307

일러두기

원주는 미주로 처리했고 옮긴이 주는 본문 안에 〔 〕로 묶었다.

제1장

새로운 사회

I. 궁정

우리가 오늘날 이해하고 있는 의미에서의 거대한 궁정의 탄생은 중세 말기에 국가 구성과 군사 제도에서 행해진 변화의 중요한 결과일 뿐만 아니라 그 변화의 결정적인 원인이기도 하다.

그 이후에 발전한 궁정의 선구이자 모범은 다른 많은 영역에서와 마찬가지로 여기에서도 역시 고위 성직자였다. 아마도 아비뇽은 최초의 '근대적인' 궁정이었을 것이다. 왜냐하면 여기서 처음으로 두 무리의 사람들이 지속적으로 모여서, 그 이후의 수 세기 동안 소위 궁정사회Hofgesellschaft를 이루어 그 유행을 선도하였기 때문이다. 그 한 무리는 궁정의 이익에 봉사하는 것 이외에는 다른 아무 직업도 없는 귀족들이며, 또 한 무리는 아름다운 여인들이다. 이 아름다운 여인들은 "종종 예의와 정신을 통해서 품위를 나타냈으며" 궁정생활에 진실로 독특한 성격을 주었다(이 문제에 대해서는 나중에 관련된 곳에서 보다 정확하게 추적할 것이다). 아비뇽 궁정의 의의는 무엇보다도, 여기서 처음으로 교황 주위에 거의 모든 유럽의 교회 대귀족들이 모여서 화려한 모습을 펼쳤다는 데 있다. 요한 22세는 교령敎令에서 그 모습을 우리에게 생생하게 보여주고 있다.

잘 알고 있는 바와 같이, 15세기와 16세기 초에는 로마 교황과 그의 친척들이 살던 궁정이 가장 화려한 궁정이었으며, (에라스무스 Desiderius Erasmus (1466~1536. 네덜란드의 인문주의자이자 신학자) 같은 사람마저도 감격케 할 정도로) 자유로운 분위기, 호화로움, 우아한 예절의 모범으로 간주되고 있었다. 로마 궁정의 신하들은 카스틸리오네Baldassare Castiglione (1478~1529. 이탈리아의 시인이자 외교관. 그가 저술한《궁정인론Il Libro der Cortegiano》(1513~1518)은 문답 형식으로 당시의 이상적인 궁정인이 처신할 바를 논한 책으로, 일찍이 각국어로 번역되어 서유럽 상류사회의 교양에 큰 영향을 미쳤다)가 당시 궁성인의 이상적인 모습으로 삼은 것에 가장 근접하였다. 우리는 르네상스 시대의 위대한 교황들의 통치 시절에 바로 이 로마에서 세속적인 화려함이 최고조에 달하였다는 것을 나중에 보게 될 것이다.

다른 이탈리아 군주들의 궁정도 교황의 궁정과 경쟁하였다. 근대적인 특징을 지닌 초기의 군주 궁정 중 하나는 나폴리의 알폰소Alfonso의 궁정이었다. 그는 "명예, 호화로움 그리고 여성"을 무엇보다 사랑하였다고 한다. 또한 밀라노, 페라라 및 그 밖의 작은 [군주의] 거주지에 있는 궁정들도 이미 15세기에는 완전히 근대적인 생활을 나타내고 있었다. 바로 이 이탈리아에서 이러한 생활의 특징들이 가장 먼저 발전한 것은 당연하다. 왜냐하면 이탈리아에서는 다음과 같은 조건들, 즉 기사도의 몰락, 귀족의 '도시화', 절대국가의 형성, 예술 및 과학의 부흥, 사교상의 재능, 거대한 부富의 축적 등등이 가장 일찍 충족되었기 때문이다.

그러나 궁정생활의 역사에서 결정적인 의의를 지닌 것은 훨씬 더 크고 강력한 프랑스에서의 근대적인 궁정의 형성이었다. 프랑스 궁정은 16세기 말부터 17, 18세기 동안에 궁정생활에 관한 모든 사항에 있어서 논란의 여지가 없는 모범이었다.

프랑스 궁정의 창시자는 프랑수아 1세[1494~1547]이다. 물론 루이 11세[1423~1483]는 그의 왕궁에서 일하는 사람들에게 프랑스 공무원officiers de France이라는 칭호를 주고 왕실을 프랑스와 동일시하는 것을 통해서 커다란 전기轉機를 가져왔다. 이러한 조치를 통해서, 그는 전에는 단지 개인적인 집단에 불과했던 것을 궁정으로 격상시키는 길을 열었다. 그러나 궁정을 맨 처음 만든 이는 프랑수아 1세이다. 그는 여성을 권력의 자리에 오르게 함으로써 궁정을 만들었다. 그는 여자가 없는 궁정은 봄 없는 해[年], 장미 없는 봄과 같다는 말을 했다고 한다. 그런 까닭에 그는 전에는 성채의 오래된 회색의 큰 탑에서 비탄 속에 생애를 보냈던 귀부인들을 불러들였다. 그는 교활한 전제정치에 매혹적인 황홀함을 곁들여서 궁정을 만들었다. 그곳에서 프랑스의 모든 활력과 세속적인 세계가 왕을 중심으로 펼쳐지게 되었다. "그의 어머니는 대윤무大輪舞에 앞장섰고 아름다운 처녀들을 선발하였으며, 그의 누이 마르가레타는 공상과 재치의 유희라는 또 다른 양념을 주었다. 그리고 프랑수아는 무엇보다도 궁전과 축제에 화려한 형식을 가미했으며, 욕망과 변덕스러움으로 활기를 가져다주었다."[1]

로마의 고급 저택 팜플리의 장원

이리하여 여자와 함께 음모, 정사, 그리고 (나중에 더 자세하게 추적하겠지만) 사치가 발생하였다. 나중의 위대한 부이 왕늘은 프랑수아 1세가 기초를 놓은 것을 거대한 규모로 더 확대시킨 것에 불과하였다.

이 세계를 언뜻 들여다보면 그 세계 전체가 여성의 지배에 기초하고 있었다는 것을 알 수 있으며, 또 동시대의 사람들도 그것을 확인해주고 있다.

나는 그 예로서 두 사람의 의견을 인용한다. 한 사람은 여성에 지배된 궁정 시대 초기의 사람이며 또 한 사람은 후기의 사람으로 서로 전혀 다른 시기에 살았지만, 두 사람 모두 이 문제에 대해서 의심할 바 없이 사실에 입각한 판단을 내릴 수 있는 위치에 있다는 공통점을 갖고 있다. 즉 한 사람은 쉴리Duc de Sully이고, 또 한 사람은 메르시에Louis-Sébastien Mercier이다.

궁정과 도시에 우글거리는 저 수많은 잡종 귀족들을 한 번 보기만 하면 된다. 그들에게는 더 이상 그들의 선조가 지녔던 순박함, 남자다움, 힘찬 기운의 미덕이 보이지 않는다. 그들에게는 감수성도 정신력도 없고, 단지 경솔하고 경박한 모습밖에는 보이지 않으며, 놀이와 낭비에 정신이 팔려 있다. 그들은 몸치장하는 데 정신이 팔려 있는데, 특히 향수와 그 밖의 모든 사치품에 대해서는 지나치게 신경을 쓰고 있다. 그들이 이러한 면에서는 여성을 능가하려고 한다고 생각해도 좋을 것이다.

쉴리, 《회상록 Mémoires》, 4, 1639, 16쪽.

귀족들은 궁정을 둘러싼 화려함에 매료되었다. 그들에게 만족을 주기 위한 축제도 열렸다. 고독과 집안일 속에 살아온 부인들도 사람들의 시선을 받는 것을 기뻐하였다. 그녀들의 교태와 타고난 야심도 충족되었다. 매력 있는 여성들은 왕좌 근처에서 강한 빛을 발하였다. 그녀들의 노예는 당연히 그 권력의 자리를 결코 떠나지 않았다. 그녀들은 사교계의 여왕이 되었음은 물론 취향과 오락의 지배자도 되었다. …… 그녀들은 하찮은 일들을 중대한 사건으로 변화시켰으며, 의상, 예절, 유행, 장식, 취향, 유치한 관습 등을 만들어냈다……

메르시에, 《파리의 풍경 Tableau de Paris》, 1, 1783, 21쪽 이하.

그 밖의 유럽 궁정들은 [그들 나라의] 문화생활에 아무 의미도 없었거나, 아니면 프랑스 궁정의 모사에 불과하였다. 이것은 특히 영국의 궁정에 해당되는데, 영국 궁정은 스튜어트 왕조 시대에 들어와서야 비로소 창설되었다[스튜어트 왕가는 처음에는 스코틀랜드를 통치하였으며(1371~1603), 그 후에는 잉글랜드와 스코틀랜드를 통치하였다(1603~1714)). 헨리 8세 당시에 한 동시대인은 다음과 같이 썼다. "신사들은 모두 시골로 도망쳤다. 대도시와 도시에 거주하는 신사는 소수이며, 게다가 그들도 도시에는 어떤 관심도 갖고 있지 않다."[2] 엘리자베스 여왕의 궁정도 우리가 프랑스 궁정의 고전적인 형식으로 이해하는 바와 같은 근대적인 궁정이 아니었다. 그 궁정에는 가장 중요한 것, 즉 여성의 지배가 없었다. 한 여인이 왕위에 오른 것을 놓고 볼 때, 그것은 역설적이라고 생각될 것이다. 그러나 여성의 지배라고 하는 것이 무엇보다도 비합법적인 여성의 지배에 의해서 그 기초가 놓였다는 점을 염두에 둔다면, 그러한 사정은 곧 이해될 것이다. 이 문제에 대해서는 뒤에서 계속 다룰 것이다.

II. 시민의 부

나는 다른 곳에서 봉건적인 부富와는 다른 시민의 부라고 부를 수 있는 새로운 부가 중세와 그 이후 수 세기 동안 많은 원천으로부터 어떻게 생겨났는가를 상세하게 기술한 바 있다. 그곳에서 얻은 통찰은 우리가 여기서 그러한 부의 형성으로 말미암아 어떻게 사회의 구조가 근본적으로 변하였는가를 연구하는 데 도움을 줄 것이다. 왜냐하면 그 새로운 부는 군주의 지배하에 있었다고는 하지만, 그래도 매우 가난한 서민 납세자와는 구별되는 주민 상층부의 구성에 완전한 변화를 가져왔기 때문이다. 이 문제를 해명하는 데에는 내가 전에 체계적으로 정리한 사실들을 연대순으로 늘어놓기만 하면 된다. 단 이때 추상적으로는 잘 알려져 있는 재산 형성의 여러 가능성을 그 구체적인 사회적인 문맥에서 생각할 필요가 있다. 그러면 우리는 사회의 상층부에서의 이러한 변화에 대해서 대략 다음과 같은 그림을 얻는다.

중세 초기의 부는 모두 거의 전적으로 토지 소유로 이루어져 있었다. 어느 경우든 부유한 사람들은 모두 지주였으며, 대지주가 (교회를 제외하면) 귀족을 형성하고 있었다. 그 당시에는 부유한 '시민'은 전혀 존재하지 않았다. 우리가 지금도 종종 듣는 포앵란Poinlane과 같은 부유한 시민은 드문 예외였다.

이러한 사정은 13, 14세기부터 변하였다. 그 무렵, 봉건제 관계 속에서 생겨나지 않은 커다란 재산이 공공연하게 많아졌다. 거대한 화폐 재산이 특히 이탈리아에서 급속도로 늘어났다고 말할 수 있다. 동양에서의 약탈이 시작되었고, 아마도 아프리카에서는 풍부한 귀금속 광산이 개발되었을 것이며, 아울러 대지주들과 특히 부유한 군주늘이 고리대금으로 이익을 얻는 일이 보나 크게 늘어난 것도 바로 그 무렵이었다.

이탈리아가 13, 14세기에 체험한 것을, 독일은 15, 16세기에 경험하였다. 그 무렵 남부 독일의 여러 도시에서 거대한 부가 발생하였다. 이것은 바로 보헤미아[체코의 서부 지방]와 헝가리에서 금광과 은광이 개발되었고, 이어서 아메리카의 은 자원도 개발되었으며, 그리고 이 두 사건의 결과로 거대한 금융업이 발생하였다. 즉 '푸거 시대Zeitalter der Fugger'[푸거 가문은 독일 남부의 상업도시 아우크스부르크를 거점으로 해서 근대 초기에 번영한 큰 규모의 상인 가문이었다. 야콥 푸거(1459~1529) 때가 번영의 절정기였으며, 16세기 말 이후에는 쇠퇴하였다)가 시작되었다.

17세기에는 네덜란드가 그 뒤를 이었다. 당시 네덜란드는 스페인과 포르투갈의 약탈에 참여하여 극동에서 부의 새로운 원천을 개발하였는데, 그것은 바로 극동의 여러 민족으로부터 강제 무역, 약탈 및 노예제도를 통해 공물을 거두는 것이었다.

17세기에는 프랑스와 영국에서도 부의 형성이 시작되었다. 그렇지만 이 두 나라에서의 '시민'의 부는 17세기 말까지는 아직도 비교적 좁은 한계 안에 머물러 있었다. 거대한 화폐 자산을 거의 독점적으로 만들어낸 금융업은 [프랑스에서는] 루이 14세[1638~1715]의 치세 말경에야 비로소, 그리고 [영국에서는] 명예혁명[1688~1689] 후에야 비로소 대규모의 형태를 취하였다.

이러한 사정은 당시의 것으로서 유일하게 보존되어온 수입견적서를 보면 분명하게 나타난다. 유명한 그레고리 킹Gregory King의 1688년 견적서가 바로 그것이다.[3] 이것에 따르면, "해상의 대상인과 무역업자"의 "평균수입"은 겨우 400파운드였으며, "육상의 대상인과 무역업자"의 평균수입은 200파운드에 불과하였다. 그리고 킹은 전자의 수는 2천 명, 후자의 수는 8천 명으로 보고 있다. 이러한 '시민'계급을 다음과 같은 토지 소유의 대표자들과 비교해보자.

평균 2,800파운드의 연수입이 있는 세속귀족의 수는 160명

평균 1,300파운드의 연수입이 있는 교회귀족의 수는 26명

평균 880파운드의 연수입이 있는 준準남작baronet의 수는 800명

평균 650파운드의 연수입이 있는 기사knight의 수는 600명

평균 450파운드의 연수입이 있는 향사esguire[중세 영국에서 기사 다음 가는 봉건 신분. 기사의 장남 및 귀족의 둘째·셋째 아들이 이에 해당된다]의 수는 3,000명

평균 280파운드의 연수입이 있는 신사gentleman의 수는 12,000명

이들 중에도 물론 새로운 부의 대표자가 많이 포함되어 있었을 것이다. 그러나 만일 그레고리 킹이 30년만 늦게 산정하였더라면, 그는 증권 투기꾼들과 남해회사南海會社라는 유령기업의 발기인들이 단기간에 획득한 부에 대해서 언급했을 것이라고 나는 확신한다. 이들은 1720년대에 전혀 새로운 부의 유형을 만들어냈다. 재산이 몰수된 남해회사의 지배인들의 재산은 다음과 같았다.[4]

20만 파운드 이상(각각 24만 3천 파운드)	2명
10만~20만 파운드	5명
5만~10만 파운드	5명
2만 5천~5만 파운드	10명

우리가 디포Daniel Defoe[1660~1731.《로빈슨 크루소》의 저자]에게서 볼 수 있는 수입 및 자산의 숫자는 이미 완전히 다른 모습을 하고 있다. 1745년의 미에주Guy Miege와 볼턴Solomon Bolton의 책에서는 신사의 평균 수입이 이미 500파운드로 평가되고 있다(《영국의 현황The Present State of Great Britain》, 157쪽).

이러한 대변화를 가져온 원인은 분명하게 알 수 있다. 브라질의 금,

루이 14세가 행한 여러 전쟁, 여기서 발생한 대규모 금융업 및 조달업과 투기, 이 세 가지가 새로운 시대의 거대한 자산의 가장 중요한 원천이었다.

(허드슨 만灣 회사나 아프리카 회사와 같은 회사의 주식 발행에 의해서 엄청난 부가 획득되었을 것이다. 이들 회사의 주식은 단기간에 지수 100에서 480으로 올랐다가 다시 200으로 떨어졌다. 남해회사 소동으로 얻은 '이익'에 대해서는 말할 필요도 없다.)

오늘날의 시민의 자산과 유사한 형태의 자산으로서 동산動産이 대량으로 나타난 것도 바로 이때였다. 브라질에서의 금의 출현과 함께 근대 자본주의는 은의 시대를 마치고 금의 시대에 들어갔다.

영국에서와 마찬가지로 프랑스에서도 17세기의 전환기에 부의 비약이 일어난 것을 관찰할 수 있다. 게다가 프랑스에는 보다 정확한 기록이 존재하기 때문에, 이 변화를 영국에서보다 더 분명하게 추적할 수 있다. 나는 임의추출 방식을 이용해 프랑스의 금융자본가(즉 새로운 재산의 대표자)의 부에 대한 일람표를 제시할 것이고, 아울러 그것을 보충하기 위해서 몇 가지 다른 수치도 덧붙이려 한다.

한 시골 귀족은 그 가문이 결혼 계약을 맺는 데 필요로 한 금액의 일람표를 다음과 같이 만들었다.

1433년	300플로린florins
1477년	1,000플로린
1534년	1,200플로린
1582년	1,200금화écus d'or

1613년	7,500리브르livres
1644년	16,000리브르
1677년	15,000리브르
1707년	44,000리브르
1734년	360,000리브르
1765년	150,000리브르

드 리브Charles de Ribbe의 《가족Les familles etc.》, 제2권, 1874, 125쪽의 "가정 일기Livre de raison".

18세기의 부유한 신흥 금융업자들이 그들의 딸에게 지참금으로 얼마를 주곤 했는가는 다음의 수치에서 알 수 있다.

라 리브 드 벨가르드: 딸들에게 각각 현금으로 30만 리브르에서 1만 리브르 상당의 보석.

라 모송: 170만 리브르

앙투안 크로자: 150만 리브르(그 밖에 장모인 드 부이용 공작부인에게 '술 값'으로 5만 리브르).

사뮈엘 베르나르: 80만 리브르

세노자 백작 가문의 올리비에(그는 토끼 모피 장사를 하였다): 현금 110 만 리브르와 10만 리브르 상당의 가구.

오드리: 40만 리브르

라 레니에르: 즉석에서 60만 리브르, 단기 분할불로 20만 리브르.

이러한 숫자들도 당시의 벼락부자들의 소득 및 재산의 액수를 알고 나면 놀라울 것도 없다.

뱅상 르 블랑: 1,700만 리브르

드 생 파르죠 씨: 2,800만 리브르

드 라 파예 후작: 2,000만 리브르

드 쇼몽 부인: 1억 2,700만 리브르

S. 베르나르: 1억 리브르 이상

크로자: 1억 리브르 이상을 각각 손에 넣었다.

또한 유산으로 각각 피용 드 빌뉘르(1753년 사망): 4,000만 리브르

페랑 드 모라: 1,200만~1,500만 리브르

당주: 1,300만 리브르

투리넴(퐁파두르의 양부): 2,000만 리브르를 남겼다.

또한 [금융업자인] 파리 가문은 단 한 번의 발행 업무로 6,300만 리브르를 벌었다(나는 이 수치들을 티리옹Henri Thirion의 책에 담긴 자료에서 모았다. "자료와 문헌" 참조).

물론 이러한 액수는 대부분 과장된 것이다(예를 들면 오늘날에도 아메리카의 억만장자들의 재산에 대한 대부분의 수치가 과장되고 있는 것과 똑같다). 그러나 그 수치들은 거대한 재산이 형성되기 시작하였다는 점을 의심할 바 없이 보여주고 있다. 이러한 사실은(나중에 다시 언급할 예정인) 다른 많은 지표로부터도 증명된다. 게다가 우리는 소식에 가장 정통한 동시대인들의 판단으로부터도 그러한 사실을 알 수 있다.

100년 전에 사람들이 1천 루이 도르Louis d'or[루이 13세 때의 금화]에 대해서 말한 것처럼, 오늘날에는 100만 리브르에 대해 말하고 있다. 사람들은 100만 리브르를 단위로 계산하고 있다. 기업에서는 수백만 리브르에 대해 말하고 있다. 문제가 건물이건, 여행(!)이건, 궁정 야외극이건 간에, 언제나 수백만이라는 돈이 우리 눈앞에서 춤추고 있다……

메르시에,《파리의 풍경》, Ch. 824. 10, 1788, 248쪽 이하.

III. 새로운 귀족

이제 우리는 상당한 관심을 갖고서 다음과 같이 묻는다. 이 벼락출세자들(그리고 — 무엇보다도! — 그들의 아내, 딸과 아들)은 어떻게 그들의 사업적 영역에서뿐만 아니라 사회적인 지위에서도 상승을 이루어냈는가? 또 그때까지 혼자서 사회의 상층부를 형성하고 있었던 귀족은 그들에 대해서 어떤 태도를 취하였는가? 그리고 그들은 어떻게 해서 (일반적으로 말해서) '지배계급'의 일원으로 편입되었는가?

이러한 질문들에 대한 올바른 대답은 다음과 같아야 할 것이다. 특히 1600년에서 1800년에 이르는 200년 동안 옛 귀족과 새로운 화폐재산으로부터 완전히 새로운 사회계층이 형성되었다. 이 계층은 내적으로는 새로운 부를 대표하였지만, 외적으로는 아직도 봉건적인 생활양식을 하고 있었다. 이것은 달리 말하면, 벼락부자들 중 대부분이 귀족 신분으로 올라갔다는 것을 뜻한다. 이러한 상승은 다음과 같은 여러 가지 방식으로 행해질 수 있었다.

(1) 어떤 공적을 세웠거나, 아니면 그러한 공적에 필적하는 돈을 바쳐 자격을 얻어 귀족의 칭호를 받은 경우.

(2) 세습귀족과 관계가 있는 훈장이나 관직을 받은 경우.

(3) 마찬가지로 세습귀족이 소유하는 토지를 획득한 경우.

또 다른 한편으로는 오랜 명문 귀족의 일부는 미천한 신흥부자들에게 굽실거렸으며, 또한 결혼을 통해서 자기 가문이 다시 왕년의 빛을 되찾는 데 필요한 수백만의 돈을 얻었다. (이것은 근본적으로 오늘날에 우리 눈앞에서 벌어지는 일과 똑같은 현상이다.)

귀족의 영예와 시민의 부의 이러한 융합은 수 세기 동안 자본주의 문화를 지닌 모든 나라, 즉 이탈리아, 독일, 영국, 프랑스에서도 똑같이 일어났다. 특히 영국과 프랑스라는 초기 자본주의 시대의 모든 현상이 대표적으로 나타나고 있는 두 나라의 역사에서 몇 가지 예를 들어 사회의 새로운 형성 과정을 설명한다면, 이러한 사정을 충분하게 알 수 있을 것이다. 영국과 프랑스 이 두 나라는—사회계층의 측면에서는 근본적으로 차이가 있었음에도 불구하고—결정적인 점에서는 완전히 똑같은 발전을 거쳤기 때문이다.

영국에서는 노빌리티Nobility[고귀한 가문 출신]만이 좁은 의미에서의 귀족을 형성하였다(오늘날에도 그러하다). 이 노빌리티는 본질적으로는 튜더 왕조[1485~1603]의 정권 장악, 좀 더 정확하게 말하면 헨리 8세[1491~1547]와 함께 새롭게 탄생하였다. 두 번에 걸친 장미전쟁(1455~1485. 영국의 왕위 계승을 둘러싼 랭카스터 가문과 요크 가문의 싸움으로, 전자는 붉은 장미를, 후자는 백장미를 문장으로 사용하였다) 후에 오래된 문벌들은 29개로 줄어들었다. 그나마 남은 문벌들도 부분적으로는 추방되고 약해졌으며 또 가난해졌다. 헨리 8세는 우선 이 오래된 문벌들에게 다시 권력과 부를 주었다(이 때문에 그들은 왕위에 복종하였으며, 그 이후 왕권은 확실한 우위를 지켜나갈 수 있었다). 그 문벌들에게 권세를 회복시켜주는 데 필요한 자금을 영국 왕은 교회 재산의 몰수를 통해 조달하였다(이것은 우리의 연구에 특히 중요한 사실이다! 할럼H. Hallam이 매우 올바르게 강조하고 있는 바와 같이, 그렇게 함으로써 교회 재산의 '세속적인' 이용이 가능해졌다). 그렇지만 오래된 문벌의 대열은 헨리 7세와 8세 이후 끊임없이 새로운 귀족의 임명에 의해서 보충되었다. 그리고 오래된 토지귀족들과 완전히 동렬에 서게 된 이 새로운 귀족들을, 왕은 모든 명사名士들 중에서, 특히 부유한 시민들 중에서 선출하였다. 제임스 1세[1566~1625]는 귀족의 지위를 팔기조차 하였다. 다음은 왕들이 만들어내거나 지위를 상승시킨 귀족의 수이다.

헨리 7세	20
헨리 8세	66
에드워드 6세	22
메리 여왕	9
엘리자베스 여왕	29
제임스 1세	62
찰스 1세	59
찰스 2세	64
제임스 2세	8

스튜어트 왕조하에서는 99명의 귀족이 없어진 다음, 1,700명에서 1,800명의 새로운 귀족이 생겨났다.

공작   34

후작   29

백작   109

자작   85

물론 이러한 등용이 언제나 완전히 아래로부터, 즉 헨리 8세가 "교회 재산의 제공을 통해 낮은 신분으로부터"(그린Green) 등용된 러셀이나 캐번디시스의 경우처럼 평민으로부터 행해진 것은 아니었다. 종종 (아마도 대부분의 경우) 이 새로운 귀족들은 처음에는 여러 전 단계, 즉 향사, 기사, 준남작 등을 거쳤다. 그렇지만 우리는 귀족의 계보도가 많은 경우 도시의 신흥부자로 거슬러 올라간다는 것을 알고 있다. 그 증거로 나는 다음과 같은 예를 든다. 리즈 공작 집안은 가난한 상인 도제로서 런던에 온 에드워드 오즈번의 후손이며, 노섬버랜드 공작 집안은 약재상의 점원이었으며 귀족 여성 엘리자베스 시모어와 결혼한 휴 스미스슨으로 거슬러 올라간다. 마찬가지로 다음의 귀족 집안들도 선조가 시민이었다. 러셀 가문, 솔즈베리 후작, 바스 후작, 브라운로우 백작, 워릭 백작, 캐링턴 백작, 더들리 백작, 스펜서 백작, 틸니 백작(첫 번째 틸니 백작은 다름 아닌 조사이어 차일드의 아들이었다!), 에식스 백작, 코번트리 백작, 다트머스 백작, 억스브리지 백작, 탱커빌 백작, 하보로 백작, 폰트프랙트 백작, 피츠워터 백작, 데브뢰 자작,

웨이머스 자작, 클리프턴 백작, 리 백작, 해버섐 백작, 매섬 백작, 배서 스트 백작, 롬니 백작, 도머 백작, 도싯 공작, 베드포드 공작. 이들의 귀족 지위 중 일부는 오늘날에는 오래전에 사라졌지만, 그러나 (최근 에 만들어진 것이 아닌 한) 그들 모두는 18세기 전반에는 영화를 누렸다 (이 예들은 "자료와 문헌"에서 언급한 문헌들에서 끌어냈다).

그러나 영국의 사회조직에, 특히 우리가 관심을 두고 있는 시대에 그 독특한 특징을 준 것은 젠트리Gentry[신사계급], 즉 엄밀하게 말하 면 귀족에 속하지 않으면서도 귀족인 일군의 사람들, 법적으로는 귀 족이 아니지만 그래도 일종의 "지위가 낮은 귀족"인 일군의 사람들 이다. 젠트리의 최상층을 형성하고 있는 것은 기사인데, 그중에서도 준남작이 최고의 지위를 차지하고 있다. 기사와 준남작은 세례명 앞 에 경Sir이라는 칭호를 붙일 수 있다. 기사에 속하는 자는 기사 봉토의 소유자—본래는 이들이 유일한 기사였다—그다음에는 (에드워드 3세와 헨리 4세 이래로) 가터Garter 훈장, 바스Bath 훈장과 같은 특정한 훈장을 받은 자와 몇몇 관직에 오른 자, 마지막으로 기사작위를 산 사람이다. 기사작위를 살 수 있는 제도(그 가격은 1,095파운드였다)는 제임스 1세가 1611년에 도입하였다. 돈지갑의 은총으로 기사가 된 자는 준남작이라고 불리었는데, 그들은 기존의 기사보다는 위에, 그 리고 귀족 바로 다음의 지위에 있게 되었다. 이러한 준남작은 17세기 와 18세기를 통해서 수백 명이 탄생하였으며, 19세기 중엽에는 그 수 가 700명에 달하였다. 부자가 된 평민 중 많은 사람들이 이미 이런 식 으로 귀족 자리(기사는 사회적으로는 의심할 바 없이 귀족이었다)에 올라 선 것은 자명한 일이다. 그런데 영국의 젠트리에서 매우 기이한 점은,

그 계급의 경계를 특히 그 아래 계층과 관련해서는 전혀 정할 수 없다는 것이다. "어떤 역사가도 어떤 법률가도 젠트리를 정의할 수 없다. 그런데 개념의 이러한 불확실함은 결코 우연히 생긴 결함이 아니라, 영국의 역사와 입법 전체의 산물이다"(그나이스트Rudolph Gneist).

향사와 신사(오늘날에는 영국에서조차도 이 모든 것이 희미해졌으며 소멸 중에 있지만)는 일반적으로 지대地代나 '존경할 만한' 직업으로 생활하고 있는 자립적인 사람을 가리켰다. 뿐만 아니라 이전부터 (19세기 중엽까지도) 젠트리에 속하려면 일정한 수입이 있어야 한다고 항상 여겨졌다. 그렇지만 '존경할 말한' 직업이 무엇이며 또 최소한의 수입이 어느 정도인가를 정하는 것은 어느 시대에나 '여론'에 맡겨져 있었다.

이러한 독특한 사고방식은 **영국에서 귀족의 일원이 될 수 있는지 없는지는 말하자면 경제 사정의 변화에 의해 자동적으로 결정되었다**는 것을 암시한다. 지위를 높이려고 노력하는 금융업자들은 사회생활에서 그들의 중요성이 증대함에 따라 언제나 귀족사회에 들어가는 것이 허용되었다. 당초에는 고귀한 가문의 기사 영지의 영주만이, 또는 기껏해야 (변호사와 같은) 자유업의 대표자만이 '신사'가 되는 것이 자명하다고 여겨졌다. 이것이 토머스 스미스Thomas Smith가 생생하게 묘사하고 있는 엘리자베스[1533~1603] 시대의 사고방식이었다. 기껏해야 귀족의 토지를 획득함으로써 젠트리의 일원이 될 수 있었는데, 해리슨William Harrison의 다음과 같은 말도 그러한 의미로 해석할 수 있다. "시민과 공민은 신사 다음의 지위를 갖고 있다. 그렇지만 그들은 종종 신사에게 토지를 주고 신사는 그들에게 신분을 줌으로써 서로 간의 상호 전환이 행해진다."[5] 이러한 견해는 17세기 말에서 18세기 초에 걸쳐서 이미 본질적으로 변하였다. 상인의 자식이라도 부를 획득하기만 하면 **한 세대나 두 세대 후에는** 신사가 되는 것도 더 이상 불가능한 일이 아니었다. 예를 들면 다음은 디포가 주장하는 견해이다.

> 우리 나라에서는 상업과 신사가 결코 양립하지 못하는 것이 아니다. 간단히 말하면, 영국에서는 상업이 신사들을 만들어내고 있으며, 또 이 나라를 신사들로 가득 차게 하였다. 왜냐하면 한 세대나 두 세대 후에는 상인의 자식들이나 적어도 그 손자들은 최고의 혈통과 가장 오래된 가문 출신에 못지않은 신사가 되기 때문이다.[6]

그렇지만 이것은 처음에는 부를 획득한 상인의 아들이나 손자에게만 해당되었다(디포에게 상인이란 도매상인과 소매상인 모두를 가리킨다). 그러나 단순한 부만으로는 아직은 신사가 되지 못하였다. 디포 자신도 상인—여러 가지 면에서 궁핍하게 사는 신사보다 훨씬 더 좋은 생활을 하는 부유한 상인일지라도—을 신사와는 엄격하게 구별하고 있다.

상인은 그가 사업에 종사하는 동안은 '동업자들' 사이에서 살았다. 그렇지만 사업에서 은퇴하면, 그는 사정에 따라서 신사들과 교제할 수 있었으며, 심지어 그 자신이 "신사가 될 수도 있었다."[7]

디포도 젠트리에 속한 많은 사람들이 부자가 된 평민은 말할 것도 없고 그들의 아들이나 손자도 자신들의 대열에 받아들이는 데에 결코 동의하지 않았다고 말하고 있다.[8] 따라서 돈의 힘은 확실히 그 당시에는 확고한 지반을 차지하기 시작하였으며, 그 후 18세기 말에 완전한 승리를 거두었다.

18세기 중엽에 글을 쓴 포슬스웨이트Malachy Postlethwayt, 미에주 및 볼턴,[9] 그리고 그 밖의 사람들은 이미 약간 자유로운 견해를 갖고 있었다. 즉 상인은 (열어 놓은 가게가 없는 도매상인도) 은퇴해야 비로소 신사가 될 수 있으며, "무역 상인(즉 해외무역 상인)의 경우 …… 그들은 실로 신사 축에 들 만하다"는 것이다. 반면에 그레고리 킹은 1688년의 영국의 수입 관계에 대한―앞에서 언급한 바 있는―그의 조사에서 큰 규모의 해외무역 상인도 신사와 구별하고 있다. 이처럼 19세기 초에 "통상적인 견해"에 대해서 자신의 의견을 발표한 저술가들은 수공업에 종사하거나 상점을 갖고 있는 것은 신사와 양립되지 않지만, 공장주나 (오로지) 상인으로서의 지위는 신사와 양립되지 않는 것은 아니라고 언명하고 있다.[10]

그러나 중요한 것은 초기 자본주의 시대 내내 부자의 목표가 결국 사회적으로 고귀한 계급, 즉 '귀족'이나 젠트리의 일원이 되는 것이라는 관념이 지속되었다는 사실이다. 그렇지만 부만으로는 귀족계급에 속하는 자격을 주지 않으며, 완전히 비非시민적인 것으로 간주되는 특징, 즉 업무에 쫓기는 생활로부터의 일정한 거리, 가족 전통의 보호 등등―이러한 것들은 모두 가문의 문장紋章이 있는 신사의 자명한 습관에서 표현된다―이 그 자격을 주는 한에서는 귀족계급의 봉건적인 성격이 남아 있었다. 디포는 부자가 된 소매상인들이 문장원紋章院에 몰려들어 혹시 '고귀한' 선조가 있을지도 모른다고 자신의 가계家系를 추적하는 것에 대해서 다음과 같이 말하고 있다. "우리는 부

초기 자본주의 시대에 부자들의 목표는 귀족이나 젠트리의 일원이 되는 것이었다. 당시 문장(紋章)은 귀족의 징표로 인식되었으며 부유해진 영국의 상인들은 선조의 문장을 문장원(紋章院)에서 찾기도 했다. 그림은 오라네 공 윌리엄 2세와 그의 비 메리 스튜어트의 초상화. 윌리엄은 전통적으로 충성을 표시하는 기장을 다는 곳인 어깨에 그의 신분을 나타내는 문장을 달고 있다.

유해진 영국의 상인들이 자신의 신조의 문장을 찾으러 매일 문장원에 오는 것을 볼 수 있다. 그들은 문장을 찾으면 그것을 마차에 그리기도 하고, 접시에 새기기도 하고, 가구에 수를 놓기도 하고, 또는 새로 지은 집의 벽에 새겨넣기도 한다. …… 아무리 찾아도 선조의 문장이 보이지 않을 때에는 그들은 종종 새로운 가문을 세우기도 하였다. 이것은 전해들은 이야기이지만, 런던의 어떤 상인은 자기가 그 후손이라고 생각한 오래된 신사 가문을 찾지 못하자, 그의 선대에 있었을 것이라고 생각되는 훌륭한 신사를 원조로 삼아 새로운 가계를 창시하였다고 한다.”[11] (이것은 분명히 전화위복이 되었다는 것을 의미하였다.)

그런데 귀족과 부 사이의 유대는 두 집단의 아들과 딸이 결혼해서 아이를 낳을 때 더 튼튼해졌다. 귀족과 벼락부자 간의 이런 식의 결합은 영국에서는 적어도 스튜어트 왕조 이래로는 일상적인 현상에 속한다. 윌리엄 템플William Temple 경은 그의 기억으로는 귀족 가문들이 시티City(런던의 상업·금융의 중심 지구를 가리킨다)의 사람들과 사돈을 맺기 시작한 것은 약 50년 전부터의 일이며, 그것이 "단지 돈 때문"이었다고 말하였다.[12] 우리는 이 매우 탁월한 관찰자의 커다란 권위에 입각해서, 이러한 피의 혼합이 제임스 1세의 치세 때에 시작되었다고 확실하게 추정할 수 있다. 어쨌든 100년 후 디포가 글을 쓰고 있었을 때에는 귀족과 시민 간의 [피의] 혼합의 수는 이미 매우 현저하였다. 디포는 그것이 자명한 현상이라고 말한다. 물론 자신의 문장을 새롭게 금빛으로 칠하기 위해서 상인 신분 출신의 부유한 여자 상속인과 결혼한 것은 주로 귀족 남자들이었다. 디포는 단지 신분만 높은 귀족과 소매상 딸의 그러한 결혼 중 78건의 사례를 이름까지 들면서 소개하고 있는데,[13] 여기서 그 실례를 일일이 언급하는 것은 아무 의미가 없다. 그리핀 경이 링컨셔의 웰 출신 상인의 딸 메리 웰던과 결혼하였는지, 또는 콥햄 경이 서더크 출신 양조업자의 딸인 앤 힐시와 결혼하였는지는 근본적으로 아무래도 좋은 것이다. 우리의 관심을 끄는 것은 다만 이러한 결혼이 영국에서는 이미 18세기에 (귀족의 수와 비교해서) 확실하게 대대적인 현상으로 나타났다는 사실이다.

그러나 고귀함과 사업에 종사한다는 것이 서로 상반된다는 감정이 전에는 영국보다 프랑스에서 더 강하였다. "이 세상에 경멸이 있다면, 그것은 상인에 대한 것이다." 앙리 4세[1553~1610] 시대의 한 유능한 관찰자는 상류계급의 분위기를 이렇게 특징짓고 있다.[14] 그러나 귀족의 일원이면서도 수익을 가져다주는 사업에 기꺼이 관여하는 사람도 있었다. 가장 오래되고 또 가장 고귀한 가문의 출신이면서도 부자가 된 소매상인의 딸과 결혼하는 자도 있었다. 추밀 고문관의 지위를 버리고 수익이 많은 재무관 자리(오늘날에는 은행장 자리가 될 것이다)에 취임하는 것을 부끄러워하지 않는 자도 있었다. 그렇지만 사람들은 [서민 출신의] 벼락부자는 경멸하였다. 기껏해야 18세기에 대자본가가 조금 존경을 받았을 뿐이었다. 그렇지만 이미 17세기에도 코트블랑슈Cotteblanche나 뒤 플레시 랑부예Du Plessis Rambouillet 정도의 부유한 신흥 금융업자들은 귀족사회에 들어갔었다. 라 브뤼에르Jean de La Bruyère(1645~1696. 프랑스의 풍자 작가)가 매우 멋지게 표현한 바와 같이, 거대한 부는 귀족을 천민과 화해시켰다. "만일 금융업자가 실패하면, 궁정인들은 그에 대해서 부르주아[속물], 보잘것없는 사람, 촌놈이라고 말한다. 그렇지만 그가 성공하면, 그들은 자기 딸과의 결혼을 신청한다!" 그렇지만 사람들은 자본주의 이전 및 초기 자본주의의 모든 문화에 깃들어 있는 감정, 즉 돈을 쓰는 것은 고귀한 사람에게 어울리지만 돈을 버는 것은 어울리지 않는다는 감정으로부터 완전히 벗어나지 못하였다. 몽테스키외Charles de Montesquieu조차도 영원히 기억할 만한 다음과 같은 말을 하였다. "수익이 많은 금융업자가 결국 존경받는 직업이 된다면, 모든 것이 상실된다! 그렇게 된다면 그 밖의 모든 계급은 구역질을 할 것이며, 명예는 그 모든 의미를 잃어버릴 것이다. 그리고 자신을 뛰어나게 만드는 느리고 자연스러운 수단은 더 이상 효과가 없고, 국가는 그 가장 내적인 본질에서 흔들릴 것이다."

이러한 감정은 봉건사회의 구성원들만이 갖고 있었던 것이 아니다. 그러한 감정은 다수의 가난한 서민을 경멸하기 시작한 일부 계층에서는 일반적으로 퍼져 있었다. 자신들을 '부르주아bourgeois'로서 근로계급에 속하는 그 밖의 사람들과 뚜렷하게 구분 지으려는 보다 나은, 즉 보다 부유한 상인이나 자본주의적 기업가의 노력은 그들에게서 나왔다(이러한 노력에 대해서는 다른 문맥에서 보게 될 것이다). 그렇지만 무엇보다도, 부자가 된 평민이면 누구나 귀족에 대해 품고 있는 동경심은 그들에게서 나왔다. 아마도 프랑스에서는 이러한 동경이 다른 나라보다 더 강했을 것이다. 왜냐하면 프랑스에서는 귀족은 정치적으로도 매우 대단한 특권계급이었으며, 따라서 귀족에 속한다는 것은 사회적인 이익뿐만 아니라 상당한 물질적인 이익도 누릴 수 있다는 것을 뜻하였기 때문이다.

이제부터 우리는 어떻게 해서 귀족이 부자가 된 상인 계층으로부터 이주자를 받아들였는지를 관찰할 것이다. 내가 여기서 덧붙여 설명하고자 하는 것은 중세 초기 이래로 모든 나라에서 관찰될 수 있는 현상이었다. 나는 오히려 이러한 현상이 [중세] 말기보다는 초기에 더 두드러졌다고 말하고 싶다. 독일 도시의 명문가들이 끊임없이 하층 사람들에 의해서 보충되어왔다는 것, 즉 상업 및 수공업에서 올라간 행운아들이 그들 사회 속에 받아들여졌다는 것은 오늘날 잘 알려져 있다.[15] 이탈리아 도시의 귀족 가문의 경우도 마찬가지였다. 왜냐하면 그들은 이미 중세 초기에 종종 부자가 된 상인들로 형성되었기 때문이다.[16] 영국 귀족계급도 마찬가지로 옛날부터 소위 천한 하층계급으로부터의 이주자를 받았다는 것은 잘 알려져 있다. 여기서 나는 앵글로색슨계의 법률 자료에서 별로 주목받지는 못했지만 나로서는 중요하다고 생각되는 한 구절, 즉 영국 왕 애설스탠Athelstan의 다음과 같은 규정을 상기키시고 싶다. "만일 상인이 성공해서 그 자신의 재산craft으로 넓은 바다를 여기저기 세 번 여행하면, 그는 그때부터 귀족이 될 자격이 있다."[17] 그리고 프랑스 귀족의 형성에서도 사정이 다르지 않았다는 것은 자명하다.[18]

그러나 나는 다음과 같은 사실을 고려하지 않으면 안 된다고 생각한다. 즉 그것은 부유한 상인이나 재정가가 귀족이 되었다 해도, 13세기에 되었는가 아니면 17세기에 되었는가에 따라 근본적인 차이가 있다는 것이다. 13세기만 하더라도 봉건제도가 여전히 절대적이라고 해도 좋을 정도로 지배하고 있었다. 귀족은 거의 전적으로 기사 자격이 있는 대지주들로 구성되어 있었다. 귀족으로 격상된 평민은 봉건세계의 생활양식을 조금도 변화시키지 못하였다. 그는 이 생활방식에 단기간에 내적으로나 외적으로나 적응하였으며, 다른 한편 이 봉건세계의 생활방식은 마치 스펀지가 적은 양의 액체를 빨아들이듯이 그를 흡수하였다. 이 모든 것은 현존하는 것과 덧붙여진 것 간의 역학 관계에서 나왔다. 후자는 전자에 비하면 아주 미미한 것에 불과하였다. 오래된 봉건귀족에 추가된 이러한 자들은 그 오래된 귀족들과 융합되어 100년 후에는 단 하나의 균일한 덩어리를 형성하였다. 이러한 현상은 제노바, 피렌체, 영국, 프랑스를 막론하고 1550년경의 '오래된 가문', 즉 그 계보가 200년 이상 거슬러 올라가는 가문에서 볼 수 있다. 이들 가문의 경우, 그들의 선조가 전에 한때 자유민이었는지 지주였는지, 아니면 공훈귀족이었는지 행상인이었는지를 결코 구별할 수 없다. 그들은 모두 '봉건귀족Feudaladel'에 속하며, 아울러 나중에, 특히 17세기 이후에 대량으로 새로 세워진 귀족 가문과는 대조를 이루고 있었다. 이 새로 세워진 귀족 가문들은 거의 모두 생산계급에서 발생하였으며, 당연히 시대[의 추세]와 그들의 수가 많다는 사실 때문에 귀족계급의 구조 전체에 결정적인 영향을 미쳤다.

따라서 나는 다음과 같이 생각한다. 사회의 변화를 귀족과 금권의 융합을 통해서 추적하려고 할 경우, 중세 때 부자가 되어 귀족의 일원이 된 몇몇 서민을 예로 들어, 그것을 근대의 시작 이후 평민이 귀족의 대열에 몰려 들어간 것과 동시에 언급하는 것은 별로 의미가 없다. 구별 능력, 즉 상이한 역사시대의 특수성에 대한 후각이 있어야 훌륭한 역사가가 된다.

프랑스에서는 전환점이 대략 16세기 말에서 17세기 초에 나타났다. 그 당시에 새로운 귀족을 줄현시킨 강력한 원천들이 갑자기 열렸다.

(1) 앙리 4세 이후, 새로운 산업을 일으킨 것에 대한 특권 부여의 한 형태로서 특히 실업가에게 귀족의 지위를 주는 일이 빈번해지기 시작하였다.[19]

(2) 1684년의 라 폴레트la Paulette 칙령에 의해서, 돈으로 산 관직도 세습되었다. 이것은 체제의 변화를 의미하였다. 왜냐하면 대개는 귀족과 혼인 관계를 맺고 있었던 법관이 그때부터는 특히 재계, 즉 부자들로부터 충원되었기 때문이다.[20]

(3) 전부터 행해져 왔던 봉건적인 토지 소유의 평민 손으로의 이행[21]이 1614년에는 법적으로도 분명하게 허용되었다. 이러한 형식으로 귀족 신분을 얻는 것은 프랑스에서는 특별히 커다란 의의를 지녔

다. 18세기에는 단순히 귀족의 토지를 구입함으로써 작위를 얻은 새로운 영주들이 득실거렸다. 부자들은 오늘날에는 가령 외국의 훈장으로 그러는 것처럼 장원으로 자신을 꾸몄다. 무아랑의 작은 술집 주인의 아들인 파리 몽마트르는 한 세례식에서 샹피니 백작, 다구빌 남작, 브뤼누아, 빌레, 푸시, 퐁텐, 샤토뇌프 등등의 영주라고 서명하였다.

귀족이 되는 이 세 가지 길 이외에, 새로운 길이 17세기 말경에 열렸다.

(4) 구입: 작위 수여증이 1696년에 500개, 1702년에 200개, 1711년에 100개가 판매되었다.

결국 프랑스의 귀족 대부분이 귀족으로 임명된 신흥부자들로 이루어졌다는 것은 결코 놀랄 일이 아니다. 슈랭Cherrin은 17세기와 18세기의 프랑스에서 "귀족"으로 불리는 사람들은 본질적으로 "부유하고, 교육과 훈장을 받았으며, 또 토지를 소유하고 있는 제3계급"이라고 말했으며, 또한 18세기 중엽에 아르장송Argenson 후작은 "돈으로 작위를 쉽게 살 수 있는 것을 보면, 즉시 귀족이 될 수 없는 부는 존재하지 않는다"라고 썼는데, 이러한 말들은 결코 과장이 아니다.

우리가 프랑스혁명 말기 당시의 귀족 인원에 대해서 갖고 있는 상당히 정확한 통계는 그러한 판단이 옳다는 것을 증명한다. 당시에 2만 6,600가구의 귀족이 있었는데, 그중 1,300가구에서 1,400가구만이 진짜 귀족("아득한 옛날부터의 또는 고귀한 가문 출신의 귀족")에 속하였으며, 그 나머지 중에서는 단지 4,000가구만이 관직귀족이었다. 그렇지만 우리가 여기에서 다시 귀족과 평민 출신의 부유한 여자 상속인 간의 이상할 정도로 많은 결혼을 고려한다면, 프랑스 귀족 중에서

〈결혼계약〉(1743년, 판화). 18세기 부유한 신흥금융업자들은 그들의 딸에게 상당한 지참금을 주어 결혼시킴으로써 명문 귀족과의 결혼을 새로운 신분상승의 발판으로 삼았다.

자본가가 차지하는 몫은 앞에서 제시한 수치가 나타내는 것보다 훨씬 더 크다.

　노老 불평가 쉴리 후작의 말을 믿는다면, 이러한 융합 과정은 17세기 초에 이미 활발하게 진행된 것이 분명하다. 그는 그러한 사태에 대해서 다음과 같은 격렬한 불평을 늘어놓았다. "사람들의 생각이 바뀌어서, 모든 것이 돈으로 평가되고 있다. 귀족 자신이 이 문제에 대해서 천한 서민과 똑같이 생각하고 있으며, 또 환전, 장사, 카운터나 소송밖에 모르는 평민계급과 수치스러운 결혼을 해 순수하고 고귀한 피를 더럽혀도 개의치 않는 것을 보면, 어찌 그렇게 되지 않겠는가?" 그리고 후작은 "이러한 혼란은 통탄할 일이다"라고 이 비가悲歌를 끝마치고 있다. 그런데 150년 후에는 귀족들 사이에서도 완전히 다른 생각을 하게 되었다. 《회상록》[22]을 편집한 드 레클뤼즈de l'Ecluse(1752)

는 한 주석에서 쉴리 후작의 비난에 대해 변명의 말을 덧붙이지 않을 수 없었다. 그리고 바로 그 무렵 페키니 공작이 170리브르라는 기분 좋은 지참금과 함께 자본가 라 모송 몽마르트르의 여동생을 집으로 데려갔을 때, 숄느 공작부인은 아들에게 "아들아, 이 결혼은 잘된 일이다. 너의 땅을 기름지게 하기 위해서는 네가 거름을 주어야 한다"라고 말하였다.

언제나 명확한 관찰자인 메르시에가 당시의 상황에 대해서 서술한 것은 사실과 완전히 일치한다.[23] "재계는 오늘날 귀족과 인척 관계를 맺고 있는데, 바로 이것이 귀족의 실질적인 힘의 기초가 되고 있다. **귀족들의 거의 모든 배우자의 지참금은 농가의 금고에서 나오고 있다.** 훌륭한 가문의 이름밖에 없는 백작이나 자작이 부유한 자본가의 딸을 쫓아다니고, 돈이 넘쳐흐르는 자본가가 빈털터리지만 고귀한 집안 출신의 지체 높은 여성에게 청혼하러 다니는 것을 보면 실로 꼴불견이다……"

나는 여기에서도─명단 전체를 제시하는 것은 쉬운 일이지만─이러한 결합의 무수한 예를 이름을 들면서 열거하지는 않겠다. 단 몇 가지 특히 재미있는 예만은 소개하고 싶다. 그 예들을 보면, 18세기의 독특한 사회 상황(이 점에 있어서는 19, 20세기와 상당히 유사하다)을 매우 분명하게 알 수 있을 것이다.

일반적으로 '유대인 베르나르'라고 불리고 있는 사뮈엘 베르나르의 한 아들은 쿠베르 백작이다. 그는 드 라 코스트 후작의 딸인 프로티에 드 라 코스트 메셀리에르 부인과 결혼하였다. 또 다른 아들은 파리의 고등법원장 직책을 사, 스스로 리외르 백작이라 칭하였다. 그는 드 불랑빌리에 부인과 결혼하였다. 이러한 결혼으로 말미암아 '유대인 베르나르'는 앙트레그 백작부인, 생시몽 백작부인, 쿠르토르네 백작부인, 그리고 나중에 미르푸아 후작이 되는 압슝 등의 할아버지가 되었다.

할아버지가 머슴이었던 앙투안 크로자는 딸을 부용 왕가 출신의 에브뢰 백작과 결혼시켰다. 그의 둘째 아들 티에르 남작은 드 라발 몽모랑시 부인과 결혼하였으며, 그 둘 사이에서 난 딸들은 베튄 후작 및 브로글리 원수와 결혼하였다.

크로자의 동생은 딸을 글레브의 귀족인 몽상페르 후작과 결혼시켰다.

브릴리에르 공작의 한 여자 친척은 벼락부자인 파니에와 결혼하였다.

와즈 후작은 미시시피 투기꾼 앙드레의 두 살짜리 딸과 결혼하였다(실제로 결혼할 때까지 2만 리브르의 연금을 받았으며, 지참금은 400만 리브르였다).

베르틀로 드 플레뇌프의 딸은 프리 후작과 결혼하였는데, 그녀는 왕의 연인으로 소문나 있었다.

프롱드르의 딸은 로슈푸코의 부인이 되었다.

르 바 드 몽타르지는 노아유 백작과 뒤라스 공작의 할아버지인 아르파종 후작의 장인이 되었다.

아버지가 중고품 바지 장사를 하였던 올리비에 세노장은 딸을 나중에 탱그리 왕자가 된 뤼스 백작에게 주었다.

빌모리앙은 딸을 베랑제 후작에게 주었다.

에뢰 백작, 이브리 백작, 브리삭 공작, 페키니 공작은 모두는 한결같이 신흥부자들의 금고를 노리는 험한 길을 걸었다.

지금까지의 내용은 마치 우리가 지난 20년 동안의 미국 양돈가 딸들의 결혼 역사에 대해 말하고 있는 것 같지 않은가?

자료와 문헌

궁정의 역사는 국가의 역사이다. 나는 특별한 궁정사宮廷史는 알지 못한다. 다만 특별히 언급하고 싶은 것은 하인리히 라우베Heinrich Laube 의 《프랑스의 왕궁Französische Königsschlösser》이다. 거의 알려져 있지 않은 이 작은 책(3 Bde., 1840)은 가장 생생한 역사 서술의 하나이다. 프랑스 궁정의 사정에 대해서는 (랑케도 포함한) 대부분의 두꺼운 역사책에서보다 이 책에서 더 많은 것을 배울 수 있다. 라우베는 각각의 치세의 유명한 왕궁을 중심으로 서술함으로써 시대 전체를 부활시키려고 하였으며, 또 그렇게 함으로써 그는 프라이타크Gustav Freytag가 그의 《독일의 과거로부터의 형상Bilder aus der deutschen Vergangenheit》에서 독일에 대해서 한 것을 프랑스에 대해서 (보다 작은 규모로) 행하고 있다. '역사가들'은 당연히 그를 경멸할 것이다.

시민의 부의 발생에 대해서는 나는 《근대 자본주의Der Moderne Kapitalismus》에서 처음으로 묘사하려고 시도하였다.

이 장에서 다룬 초기 자본주의 시대에서의 상류계급의 변천사는 외적인 면과 내적인 면을 갖고 있다. 외적인 면은 우리에게 단지 발생사적인 사건들만을 보여주는데, 이에 대해서는 영국에서만도 그 수가 매우 많은 가족사 연구 속에 풍부한 전문적인 문헌이 있다. 가장 상세한 문헌은 코케인George E. Cokayne에 의해 최근 편집된 《1611년에서 1880년까지의 완전한 준남작 명부Complete Baronetage 1611-1880》(6 Vols., 1901~1909) 및 《완전한 귀족 명부Complete Peerage》(12 Vols., 개정판 발간은 1910년에 시작되었다)이다. 또한 우리와 특별히 관계가 있는 좀 더 오래된 문헌 중에서는 다음의 것들을 언급한다. 콜린스Arthur Collins의 《영국의 귀족The Peerage of England》(3 Vols., 1735; 9 Vols., 1812); 같은 저자의 《영국의 준남작 명부The English Baronetage》(1727), 타운센드Francis Townsend가 편집한 《1660년에서 1760년까지의 기사 목록Catalogue of Knights from 1660 to 1760》(1833), 캐턴Charles Catton, R. A.의 《영국의 귀족Peerage of England etc.》(3 Vols., 1790), 워클리Thomas Walkley의 《새로운 목록New Catalogue》(8 Vols., 1652).

위계 관계에 관한 책으로는 도드Charles R. Dodd의 《고위 고관 편람 A Manual of Dignities etc.》(1842)가 있다. 국법 및 정치 문제에 관한 것으로는 다음과 같은 것들이 있다. 그나이스트Rudolph Gneist의 《영국에서의 귀족과 기사계급Adel und Ritterschaft in England》(1853) 및 이 책에서 언급된 저작들.

프랑스의 계보학적 문헌은 오래전부터 별로 많지 않다. 일반적인 저작들 중에서 특히 주목할 만한 것은 도지에Charles-René D'Hozier의 《귀족 사전Dictionnaire de la noblesse》이다.

그 대신에 사회사적인 전문적인 연구는 훨씬 더 많다. 내가 앞으로 종종 인용하는 노르망Charles Normand, 티리옹Henri Thirion, 보나페Edmond Bonnafé 등의 저작들과 같은 것은 다른 나라에는 없다.

이들 저작에서는 문제의 다른 측면, 이른바 사회심리학적인 측면도 이미 언급되고 있다. 그러나 나는 지난 수 세기 동안 상류계급에서 일어난 내적인 변화를 종합적으로 서술한 저작은 알지 못한다. 그 때문에 모든 분야의 문헌에서 증거가 되는 자료를 수집하지 않으면 안 되었다. 따라서 특별한 참고문헌을 열거하는 일은 필요하지 않을 것이다. 인용문에 많은 책들이 언급되어 있는데, 이 책들이 독자에게 더 많은 정보를 줄 것이다.

제2장

대도시

I. 16, 17, 18세기의 대도시

문화 발전 전체에 있어서 가장 중요한 사건 중의 하나(이것은 본질
적으로 앞 장에서 서술한 과정의 한 결과이다)는 우선 16세기 이후 일련의
도시에서 거주자의 수가 급속하게 늘어났으며, 이로 인해서 수십만
명의 거주자를 지닌 도시라는 새로운 유형의 도시, 즉 '대도시'가 생
겨났다는 사실이다. 그리고 런던, 파리와 같은 대도시는 18세기 말경
에는 현대의 백만 도시에 가까웠다.

16세기에는 10만 명 이상의 거주자를 지닌 도시의 수가 이미 13개
내지 14개로 늘어났다.[1]

제일 먼저 살펴보아야 하는 것은 이탈리아의 도시들이다. 베니스
(1563년에 16만 8,627명, 1575~1577년에는 19만 5,863명), 나폴리(24만
명), 밀라노(약 20만 명), 팔레르모(1600년에 약 10만 명), 로마(1600년에
약 10만 명). 반면에 피렌체의 인구는 1530년에는 겨우 6만 명에 불과

하였다.

그다음에는 스페인과 포르투갈의 도시들이다. 리스본(1629년에 11만 800명), 세비야(16세기 말에 1만 8,000가구, 따라서 약 10만 명). 그리고 네덜란드·벨기에의 도시들이 있다. 안트베르펜(1560년에 10만 4,972명), 암스테르담(1622년에 10만 4,961명).

마지막으로 파리와 런던을 보자.

파리의 확장에 반대하는 왕의 칙령이 이미 16세기 중엽에 공포되었으며(이에 대해서는 곧 이야기할 것이다), 1594년에는 약 18만 명에 달하였던 인구가 종교전쟁의 결과로 확연하게 감소하였다.

런던은 급속하게 팽창하여 16세기 말에는 과밀 대도시의 모든 징후를 나타냈다. 이러한 사실은 1602년의 엘리자베스 여왕의 칙령에서 분명하게 알 수 있다.[2] 엘리자베스 여왕 시대에 런던의 인구수는 약 25만 명으로 추정된다.

17세기 중에는 이전의 대도시 중 몇몇 곳에서만 인구수가 감소하였다. 리스본, 안트베르펜은 10만 명 이하로 떨어졌으며, 밀라노와 베니스도 마찬가지로 현저하게 감소하였다.

이에 반해 빈(1720년에 13만 명)과 마드리드가 새롭게 대도시로 성장하였다.

급속하게 성장한 도시는 로마, 암스테르담, 파리와 런던이다. 로마는 17세기 말에 인구가 14만 명이었으며, 암스테르담은 20만 명이었다. 파리는 50만 명에 달하였으며, 런던은 그것을 넘어섰다(1700년에 67만 4,350명).

17세기에 런던의 인구는 서서히 늘어난 반면에, 파리는 분명하게 급상승하였다. 특히 부르봉Bourbon 왕가의 처음 두 왕의 통치 시대에 파리의 인구는 급격하게 상승하였다. 이제 우리는 내가 이미 말한 바 있는 저 기이한 칙령들, 즉 도시의 성장을 막기 위해서 새로운 집의 건축을 금지하는 칙령들을 보다 빈번하게 만난다. 그 칙령들은 보통 다음과 같은 문장으로 시작한다. "우리의 아름다운 도시 파리가 팽창에 의해서 큰 재해를 입을 수 있다는 것은 분명하다" 또는 "파리 시를 일정한 크기로 제한하는 것이 폐하의 뜻이었기 때문에……" (이러한 금지령에는 중세의 동업자조합에서 볼 수 있는 것과 유사한 의지가 표현되고 있다고 말할 수 있다. 유기적인 구조를 무한히 확대하는 것에 대한 반대, 자본주의 제도의 무분별한 확대 및 양화量化 경향에 대한 반대, 영리 충동을 무제한적으로 팽창하려는 욕망에 대한 구식의 절도 있는 사람들과 신분이 높은 사람들의 반대가 그것이다.)

물론 이러한 금지령들은 아무 성과도 없었다. 금지령은 반복되었음에도 불구하고(1627년과 1637년), 파리는 바로 이 시기에 거대하게 성장하였다. 한 명민한 역사가(보드리야르Henri Baudrillart)는 루이 13세 [1601~1643]의 파리와 동맹[1793~1815년 대對프랑스 동맹] 당시의 파리 사이에는, 동맹 당시의 파리와 제3공화국의 파리에서보다 더 큰 차이가 있다고 생각하였다. 당시 사람들이 이 변화를 얼마나 강하게 느꼈는가에 대해, 코르네유Pierre Corneille는 1642년에 쓴 희극《거짓말쟁이Le Menteur》(제2막 5장)에서 다음과 같이 말하고 있다.

화려한 도시 전체가
기적처럼 구덩이에서 생겨났다.

그리고 화려한 집에 살고 있는

주민들 모두가 신이 아니면 왕이라는 생각이 들게 한다.

18세기는 다음과 같은 변화를 가져다주었다.

모스크바, 페테르부르크, 빈, *팔레르모(1795년에 20만 162명)는 인구 20만을 넘어섰다. 더블린도 이와 크게 차이 나지 않았다(1798년에는 18만 2,370명, 1753년에는 12만 8,870명이었지만, 1644년에는 8,159명에 불과하였다).

인구 10만 명에 육박한 것은 함부르크, 코펜하겐, 바르샤바이다. 베를린은 14만 1,283명(1783), *리옹은 13만 5,207명(1787)에 달하였다.

*나폴리는 50만 명(1796년에 43만 5,930명)에 접근하였으며, 런던은 100만 명(1801년의 인구조사에 따르면 86만 4,845명)에 접근하였다. *파리에는 혁명이 발발할 때 64만에서 67만 명의 인구가 살고 있었다.

II. 대도시의 발생과 내부 구성

어떻게 해서 이 도시들이 그처럼 커졌는가를 살펴보면, 우리는 본질적으로는 중세시대에서와 똑같은 도시 형성 요인들이 작용하고 있었다는 것을 알게 된다. 초기 자본주의 시대의 대도시들도 (아니, 바로 그 대도시들은) 기본적인 의미에서는 소비도시였다. 대★소비자는 우리에게 잘 알려져 있는 바와 같이 군주, 성직자, 고관이었는데, 이제는 새로운 중요한 집단이 추가되었다. 즉 대자본가가 그들이었다(그들을 당연히 '소비자'로 간주한다고 해서, 국민경제에서의 그들의 '생산적인' 기능을 얕보는 것은 결코 아니다). 대도시는 바로 가장 많은 (그리고 대부분의) 소비자들의 거주지이기 때문에 그처럼 커진 것이다. 따라서 도시의 확대는 본질적으로는 나라의 중심이 되는 도시에 소비가 집중되는 것에 기인한다.

이러한 견해가 옳다는 것은 우선 반대로 다음과 같은 사실, 즉 상업이나 공업과 같은 데 종사하는 '생산자'는 여전히 자신들이 자리 잡고 있는 곳을 중소도시의 규모 이상으로 발전시킬 수 없었다는 사실을 지적함으로써 증명될 수 있다.

순수한 상업도시, 예를 들면 18세기 중엽의 한 여행가가 "영국에서는 가장 크고 인구도 가장 많고 또 가장 번창하고 있는 곳이며 아울러 유럽의 주요 도시 중의 하나"[3]라고 부른 브리스틀이나 당시의 영국에서 번창하고 있는 그 밖의 상업도시들인 엑서터, 린, 노리치, 야머스 등등은 런던이 이미 오래전에 50만 명을 돌파하였을 때에 인구가 3만 내지 4만 명에 불과하였다. 그리고 공업에도 일반적으로는 아직 대도시를 형성할 만한 힘이 깃들어 있지 않았다. 18세기만 하더라도 공업의 중심지였던 광업도시나 가내공업의 중심지들, 즉 영국의 뉴캐슬, 글래스고, 리즈, 맨체스터, 버밍엄과 독일의 이저론, 파더보른, 야우어, 히르슈베르크 같은 곳은 중도시 내지는 대부분 소도시였다. 영국과 독일 모두 18세기 말까지는 그들의 수도를 제외하면 10만 명의 인구를 지닌 도시가 하나도 없었다.

암스테르담이나 함부르크 같은 '상업도시들'이 우리가 다루고 있는 시대에 대도시의 성격을 띠고 있었다고 해도, 보다 자세하게 연구하면, 도시의 거대화는 상품거래와는 전혀 다른 힘에 의한 것이라는 사실을 곧바로 알게 된다.

따라서 19세기 이전에 생산도시로서 대도시 대열에 들어간 도시로는 단 하나의 이름만을 들 수 있다. 그것은 초기 자본주의 시대 최대의 사치산업의 소재지인 리옹이었다(리옹의 경우조차도 신용거래가 틀림없이 도시 확대에 중요한 역할을 했을 것이지만 말이다).

그러나 실제로는 소비의 집중이 최초의 대도시들을 발생시켰으며, 이러한 현상은 각 나라의 특성과는 상관없이 어디에서나 자본주의 발전의 압력하에서 상당히 획일적으로 일어났다. 이를 증명하는 일도 마찬가지로 쉬운데, 이번에는 긍정적인 증거를 들어 증명해보자.

나는 17세기와 18세기의 가장 중요한 대도시들을 예로 들어 나의 주장을 증명하겠다.

(1) 베를린: 베를린은 순수한 수도의 전형이다. 이곳에서는 본질적으로 궁정, 관리 및 군인만이 도시를 형성한 요인으로 등장하고 있다. 베를린은 18세기 후반에 들어서야 비로소 보다 급속도로 성장하기 시작하였다. 1760년대 초에 비로소 베를린은 인구 10만 명을 돌파하였다. 그렇지만 18세기 말이 되어서도 베를린은 거의 전적으로 군인과 공무원의 도시—따라서 확실히 가난한 도시—였다. 1783년 베를린의 주둔군은 그들의 처자식을 포함해서 3만 3,088명에 달하였는데, 이 수는 전체 인구 14만 1,283명의 23퍼센트였다(1895년에는 베를린 주둔군과 그 가족은 약 2만 9,448명으로 전체 인구의 1.8퍼센트에 불과하였다). 국가와 시의 공무원은 3,433명이었으며, 그들의 가족도 합치면

약 1만 3,000명에 달하였다. 여기에 믿을 수 없을 정도로 많은 사환의 수(1만 74명)가 더해진다. 따라서 이 세 부류[군인, 공무원, 사환]에 궁정과 관련이 있는 인구를 합치면 5만 6,000명, 즉 전체 인구의 5분의 2를 넘어섰다.[4] 가난한 프로이센 왕에게서 봉급을 받고 있었던 이들이 얼마나 가난하였는지는, 그들이 단지 자신과 거의 같은 수의 사람들에게만 집과 일자리를 줄 수 있었다는 사정이 보여준다. 당시 런던이나 파리에서는 베를린과 마찬가지로 봉급을 받는 사람들이 5만 명이 있었지만, 이들은 적어도 20만 내지 30만 명의 도시를 먹여 살렸을 것이다.

(2) 암스테르담: 암스테르담도 역시 처음부터 수도였다. 17세기 말 궁정의 이전이 그 시의 모든 영역에 커다란 피해를 가져다주었다는 것에서 그러한 사실을 알아차릴 수 있다.[5] 그렇지만 궁정 이전에 의해서 생겨난 틈은 곧 메워졌다. 즉 암스테르담은 유럽 전역에서 온 국채 소유자들의 거주지가 되었다. 암스테르담에서는 세계 각지의 식민지가 가져다준 풍부한 상품들이 흘러넘칠 정도로 소비되었다.

(3) 베니스: 베니스는 암스테르담과 비슷한 성격을 갖고 있다. 옛날부터 소유한 상당한 식민지는 곧바로 배부르고 돈이 남아도는 금리생활자 계급을 만들어냈으며, 이 계급은 이탈리아 본토에도 이미 많았던 지주의 수를 더욱 증대시켰다. 크레타섬의 이주민 가족들에 대해서는 이미 15세기에 다음과 같은 말이 있었다. "그들 중 많은 사람들은 큰 재산을 모았으며, 지금은 베니스에 살면서 이자로 살고 있다."[6] 이때 잊어서는 안 되는 것은, 베니스가 식민지를 잃어버릴 때까지 유럽에서 세 번째로 큰 나라의 수도였다는 사실이다. 베니스에서

소비되는 거대한 부는 화려하고 사치스러운 향락 생활을 초래하였으며, 이것은 또다시 많은 외국인들을 불러들였기 때문에, 베니스는 16세기에는 로마와 더불어 가장 유명한 도시가 되었다. 1565년 어떤 사람은 편지에서 베니스를 "향락의 본산"이라고 불렀으며, 또 헨츠너Paul Hentzner의 《여행기Itinerarium》(1617년)에서는 "향락의 천국"이라고 불렀다.[7] 무엇보다도 매혹적인 것은 축제와 여자였다.

(4) 로마: 그레고로비우스Ferdinand Gregorovius[1821~1891. 독일의 역사가]는 16세기에는 로마가 무엇보다 그 공간적인 넓이 때문에도 "유일한 세계도시"라고 생각하였다. 로마는 다양하며 실속 있는 많은 소비자들을 집합시켰다.

첫 번째로 들 수 있는 것은 교황과 궁정에서 일하는 많은 사람들인데, 교황은 교황헌금과—대부분의 경우—매우 많은 사적인 소득으로 살았다.

두 번째는 순례자이다. 예를 들어 1500년에는 순례자가 로마에 20만 명이나 있었다고 한다.

세 번째로는 추기경과 고위 성직자이다. 카르테시우스Cartesius는 《추기경De Cardinalatu》에서 (이미 15세기에) 한 추기경은 1만 2,000플로렌스 금화의 수입이 있었으며, 약 140명의 직원을 그의 집에 머물게 했다고 판단하고 있다.[8] 또 추기경 중 몇몇은 3만 두카텐Dukaten[옛 유럽 금화] 이상의 수입이 있었다.[9]

네 번째는 부를 물 쓰듯 하는 교황의 친척들이다. 식스투스 4세의 아들인 피에트로 리아리오는 6만 플로렌스 금화의 연금을 받았다.

다섯 번째는 오르시니, 콜로나 등등의 대귀족 가문들이다. 이들은 거대한 토지를 소유하였으며, 그에 상응하는 거액의 지대를 마음대로 썼다.

교황들이 아비뇽에 거주하고 있었을 때, 로마는 황폐해질 위기에 처해 있었다. 클레멘스 5세가 죽은 후 추기경 나폴레오네 오르시니는 프랑스 왕에게 교황이 로마를 떠났기 때문에 로마가 몰락하고 있다는 것을 납득시켰다. 1347년 콜라 디 리엔치는 로마가 예의 바른 사람들의 거주지라기보다는 오히려 도둑의 소굴 같다고 생각하였다.[10]

(5) 마드리드: 로마와 베니스가 15, 16세기에 그랬던 것처럼, 마드리드는 17세기에 세계도시가 되었다. 여기에는 지상에서 가장 강력한 왕이 궁정을 차지하고 있었다. 그곳은 세계에서 가장 큰 제국의 중심지였으며, 아메리카 대륙의 은으로 된 보물들이 이곳으로 몰려들었다. 마드리드가 스페인에서 권력과 부를 지닌 모든 사람들을 끌어들이는 곳이 되었다는 것은 결코 놀랄 일이 아니다. "왕의 집"에 받아들여지고 싶은 욕망만큼 격렬한 것은 없었다. 왕이 부여하는 궁정 관직은 특히 귀족의 젊은 아들들이 추구하는 목표였다. 마드리드가 특히 펠리페 3세[1578~1621] 이후 태공Grande[스페인의 최고 귀족]들이 몰려들었기 때문에 얼마나 빨리 한층 더 중요해졌는가는 상당히 정확하게 추적할 수 있다. 동시대의 한 사람은 "부자와 권세가 있는 사람들은 농촌을 점점 떠나고 있다"라고 말하였다.[11] 또한 마드리드는 로마와 더불어 향락을 추구하는 외국인 방문객들이 몰려든 최초의 근대적인 대도시가 된 것 같다. 마드리드는 "외국인들의 고급 여관"이라고 불리었다.[12]

(6) 나폴리: 마드리드가 17세기에는 유럽에서 세 번째, 아니 어쩌

면 두 번째로 큰 도시였을지도 모른다면(최고 전성기에는 인구가 40만 명이나 되었다고 한다), 이번에는 나폴리가 매우 빠르게 성장하여 18세기에는 런던과 파리 바로 다음 자리를 차지하였다.

나폴리는 이 책에서 옹호하고 있는 명제(즉, 예전의 대도시는 모두 소비 집중에 기인하였다는 것)가 옳다는 것을 증명해주는 본보기이다. 나폴리는 군주의 거주지일 뿐이었다. 그렇지만 그러한 사정과 함께 중앙집권적인 행정조직 및 사법조직을 지닌 일찍이 통일된 국가의 수도였다는 그 밖의 사정이 결합된 덕분에, 나폴리는 다른 이탈리아 도시들이 그 목표를 결코 달성하지 못하였을 시기에 이미 대도시로서의 지위에 오를 수 있었다.

나폴리의 강대함과 부는 두 가지 원천, 즉 왕국과 교회에서 나왔다. 그 당시 사람들도 이미 그것을 알고 있었다. 나폴리의 사회적 구성을 마치 거울에라도 비춘 것처럼 잘 묘사한 저작에서 카라키올리Caraccioli는 "왕에게 봉사하는 것은 우리의 상업이다"라고 말하고 있다. 실제로 나폴리의 관리의 수는 엄청나게 많았다. 왜냐하면 중앙집권화는 관직의 비대를 초래하였기 때문이다. 수수료 제도가 대단히 세련되게 만들어졌는데, 이 수수료는 이미 당시의 사람들에게도 본질적인 수입원으로 인식되었다. 나폴리의 교양 있는 자들의 세계에서 활동한 사람이라면, 이 도시에는 "무수한 법률학자, 변호사 및 서기" 이외에는 거의 아무도 없다는 인상을 받았을 것이다(폴리에타Folieta). 그 후 스페인의 지배가 장기적으로 확고해지면서 궁정의 영향력의 축소가 제일 먼저 나타났는데, 이러한 사실은 카라키올리에 의해 분명하게 관찰되었다. 그는 다음과 같이 말한다. 이제는 왕도 멀리 있고, 도시는 점점 더 몰락하고 있다. 남작들은 대규모의 수행원을 더 이상 거느리지 않는다. 그 결과 공공생활도 활기와 빛을 잃었으며, 사람들이 화려하게 꾸미고서 줄지어 걷는 모습도 더 이상 볼 수 없다. 시의 인구는 줄고 있고, 임대료는 떨어지고 있다. 이 모든 것은 다만 나폴리가 이제는 왕국의 수도가 아니기 때문이다. 카라키올리는 되풀이해서 말하였다. "우리의 귀족에게 부를 가져다준 것은 우리의 상업이었다."

그 후 모든 것이 변하였다. 나폴리는 스페인의 지배하에서도 강력하게 번영하였다. 귀족들이 다시 화려한 수행원을 거느렸기 때문에, 사치는 전보다 더 심하였으며 인구도 급속하게 증가하였다.[13]

(7) 파리: 근대 화학의 창시자[라부아지에Antoine Lavoisier]가 어쨌든 그의 존경할 만한 정력을 '인민의 복지'에 바치고 국민의회에서 재정조직의 개혁을 위해 애쓸 당시, 그는 파리 사람들이 외부로부터 가져오는 상품의 양과 가치가 얼마나 되는지를 확인하기 위해서 대단히 흥미로운 계산을 하였다. 그의 매우 정확한 비용 계산은 다음과 같은 결과에서 절정에 이르렀다. 즉 파리에서 매년 소비되는 물품 중 인간이 소비하는 것에는 2억 5,000만 리브르, 말이 소비하는 것에는 1,000만 리브르를 지불하지 않으면 안 된다는 것이다. 여기서 우리의 관심을 끄는 것은 이 2억 5,000만 리브르가 어떻게 지불되는가라는 질문에 대한 라부아지에의 대답이다. 왜냐하면 그 대답에는 프랑스혁명이 발발할 때의 파리의 인구 구성에 대한 대단히 놀랄 만한 판단이 들어 있기 때문이다. 그의 대답은 다음과 같다(이 대답 중에서는 그가 저지른 분명한 오류는 제외한다).[14]

약 2,000만 리브르를 가져오는 것은 수출업과 상업이다. 1억 4,000 만 리브르는 국채의 이자와 봉급으로 지불된다. 1억 리브르를 메우는 것은 파리에서 소비되는 지대와 기업가의 이윤(파리 바깥에 있는 기업으로부터의)이다. 뛰어나다, 실로 뛰어나다! 얼마나 깊은 통찰과 인식인가! 파리는—무시할 수 있는 약간의 요소를 제외하면—궁정, 관리, 국채 소유자, 지대생활자에 의해서 생계를 유지하고 있는 순수한 소비도시였다.

그 당시의 판단력이 있는 사람들에게서는 모두 이와 똑같은 생각이 되풀이되는 것을 볼 수 있다(여기서 주장한 견해가 옳다는 수치적인 증거를 제시할 수 없는 이상, 우리는 유감스럽게도 그들의 증언에 의지하지 않을 수 없다).

《인간의 친구L'Ami des Hommes》의 저자인 미라보Victor de Riqueti, Marquis de Mirabeau는 만일 그의 제안에 따라서 다음과 같은 사람들을 지방으로 돌려보내면, 파리의 인구가 약 20만 명이나 줄어들 것이라고 계산하였다.

1. 많은 봉급을 받고 있는 모든 궁정 관리들.

2. 법원에 소송을 제기하기 위해서 파리에 온 모든 대지주들. 그들에게는 사건이 고향에서 가장 잘 처리될 수 있으며, 고향에서는 더 많은 존경을 받을 수 있고, 또 더 편리하다는 것을 이해시키지 않으면 안 된다.

3. 소송하기를 지나치게 좋아하는 자들.[15]

그와 모든 중농주의자의 견해에 따르면, 당시에는 "인간과 부의 잘못된 분배"가 행해지고 있었다. 왜냐하면 "귀족과 부자, 편안하게 살기에 충분한 이자나 연금을 받고 있는 사람들 모두가 파리나 그 밖의 대도시에 거주하면서, 국채로부터의 거의 모든 소득을 소비하고 있기 때문이다. 이러한 소비는 많은 상인, 장인, 하인 및 날품팔이꾼 들을 끌어들이고 있다."[16] "국고와 직접 관계를 맺고 있는 자본가"[17] 및 그 밖의 사람들과 한패가 된 이 부유한 금리생활자들 주위에는 고도로 발달된 (중농주의자들의 견해에 따르면, 지나치게 섬세한) 사치산업이 몰려들었다. 왜냐하면 "고향에 있을 때는 촌스러웠던 대지주도 파리에서는 취향의 권위자가 되고 아울러 장인에게는 새로운 아이디어를 주며, 그리하여 장인도 그의 기계적인 영역을 벗어나 그의 기술 분야에서 유명한 사람이 되기 때문이다."[18]

여기에서도 모든 산업과 모든 상업이 내가 확정한 의미에서의 도시 건설자인 부자들의 소득에 의해서만 번창하였다는 것을, 메르시에는 또다시 그의 유명한 강렬한 필치로 묘사하고 있다.[19]

부자들의 퇴폐적인 사치에 기대지 않고서는 다른 방식으로 생계를 보증받지 못하는 이 많은 가난한 사람들을 어떻게 하면 구할 수 있는가. …… 이 대도시에서는 어린이 장난감을 만드는 데 평생을 보내고 있는 사람들을 볼 수 있다. 많은 노동자들이 윤내는 일, 도금하는 일, 술 장식을 다는 일에 몰두하고 있다. 수십만 개의 손이 밤낮으로 바쁘게 사탕과 디저트를 만들고 있다. 허송세월을 하면서도 살아가고 있다고 믿고 있으며 또 자신을 짓누르는 지루함을 극복하기 위해 하루에 두 번 화장하는 저 모든 게으른 사람들이 깨어나기를, 다른 5만 명의 사람들이 손에 빗을 들고서 기다리고 있다.

중농주의자들은 대부분의 경우 파리 주민 중 적지 않은 부분이 교회와 그 하인들의 수입으로 생계를 유지하고 있다는 사실을 그들의 서술에서 강조해야 하는 것을 잊고 있다. 이 점에서도 메르시에는 다음과 같이 서술함으로써, 우리에게 또다시 가장 귀중한 전거가 되고 있다.

파리는 삭발례削髮禮를 받은 성직자인 신부들로 가득 차 있다. 그들은 교회에도 국가에도 봉사하지 않는다. 그들은 한결같이 빈둥빈둥 지내면서 쓸데없는 짓과 하찮은 이야기밖에는 아무 짓도 하지 않는다.
……

많은 집에는 친구라고 불리는 신부가 있는데, 실제로 그는 자신의 직분을 잘 알고 있는 정직한 시종에 불과하다. ……

그러한 집에는 가정교사들이 오는데, 그들도 역시 신부이다……

메르시에,《파리의 풍경》, 1783, Ch. XC.

주교들은 성스러운 법규가 그들에게 정해준 직책을 이탈하고 거주지에 관한 법을 쉽사리 위반해도 양심의 가책을 받지 않는다. 그들은 지루함을 못 이겨 그들의 교구를 떠나고 있으며, 교구를 마치 유배지처럼 여기고 있다. 그들은 자신의 재산으로 즐기기 위해서 거의 모두 파리로 온다.

메르시에, 같은 책, Ch. CXI.

우리가 초기 자본주의 시대의 말기에 파리 인구를 구성한 여러 집단에 대해서 단 하나의 신뢰할 만한 개관을 갖고 있는 것도 바로 이 권위 있는 증인[메르시에] 덕분이다. 그림을 더욱 분명하게 나타내기 위해서, 나는 그가 행한 개관을 여기서 다시 한 번 전하고 싶다. 다만 눈에 더 잘 들어오게 하기 위해서, 도식화된 형태로 전할 것이다.

파리에는 명확하게 구분된 여덟 부류의 주민들이 있다.

1. 왕후王侯와 귀족
2. 학자
   (a) 변호사
   (b) 성직자
   (c) 의사
3. 재산가

   지주에서 소규모 대금업자에 이르기까지. 어음중개인이라는 이 새로운 괴물은 탐욕스럽고 경멸할 만하며, 또 사람들이 실제로 손가락질하고 있는 이 사회의 한가운데에 자리 잡고 있다.

4. 도매상인과 소매상인

   그들은 단지 부자에 의해서만 생계를 유지하고 있다. 부자들은 어떤 것도 현금으로는 사지 않기 때문에, 상인은 매일 그들이나 그들의 하인 앞에서 공손하게 행동하지 않으면 안 된다.

5. 예술가

   화가
   건축가 } 가장 낮은 수준
   조각가

작곡가 – 보다 높은 수준

문인 – 최고의 수준

6. 장인

(다른 곳에서 지적한 바와 같이) 유복한 수공업자는 오로지 부자들
을 위한 일에 의해서만 생계를 유지하고 있다.

7. 날품팔이꾼

8. 하인

9. 하층민(이것도 들어가면 결국 아홉 부류의 주민이 있다?!)

파리에는 무엇보다도 무수한 '비생산적인' 인간들이 있다. 성당 수도
사들의 수많은 단체, 많은 귀족, 재판소 서기, 법정 간수, 집행관, 신변
경호인, 하급 관리, 금리생활자, 마부, 기수장騎手長, 마구간지기, 그리고
떼를 지어 파리로 오는 외국인들.

메르시에, 《파리의 풍경》, II, 1788, 39쪽 이하, 44쪽 이하.

(8) 런던: 16세기 이래로 강력한 궁정과 그 주위를 둘러싸고서 지
대로 살아가고 있는 한 무리의 부유한 지주들은 17세기에도 런던의
핵심을 이루고 있었다. 17세기에 이미 수도가 귀족과 젠트리를 끌어
들이는 힘이 얼마나 강하였는가는 ─ 기묘하게도! ─ 런던에 거주하
고 싶어 하는 지주 가족들의 욕구를 제재하기 위해 스튜어트 왕조의
처음의 두 왕이 발포한 무수한 명령에서 짐작할 수 있다. 1632년에
발포한 이러한 명령 중 하나는 다음과 같이 말하고 있다.

그들이 가족과 함께 런던에 거주함으로 말미암아, 그들의 돈과 재산 중 많은 부분이 그것이 생겨난 여러 주州로부터 빠져나오고 있으며, 그리고 그것은 외국산의 지나친 자극과 유혹에 사로잡혀서 런던 시에서 소비되고 있다. …… 이로 인해서 분별없고 게으른 수많은 사람들이 런던과 웨스트민스터로 몰려들고 있다.

라이머Thomas Rymer,《조약Foedera》, 19, 374쪽.

그러나 흐름을 원점으로 되돌리려고 하는 그러한 모든 명령이 그러하듯이, 이 주거 금지령의 운명도 그러하였다. 즉 그 명령은 지켜지지 않았다. 바로 17세기 동안에는 런던으로의 지주의 이주가 특히 빈번하게 일어났음에 틀림없다(따라서 이러한 이동은 17세기에서의 런던의 급속한 성장의 주된 요인이 되었다). 왜냐하면 17세기 말에는 런던이 "귀족, 신사계급, 궁정인, 성직자, 법률가, 의사, 상인, 선원, 그리고 모든 종류의 훌륭한 예술가, 세련된 교양인 및 미인의 거대한 집합지"[20]로 기술되고 있기 때문이다.

17세기 말부터 그리고 18세기를 통해서 이미 거주하고 있는 도시 건설자들 이외에 새로우면서도 훨씬 더 중요한 도시 건설자들이 나타났는데, 그들은 국채를 갖고 있는 사람과 대재산가 들이었다. 17세기의 런던에서는 이미 신용거래가 활발하게 행해지고 있었다. 단기간에 얼마나 많은 현금이 동원될 수 있었는가는, 예를 들면 잉글랜드 은행의 주식자본(120만 900파운드)의 청약이 1694년 6월 21일에 시작해서 7월 2일에 완전히 끝났다는 사실이 증명한다. 데이비드 흄David Hume(1711~1776. 영국의 철학자)은 국채가 도시를 만들어내는 힘을 매우 확실하게 강조하고 있다. "국채는 많은 인구와 부의 수도로의 강력한 유입을 일으키는데, 이것은 그 국채의 이자를 지불하기 위해 지방에서 많은 돈을 거둬들이기 때문이다."[21]

17세기 중엽에는 시티에도 상류사회가 있었다. 이것은 예를 들면 "예민한 코를 지닌 시티에 사는 부인들"이 그녀들을 괴롭히는 석탄 연기(당시에 석탄을 때기 시작하였다)에 대해 늘어놓은 불평에서 추측할 수 있다. "여보, 이 동네의 석탄 연기에서 나는 냄새 속에서 사는 한은 우리도 우리 아이들도 결코 건강이 좋지 않을 거예요."[22]

그때부터 귀족들은 그들의 호화로운 저택을 교외로 옮기기 시작하였다. 미에주의 계승자인 볼턴은 18세기 중엽 런던 시가 겪은 이러한 변형 과정에 대해서 생생한 모습을 전하였다. "귀족과 젠트리 중 주요한 사람들은 이번에는 좋은 구역이나 거리에서 전보다 더 쾌적하게 지내고 있다. 그들은 그곳에서 신선한 공기를 마시고 있으며, 집도 근대적인 방식으로 짓게 하였다." 그다음 그는 그러한 수많은 새 집의 이름들을 열거하고 있는데, 그의 기술에서 당시의 고상한 런던의 성격은 여전히 시골 귀족[대지주]의 이주에 의해서 철저하게 결정되었다는 인상을 받을 수 있다.[23] 귀족들은 그때 런던 바로 근처에 살고 있었다. 디포는 런던에 인접한 지역 17군데를 예로 들면서, "그곳은 모두 멋진 집들, 아니 보다 정확하게 말하면 영국의 귀족과 젠트리의 대저택들로 빽빽하게 들어차 있고, 또 그러한 저택들로 둘러싸여 있다"[24]라고 말하였다.

나도 라부아지에가 파리에 대해서 시도한 것과 유사하게(비록 방법은 전혀 달랐지만), 18세기의 런던에서 여러 주민 집단들이 런던을 건설하는 데 행한 몫을 수치상으로 확인하려고 시도하였다. 이때 내가 도달한 다음과 같은 결과에 대해 절대적으로 정확하다고 주장하는 것은 결코 아니다. 그렇지만 그 결과는 계산된 몫들이 라부아지에가 파리에 대해서 행한 것들과 꽤 근접해 있다는 점에서 상당히 신뢰할 만하다(두 도시는 런던에서의 상업의 총거래액이 파리를 능가하였다는 점에서만 차이가 있다).

런던에 대해 기술할 경우, 상업이 언제나 도시 형성의 요소로서 무엇보다도 먼저 — 예를 들면 체임벌린Edward Chamberlayne에 의해서도 — 지적되고 있다는 것은 이해할 수 있는 일이다. 상업은 런던 방문자 모두의 눈길을 끌었다. 그렇지만 통계는 '상업'이 런던 인구의 작은 부분밖에는 먹여 살리지 못하였다는 사실을 매우 분명하게 보여주고 있다. 영국 전체의 수출입이 1700년에는 2억 1,400만 마르크에 상당하였는데, 이 총액은 19세기 중엽 브레멘 시의 상업이 한 해에 도달한 것과 똑같다. 1688년 영국의 모든 항구를 출입한 선박들의 톤수는 28만 5,000톤이었는데, 이것은 1800년의 함부르크항 출입 선박 톤수와 같으며, 오늘날 함부르크항의 50분의 1에 불과하다. 이에 대해서는 골드슈타인Josef Goldstein의 《직업 구성과 부Berufsgliederung und Reichtum》(Stuttgart, 1897), 143쪽에 있는 수치(차머스와 프라이스 윌리엄스에 의한 것이다)를 보라. 당시의 런던의 상업 규모는 마땅히 경탄할 만하지만, 그렇다고 해서 "배들이 엄청나게 많아, 그것들이 강 언덕을 따라 정박하고 있을 때에는 배의 돛대들이 마치 숲을 이루고 있는 것 같다"(템즈Themse)거나, "설비가 잘된 커다란 배들이 무수히 있다"(체임벌린)라고 한 당시의 저술가들의 말을 믿고서 과장된 이미지를 가져서는 안 된다. 오히려 런던의 발전에서 '상업'이 행한 몫을 평가하고자 한다면, 다음과 같은 계산을 시도해야만 한다.

1700년의 영국 전체의 수출입액은 1,100만 파운드에 조금 미치지 못했지만, 당시로서는 상당히 높은 10퍼센트의 평균이익이 있었다고 계산한다면, 그 액수는 110만 파운드이다. 더구나 영국의 전체 상업 중 런던의 몫이 3분의 2라고 어림잡는다면 — 이것도 역시 상당히 높지만 — 런던 상인의 이익은 약 75만 파운드가 될 것이다. 킹은 1688년의 수공업자 가족의 평균수입을 40파운드, 노동자 가족의 그 것을 15파운드로 추정하였다. 그럴 경우, 런던 상인이 얻는 이익에 의해서는 약 7,000 수공업자 가족과 약 2만 4,000 노동자 가족, 또는 두 직업 범주에서 각각 1만 2,000 가족이 생계를 유지할 수 있게 된다. 킹은 한 가족의 머릿수를 3.5명에서 4명으로 보았다. 그러면 '상업'에 의해서 생계를 유지할 수 있는 인구는 10만 명, 당시 런던 인구의 7분의 1에서 6분의 1을 결코 넘지 못하였을 것이다.

그렇지만 여기서 염두에 두지 않으면 안 되는 것은, 런던에서 거래된 상업 중에서도 런던 주민들 사이의 상품 교환을 제외한 경우에만 도시 발전을 촉진시키는 힘을 지닐 수 있었다는 사실이다. 따라서 이 시민 간의 상품 교환을 제외하면, 도시를 발전시키는 데 작용한 상업의 역할은 상당히 줄어든다.

당시 영국의 왕실 비용과 비교해보자. 1696년 의회는 윌리엄 3세에게 70만 파운드의 왕실 비용을 승인하였으며, 앤 여왕도 같은 금액을 받았다. 조지 1세 때에는 그 액수가 80만 파운드로, 조지 2세 때에는 90만 파운드로 늘어났다(별거하고 있는 왕비에게는 10만 파운드를 지

1549년경 로마 지도(판화, 파리 국립도서관). 16세기 이후 수십만 명의 거주자를 지닌 '대도시'가 생겨났다.

출하였다). 게다가 웨일스 왕자는 10만 파운드에 달하는 독자적인 수입이 있었다. 따라서 왕, 왕비와 황태자는 왕국의 상인 전부의 소득과 거의 같은 액수를 소비하고 있었으며, 아울러 상인계급이 부양한 것과 거의 같은 수의 사람들을 먹여 살릴 수 있는 수입이 있었던 것이 된다. 앞에서 전하는 숫자는 미에주와 볼턴의 책(236쪽)에서 인용한 것이다. 이 책의 한 부록("대$\wedge$브리튼섬과 아일랜드의 모든 문관, 무관 및 성직자의 관직 목록 또는 직원 목록")에는 영국의 문관 및 무관의 봉급에 대한 거의 완벽한 기록이 있는데, 그 기록에서는 특히 최고급 관리들의 봉급이 부분적으로는 믿을 수 없을 정도로 높다는 것을 볼 수 있다. 그들의 봉급은 1,000파운드, 1,500파운드, 심지어는 2,000파운드에 달하는 경우도 드물지 않았다. 만일 2,000파운드를 상업 이윤으로 서 얻고자 한다면, 가령 이윤율을 20퍼센트로 잡고 1년에 두 번 자본을 회전시켰다고 해도, 그것은 20만 파운드의 매상고, 즉 런던의 전체 상품 매상고의 40분의 1을 뜻하였다! 당시 런던을 구성하고 있는 여러 계층에게 그들의 소득원에 따라서 다양한 비율을 할당한다면, 내 생각에는 다음과 같은 상태가 될 것 같다. 주민의 6분의 2는 왕과 궁정의 관계자, 6분의 1은 관리계급, 6분의 2는 지주 및 간접적으로 국가의 금리로 생활하는 자(재산가), 6분의 1은 상인 및 수공업자.

III. 18세기의 도시이론

그런데 초기 자본주의 시대 대도시의 사회구조가 내가 앞에서 기술한 바와 실제로 같다는 것은 18세기의 수많은 '도시이론들'로부터도 매우 분명하게 알 수 있다. 게다가 이 도시이론들로부터 곧바로 그 당시의 대도시들의 성질을 추론해도 괜찮다고 나는 생각한다. 왜냐하면 대부분의 저술가들은 도시나 대도시의 발생 및 존속의 조건을 기술한다고 믿었지만, 그들의 학설은 실제로는 그들이 주위에서 관찰한 실제적인 도시 구조들의 일반화에 불과하였기 때문이다. 그 때문에 나는 마지막으로 도시 문제에 대해서 언급한 당시의 저술가들 중에서 가장 널리 읽히고 또 가장 많은 존경을 받은 사람들의 글을 조금 발췌해보고 싶다.

내가 아는 한, 18세기의 국민경제학의 그 밖의 많은 영역에서와 마찬가지로, 이 분야에서도 캉티용Richard Cantillon이 선구자이다. 그는 도시의 발생을 다음과 같은 원인들로 돌리고 있다.

어떤 제후나 귀족이 …… 어느 쾌적한 곳에 거주지를 정하면, 그리고 그 밖의 몇몇 귀족들이 서로 종종 만나서 즐거운 사교를 즐길 수 있는 거리 안에 있기 위해서 그곳에 살러 온다면, 그곳은 도시가 될 것이다. 그곳에 문제의 귀족들을 위해서 큰 집이 지어질 것이며, 그리고 그들이 그곳에 거주하기 때문에 몰려드는 상인, 수공업자를 비롯한 갖가지 종류의 직업의 사람들을 위해서도 무수한 집들이 세워질 것이다. 그 귀족들에게 봉사하는 데 필요한 것은 빵 장수, 정육점 주인, 맥주 양조업자, 술 상인, 갖가지 종류의 제조업자일 것이다. 이들은 문제의 장소에 집을 짓거나 다른 사람들이 지은 집에 세 들어 살 것이다. …… 여기서 기술한 바와 같이 이 도시의 모든 작은 집들은 큰 집의 지출에 의존해서 살아간다. …… 문제의 도시는 만일 왕이나 정부가 그 곳에 재판소를 설치한다면 더 커질 것이다. …… 수도도 지방도시와 똑같은 방식으로 형성된다. …… 국가의 모든 영역은 수도에 사는 사람들이 생존을 유지하는 데 다소간에 기여한다.

캉티용, 《상업의 성격에 대한 소론Essay sur la nature du Commerce》, 1755, 17쪽 이하.

이러한 사고방식은—중요하지 않은 편차가 있긴 하지만—도시 형성을 다룬 당시의 거의 모든 논문에서 찾아볼 수 있다. 그렇지만 그러한 사고방식은 중농주의자들에 의해서 특히 명확하게 발전되었다. 왜냐하면 그것은 그들 이론의 버팀목으로 이용되었기 때문이다. 그러나 그러한 사고방식은 또한 정통적인 중농주의자가 아닌 많은 저술가들에 의해서도 받아들여졌다.

18세기의 국민경제학 문헌에서, 논의의 대부분을 차지하고 있는 것은 지대를 어떻게 하면 국민경제의 목적에 입각해서 가장 바람직하게 소비할 수 있는가에 관한 것이었다. 왜냐하면 '사치'를 다룬 무수한 저술과 그 속의 장들이 이 문제를 주제로 삼고 있기 때문이다. 그런데 사치를 다루는 것은 잘 알려져 있는 바와 같이 인구에 대한 논문들의 특징일 뿐만 아니라 18세기 국민경제학 문헌들의 특징이기도 하였다.

그런데 국민경제에서 매우 중요한 국가 수입의 상당액이 도시에서, 특히 대도시에서 소비된다면, 사치 문제는 대도시 문제와 결합한다. 사치 문제를 다룬 저술가 중 거의 대부분은 다음과 같은 문제에 대한 논의로 연구 범위를 확장하고 있다. 도시 인구가 조밀해지는 원인은 무엇인가? 도시에서 사는 사람은 누구인가? 그곳에서는 부자들의 수입이 무엇 때문에 지출되는가? 이러한 종류의 지출은 국민경제의 움직임에 어떤 영향을 주는가?

이 **사치이론과 도시이론 간의 연관을** 당시의 문헌에서 확인하기 위해서는, 케네François Quesnay의 《인구, 농업, 상업에 관한 흥미로운 문제Questions intéressantes sur la population, l'agriculture et le commerce》(《경제학 및 철학 저작집Oeuvres économiques et philosophiques》, ed. Oncken, Frankfurt et Paris, 1888, 250쪽 이하)를 상기하는 것으로 충분할 것이다. 케네는 이 논문의 "도시"에 대한 장에서, 도시의 형성과 국민경제의 유통 간의 연관이라는 문제를 20개의 질문의 형태로 다루었다. 예를 들면 열다섯 번째의 질문은 다음과 같다(297쪽). "대도시에서 형성되는 거대한 재산이 농업에 해를 끼치지 않는다면 …… 그 거대한 재산은 부가 도시에서 축적되며 농촌으로는 돌아가지 않는다는 것을 증명하는 것이 아닌가?" 또는 열여덟 번째의 질문에서는 다음과 같이 묻고 있다(298쪽). "부동산 수입의 회복을 위해서는 언급한 이들이 농촌에 거주해야 하는가? 그들이 도시에서 행하는 소비는 그 소비가 농촌 자체에서 행해졌을 만큼이나 농촌에 유익한 것이 아닌가?" 등등. 또는 "부"에 관한 장의 제4항에서는 다음과 같이 묻고 있다(302쪽). "귀족과 부자 들이 대도시로 이주한 이후, 그들의 지출은 더 두드러지지 않았는가? 또한 그로 인해서 사치가 늘어났다고 추론할 수 없는가? 사치는 언제나 한 나라의 부와 비례하지 않았는가?" 등등. 케네의 이러한 사고방식도 캉티용에게 기초를 두고 있는 것인데, 캉티용의 훌륭한 《상업의 성격에 대한 소론》은 제1장에서 케네가 언급한 것과 똑같은 문제들을 자주 다루고 있다. 예를 들면, 그 표제에 전체 프로그램이 들어 있는 제14장을 보라.

캉티용의 이론과 비교하기 위해서 나는 다음의 구절을 인용한다. "도시의 부는 쾌락을 추구하는 자들을 끌어들이고 있다. 쾌락을 즐기고 함께 하기 위해서, 부유한 지주들은 농촌을 떠나 도시에서 몇 달을 보내며 그곳에 호텔을 세웠다. 도시는 나날이 커질 것이며 …… 결국 그것은 대도시라는 이름을 갖게 될 것이다"(엘베시우스Helvétius, 《인간에 대하여De l'homme》, 제4권, 7장, 전집 2권, 360쪽). 케네도 비슷한 생각을 하였다는 것은 이미 말한 바 있다. 또한 케네와 완전히 똑같은 정신에서 쓰인 논문이 미라보 백작의 논문《프리드리히 1세 치하에서의 프로이센 왕국에 대하여De la monarchie prussienne sous Frédéric le Grand》(1788, 403쪽 이하)이다.

이탈리아 사람 중에서는 특히 베카리아Cesare Beccaria와 필란지에리Gaetano Filangieri를 들 수 있다. "욕망도 더 크고 서민의 비천하며 소박한 관습보다 더 세련된 생활을 하는 대지주들은 권태—부의 재앙인—의 희생자가 되었다. 자신을 다른 사람들과 구별 짓고 아울러 노동계급에 대한 자신들의 우월성을 주장하기 위해서, 그들은 결국 입법기관 및 고등재판소 근처에 서로 모여 살게 되었다. 그곳에서 그들은 그들의 향락의 영역을 확대하는 동시에 그들의 권력도 확대하였다. 이것이 대도시, 결국에는 당시뿐만 아니라 오늘날의 수도의 기원이다"(베카리아,《국민경제Economia pubblica》, 1771, §30. 쿠스토디Custodi, P. M. 11, 58~59쪽). 대도시에서의 사치산업의 발생을 다루고 있는 같은 책의 68쪽도 참조하라. 마찬가지로 필란지에리는 대도시 발생의 책임을 지주에게 돌리고 있다. "그는 자신의 부와 사치를 과시하기 위해서 화가의 붓, 조각가의 끌, 건축가의 재능, 시인의 공상 및 그 밖의 모든 예술과 수공업의 작품을 구입해서 이용하며 또한 세속화한다. 그는 또한 자신의 편의보다는 오히려 자신의 위대함을 과시하기 위해 도시에서 한 무리의 게으름뱅이들을 거느린다. 결국 그는 자신과 자기 자손의 재산을 다 써버린다"(필란지에리,《정치법과 경제법Leggi politiche e leggi economiche》, 1780, Custodi, P. M. 32, 185~186쪽).

영국에서의 스튜어트Stuart의 도시 이론은 다음과 같이 수정한 점만을 제외하면 캉티용의 사고방식을 기본적으로 모사한 것에 불과하다. 즉 스튜어트는 지주(과잉 식량의 소유자)와 함께 "재산의 이익"을 대표하는 자들, 말하자면 국가 수입의 일정 부분에 대해서 가질 권리를 "이미 획득하고" 있는 사람들(《탐구Inquiry》, ed. cit. 1, 203쪽)을 도시를 자유롭게 형성하는 요소로 지적하였으며, 그다음에는 매일 노동하거나 타인에게 봉사한 대가로 식량을 구입하는 사람들이 그 주위에 제일 먼저 모인다고 생각하였다.

자료와 문헌

나는 어떤 방법으로든 이용할 수 있는 **대도시 역사에 관한 문헌**은 알지 못한다. 개개의 도시의 역사를 다루고 있는 놀랄 만큼 많은 저작들은 대부분 도시 법률의 역사책이거나 건축물의 역사책에 불과하다. 경제적·문화적인 관점은 흔히 거의 완전히 무시되고 있다. 따라서 이 책들 하나하나의 제목을 드는 것은 의미가 없다.

제2장에서 초기 자본주의의 대도시의 발생 및 본질에 대해서 말한 것 거의 모두는 1차 자료로부터 모으지 않으면 안 되었다. 그중에서도 여행기와 그 밖의 기술이 가장 중요하다. 메르시에의《파리의 풍경Tableau de Paris》(12 Vol., 1781)에 견줄 만한 저작이 다른 도시에 대해서는 존재하지 않는다는 것은 말할 필요도 없다. 17, 18세기의 런던에 대해서는 디포, 리처드슨Samuel Richardson, 미에주, 볼턴, 아르헨홀츠Johann Wilhelm von Archenholtz 등의 기술에서 어쨌든 상당히 정확하게 알 수 있다.

16세기의 나폴리에 대해서는 고타인Eberhard Gothein이 쓴《남이탈리아의 문화 발전Kulturentwicklung Süd-Italiens》(1885)에서 자료를 얻을 수 있다. 18세기의 나폴리에 대해서는 예컨대《이탈리아 사회와 풍속에 대한 에세이Essai sur la société et les moeurs des Italiens》(1782, Lettre LX 이하)에 있는 기술을 보라.

17세기의 마드리드에 대해서는 (우리의 목적에 이용할 수 있는) 올네Aulnay 부인의 여행기와 회상록을 보라. 또한 다음도 참조하라. 저스티Carl Justi,《벨라스케스와 그의 시대Velasquez und sein Zeitalter》.

74

제3장

사랑의 세속화

I. 연애에서 위법원칙의 승리

옛 사회와 새로운 사회의 모든 생활 모습에서, 중세부터 로코코 시대[18세기]에 걸쳐 행해진 남녀 관계의 변화보다 더 중요했던 사건을 나는 알지 못한다. 특히 근대 자본주의의 발생에 대한 이해는, 이 가장 중요한 사건을 처리하기 위해서 취해신 소치가 얼마나 근본석으로 변화해왔는가를 올바르게 평가하는 것과 밀접하게 연관되어 있다.

우선 사랑과 연애 관계에 대한 견해가 어떻게 변해왔는가라는 내적인 과정을 파악하는 데에는 두 가지 인식 방법이 있다. 즉 대표적인 남성(특별한 경우에는 또한 대표적인 여성)의 발언과 동시대인들의 특징적인 행동에서 추측하는 것이다. 한마디로 '발언'이라는 것은 매우 다종다양할 수 있다. 그 발언은 사랑을 다루는 논문에서 전문적으로 행해질 수도 있다.《아솔라니Gli Asolani》에서 말하는 바와 같이, "사랑만큼 논의된 것은 없다." 그렇지만 또한 '시대정신Geist der Zeit'이 반영되어 있는 문학이나 조형예술 작품도 발언일 수 있다. 이 '시대정신'이라는 것도 이러한 경우에는 언제나 완전히 특정한 사회계층의 '정신'이라는 것, 따라서 여기서는 궁정사회, 귀족사회, 그리고 그들을 열심히 본받으려고 한 사회의 '정신'이라는 것은 말할 나위가 없다. 시민의 애정 생활은 귀족과는 근본적으로 반대되는 방향으로 발전하였다(그리고 결국은 자본주의 기업가를 낳았다).

생활 모습은 바다의 파도처럼 잇달아 변화하였다. 지금 우리를 나르고 있는 파도는 여기서 우리가 그 상승과 하강을 추적하고자 하는 파도와는 아무 관계가 없다. 우리를 나르고 있는 파도는 동업자조합의 방Zunftstube에서, 또 시민계급의 복지에 대한 모든 개념이 기원을 두고 있는 칼뱅Jean Calvin(1509~1564. 프랑스의 종교개혁가)과 존 녹스John Knox(1513~1572. 스코틀랜드의 종교개혁가)의 설교에서 나온 것이다. 그러나 동일한 문화권 안에서도 발전은 완전히 일직선으로 나가지 않는다. 방향은 여기저기서 반대 경향에 의해서 굴절되기 때문이다. 단지 완전히 크게 전망할 때에만, 우리 시대(우리 시대라고 할 때에는 언제나 십자군 이후 폴Paul에 의한 세 개의 롤러의 발명 또는 코크스의 처리가 채용될 때까지를 가리킨다)의 사랑관 및 그 행위가 겪어온 근본적으로는 통일되고 직선적인 발전에 대해서 말할 수 있다.

중세 유럽에서는 남녀 간의 사랑이라는 조화로운 현상을, 모든 인간 행위와 마찬가지로 보다 높은 존재, 즉 신에 대한 봉사에 예속시켰다. 즉 세속적인 사랑 감정이 직접 종교적인 축성을 받아 세속을 넘어선 목적 쪽으로 그 방향이 돌려졌거나(마리아 숭배에서처럼), 아니면 사랑이 제도적으로 구속되었으며, 또 사랑을 구속하는 제도(결혼)

는 신이 원하고 축복한 제도(따라서 성사聖事, Sakrament)로서 인정되었다. 신이 축성하지 않거나 제도적으로 구속되지 않은 성애는 모두 '죄'의 낙인이 찍혔다.

사랑의 본질에 대한 근본적으로 다른 견해는 우선 '연가戀歌, Minnesang'의 시대에 사람들 사이에 폭넓게 침투하였다. 이것은 아마도 모든 면에서 생활양식의 세속화가 시작된 11세기 이후의 일일 것이다. 즉 공포의 해인 서기 1000년이 지나가고, 새로운 은 광산이 개발되었으며, 동양과의 관계는 더 확대되고 보다 긴밀해지기 시작하였다. 11, 12세기에 사람들이 표현한 바와 같이 "폭풍우 치는 바다 한가운데 평온하며 밝게 빛나는 섬"에 비유된 프로방스에서는, 음유시인들의 노래 속에서 자유롭고 세속적인 사랑의 소리가 처음으로 울려 퍼졌다. 이 음유시인들은 대략 1090년 이후 나타나서, 12세기 중엽에서 13세기 중엽까지 전성기를 맞보았다. 이들 다음에는 독일의 연애가인戀愛歌人, Minnesänger들이 나타났으며, 특히 이탈리아에서는 사랑 이외에는 아무것도 노래하지 않는 서정시인들이 많이 나타났다. 내가 마침 갖고 있는 한 시 선집에는 단테Alighieri Dante[1265~1321] 이전 세기에 활동한 사랑의 시인들이 126명이나 있다.[1]

오늘날 생각해보면, 이 연가는 모두 진실하지 못하고 과하게 꾸며낸 것이며 아울러 지나치게 기교를 부린 것 같다. 그렇지만 바로 그런 점에서 그 연가들은 근대적인 사랑의 자연스러운 최초의 시작이라는 것을 보여준다. 명백한 사춘기적 에로티시즘이 연인의 찬미, 그리움과 신음, 도취와 사모 속에서 소진되고 있다. 13세기에 들어서야 비로소 우리는 자연 본래의 감성의 확고한 토양에 발을 들여놓게 된다. 연애가인들의 생활권이 아비뇽의 교황 궁정이나 보카치오Giovanni Boccaccio가 묘사한 피아메타Fiammetta의 주위에 모인 사회에서 그대로 이어졌는지는 결코 확실하게 말할 수 없다. 만일 울리히 폰 리히텐슈타인Ulrich von Lichtenstein과 같은 증인의 말을 신뢰한다면, 연가의 화려한 시대는 13세기에 종말을 고한 하나의 에피소드였을 것이다. 그는 《여인의 책Vrouwenbuch》(1257)에서 여성은 더 이상 남성과 교제하는 데 전처럼 자유롭지 않고, 아름다운 옷도 입지 않으며, 얼굴을 두꺼운 베일로 가리고 목 주위를 로자리오[묵주]로 감고선 경건한 체한다고 한탄하였다. 울리히 폰 리히텐슈타인은 지난날을 매우 즐겁게 만들었던 기쁨에 넘치는 인생의 향락이 그녀들에게는 이미 낯선 것이 되었다고 생각하였다. 남자들은 사냥에서만 즐거움을 얻었을 뿐이다. 아침 일찍 개와 함께 떠나 저녁에는 피곤한 몸으로 집에 돌아왔으며, 돌아와서는 자기 아내나 사랑하는 여자에게 헌신하기보다는 주사위 놀이로 시간을 보내거나 친구들과 함께 술을 마셨다.[2]

그러나 이러한 사정은 아마도 독일에만 해당될 것이다. 독일은 (약간의 예외를 제외하면) 사랑의 역사에서는 완전히 다른 시대(바이마르 시대[괴테, 실러의 시대])에 들어가서야 비로소 일반적인 문제가 되었기 때문이다. 오히려 남쪽 나라들에서는 음유시인들의 발전이 계속되었다고 믿어도 좋을 것이다. 여하튼, 《데카메론Il Dekameron》에 침투해 있는 바와 같은 분위기는 지난 수 세기 동안의 도취의 직접적인 연장인 것처럼 보인다. 즉 그것은 지나치게 긴장한 이상주의[관념론]에 대한 건강한 감성의 반발이었는데, 처음에는 유치한 형태로 표출되었다. 성적 쾌락의 매력이 새롭게 발견되었으며, 여성이 베일과 겉옷을 살짝 들어 올리는 것은 예상외의 행복을 주었다. 이러한 모든 분위기의 기조는 보카치오의 작품에 등장하는 경건하면서도 음탕한 수녀의 다음과 같은 말에서 울려 퍼지고 있다. "나는 이곳에 온 많은 여성들이 이 세상의 다른 모든 달콤한 즐거움은 남녀 간의 섹스가 주는 즐거움에 비하면 아무것도 아니라고 말하는 것을 여러 번 들었다." 그렇다 하더라도 여성은 남자의 상상 속에서는 여전히 옷을 입고 있었다. 《데카메론》이 조토Giotto di Bondone(1266?~1337. 이탈리아의 미술가이자 건축가) 시대의 작품이라는 것을 상기해보자.

예술에서 말하자면, 새로운 견해의 선구자는 종교적인 신화의 범위 내에서 벌거벗은 인간, 즉 아담과 이브를 실물대로 그린 것이었다.[3] 15세기 전반기의 그림과 초상은 [사람의] 눈이 다시 육체와 피를 보기 시작하게 되었다는 것을 매우 분명하게 나타내고 있다. 얀 반 에이크Huybrecht van Eyck와 후베르트 반 에이크Huybrecht van Eyck(후베르트 반 에이크(1366?~1426)와 얀 반 에이크(1370?~1441)는 14세기에서 15세기 전반에 네덜란드에서 활약한 형제 화가이나)가 겐트의 싱뿔 바보 성당 세단의 문짝에 그린 아담과 이브(현재는 브뤼셀미술관 소장), 볼로냐의 성 페트로니오 성당 문기둥에 있는 야코포 델라 퀘르치아Jacopo della Quercia (1374?~1438. 르네상스 시대의 조각가)의 부조(1425년경 제작), 피렌체의 산타 마리아 델 카르미네 성당에 있는 브란카치 예배당의 마사초Masaccio의 프레스코 벽화[미처 마르지 않은 석회벽 위에 그린 벽화], 그리고 무엇보다도 피렌체에 있는 세례당의 구리 문에 새긴 기베르티Lorenzo Ghiberti(1378~1455)의 부조 등은 마치 새로운 시대의 서광과도 같다.

그렇지만 15세기 이탈리아 문예부흥기가 되어서야 비로소 여성이 벌거벗고 있는 모습을 볼 수 있었고, 여체의 내적인 아름다움이 발견되었으며, 감각적인 사랑의 매력을 완전히 맛보았다. 남자들은 사랑과 여성을 얻으려고 싸웠다. 화가들은 특히 "사랑과 순결의 싸움"을 즐겨 그렸다(피에트로 페루지노Pietro Perugino, 산드로 보티첼리Sandro Botticelli). 그렇지만 그 결과는 의심의 여지가 없었다. 프란체스코 코사Francesco Cossa가 팔라초 스키파노이아에 그린 프레스코 벽화와 보티첼리의 〈봄〉과 〈비너스의 탄생〉에서는 여자와 여성미에 대한 사랑이 당당하게 등장하였다.

라우렌티우스 발라Laurentius Valla가 쾌락에 대한 논문(1431)에서 소위 이론적으로 말한 것이, 이제는 화가와 시인의 작품에서 현실 생활의 감각으로서 구체적으로 나타났다. "아름다운 얼굴보다 더 달콤한 것, 기쁜 것, 사랑스러운 것이 있는가? 천국의 입구도 그보다 더 기분 좋을 수 없다는 것은 확실하다."[4] 발라는 여성이 육체의 가장 아름다운 부분을 드러내놓고 과시하지 못하는 것에 분노하였다. 그가 여체를 묘사하는 방식은 하인리히 하이네Heinrich Heine(1797~1856. 독일의 시인)의 〈우아한 노래Hohe Lied〉 중에서 가장 아름다운 절을 상기시킨다. (100년 후였더라면 발라는 그의 요구 중 많은 것이 이미 상당히 실현되었다는 것을 알았을 것이다.) 그다음에는 피렌추올라Agnolo Firenzuola가 16세기에 새로운 시대의 미의 이상을 찬미하였다.[5] 어쨌든 사랑한다는 것은 이 아름다움을 즐기는 것이다. "사랑이란 즐기는 것 이외에 아무것도 아니다. 나는 와인, 도박, 학문을 사랑하는 것처럼 여자를 사랑한다. 즉 나는 와인, 도박, 학문, 여자를 통해 즐거움을 얻는다. 인생의 궁극적인 의미는 즐기는 것이다. 사람은 어떤 배후에 있는 목적을 위해서만 즐기지 않는다. 즐거움 자체가 목적이다."⁶ 사랑이 생활의 내용이 되었다. 시인들은 자신의 작품 모두를 사랑과 여자에게 바쳤다. 보이아르도Matteo Boiardo, 폴리치아노Angelo Poliziano, 아리오스토Ludovico Ariosto 등이 그러했다.

　　여자, 기사, 무기와 사랑,
　　예의와 영웅적인 행위를 나는 찬미한다.

　이 시구는 새로운 시대의 현관 입구에 걸어 놓을 수 있을 것이다.
(그리고 다시 아리오스토가 노래하고 있는 바와 같이)

　　…… 기쁨과 아름다운 물건들의
　　바다 속에 눈이 잠길 때까지 ……

　폴리필로Poliphilo에 있는 한 목판화(1499)가 상징적으로 보여주는 바와 같이, 사랑은 사람들을 평생 채찍질한다.
　토마소 가르초니Thomaso Garzoni는 에스토니아의 알폰소 2세에게 바친《모두의 광장La Piazza Universale》의 제97번째 강화講和에서 당시 연인들의 가장 생기 있는 광경 중 하나를 우리에게 전하고 있다.

　불쌍한 이 사람들은 그들이 여자친구와 부인의 이름으로 얼마나 많은 해악을 일으키고 있는지를 모른다. 나는 그들이 그녀들을 사랑하거나 존경한다고는 말하고 싶지 않다. 아니 오히려 그들은 그녀들을 최고의 신으로 숭배하고 있다. 그들은 이 신들에 대해서 매우 많은 환상을 품고 있으며, 또 그때그때의 기분과 허영심으로 너무 많은 것을 그 신들에게 바치고 있다. 결국 매우 허약한 기반 위에 서 있는 그들의 사랑의 건축물은 무너져서, 불행과 슬픔의 바다 속에 가라앉는다. ……그녀들은 그들의 우상, 하늘의 신, 제3의 천국의 여신, 하늘에서 내려온 우아함의 여신, 아름답고 품위 있는 님프, 처녀 디아나Diana[정조의 여신]이다. 그들은 그녀들에게 뜨거운 눈물을 향香으로서, 찢어지는 가슴을 향로香爐로서, 슬픈 영혼을 성체聖體와 제물로서, 진심에서 우러나오는 맹세를 기도로서, 좋아하는 소네트와 마드리갈Madrigale[짧은 연가]을 찬송가로서, 창백한 찌푸린 얼굴 표정을 성상聖像으로서, 비굴한 공손함을 공물로서 바치고 있다. 그들은 추위를 두려워하지 않고 더위에도 물러나지 않으며, 또 밤이 되어도 겁내지 않고 낮에도 착란을 일으키지 않는다. 그들은 고통을 받는다고 해서 낙담하지 않으며, 반발도 하지 않고, 비웃지도 않으며, 복수도 하지 않고, 모욕도 원하지 않으며, 해를 끼칠 생각도 하지 않고, 보복을 생각하지도 않는다. 왜냐하면 그들은 눈이 멀었으며, 자신의 이익이 문제가 될 때에도 죽은 사람처럼 침묵을 지키고 있기 때문이다. …… 그들은 저 맹수의 뒤를 따르려고 하고, 저 암곰에게 자신을 먹이로서 바치고자 하며, 저 암표범의 노예가 되고자 하고, 저 암호랑이를 사랑하려고 하고 있다……

문장에는 불꽃이 튀고 있으며 폭포처럼 수 쪽에 걸쳐서 문장이 계속되고 있기 때문에, 절 전체를 옮겨 적고 싶다. 게다가 저 용감한 가르초니가 사랑 문제에 대해서 그토록 많은 지혜를 모았었다면, 그의 옷자락에 불이 나지 않을 수 없었다는 것을 알 수 있다.

티치안Tizian(1477~1576. 이탈리아의 화가)의 세기가 시작되었다. 이 시기에는 영혼과 감각이 종래에는 전혀 알지 못했던 조화 속에 통합되었으며, 여성을 사랑한다는 것은 아름다움을 사랑한다는 것을 의미하였고, 또 아름다움을 사랑한다는 것은 산다는 것을 의미하였다. 사랑의 생활이 전례가 없을 정도로 얼마나 세련되게 형성되었는가는 시인, 화가 및 조각가의 작품에서보다도 이 시대가 낳은 사랑에 관한 '이론적인 논문', 즉 피에트로 벰보Pietro Bembo의 《아솔라니》에서 더 잘 볼 수 있다. 이 논문에서 우리는 "만물의 근원은 사랑이다", 또한 "모든 달콤한 것 중에서 가장 달콤한 것은 사랑이다"라는 구절을 읽을 수 있다.[7] 그렇다면 사랑이란 무엇인가? 모든 현인은 사랑이란 아름다움에의 동경 이외에 아무것도 아니라고 입을 모아 말하고 있다. 그렇지만 아름다움이란 만물의 좋은 모양, 일치 및 조화에서 생기는 우아함 이외에는 아무것도 아니다. 육체와 정신의 경우에도 마찬가지이다. "사지가 서로 균형이 잘 잡힌 육체가 아름다운 것처럼, 그 덕德들이 서로 조화를 이루고 있는 정신이 아름답다……" "사랑은 아름다움을 향해서 날개를 펼친다. …… 그때 두 개의 창문이 열린다. 하나는 아름다움을 영혼에 전하는 귀이고, 또 하나는 아름다움을 육체에 전하는 눈이다."[8]

그 당시에는 아마도 이탈리아가 사랑과 아름다움의 숭배가 자리를 잡은 유일한 나라였을 것이다. 이 점에서 프랑스는 아직도 번데기 상태에 있었다. 몽테뉴Michel de Montaigne는 프랑스 사람들이 애정생활을 형성해나가는 데 미숙한 것에 대해서 몹시 슬퍼하였다. "프랑스인

에게는 언제나 성급함이 있다." 젊은 프랑스는 몽테뉴가 그토록 보고
싶어 한 사랑의 모든 기쁨을 실컷 맛보기에는 너무나도 성급하였다.
그는 이탈리아 사람들과 나란히 스페인 사람들을 사랑을 즐기는 거
장으로 추켜세웠다. "사랑의 소멸을 막고 사랑의 전주前奏를 늘리기
위해 윙크, 인사, 한마디 말, 하나의 손짓[몸짓] 등 온갖 것이 애정의
표시이자 보답으로서 이용되고 있다."

그러나 이러한 사정은 근본적으로 변하였다. 발루아 가문과 함께
이탈리아의 문화는 프랑스로 갔으며, 동시에 여성 숭배도 흘러들어
갔다. 이미 브랑톰Pierre de Brantôme도 당시 프랑스식 사랑의 기교를 찬
양하였다. 17, 18세기에 프랑스가 사랑의 대학이 되었다는 것은 말
할 필요도 없는데, 이 지위는 오늘날까지 계속되고 있다. 그렇지만 사
랑의 생활이 타락에 이를 정도로 극도로 섬세화한 것은 프랑스에서
였다. 사랑을 위한 생활이 진실로 18세기의 본질이 되었는데, 이러
한 정신은 파리에서 최고로 발전하였다. 보카치오 및 피에트로 페루
지노와 함께 시작한 시대는, 프라고나르Jean-Honoré Fragonard, 부셰François
Boucher, 그뢰즈Jean-Baptiste Greuze 등의 작품들 속에서 절정에 달하였다. 아
니 보다 올바르게 말하면, 최후의 영화를 보냈다. 왜냐하면 틴토레
토Tintoretto, 라블레François Rabelais, 아리오스토, 루벤스Peter Paul Rubens 등이
실제로 정점을 나타내기 때문이다. 연애가인의 시대에는 카펠라누
스Andreas Capellanus, 다음에는 라우렌티우스 발라, 그다음에는 뱀보가 사
랑의 이론가였는데, 이제는 브랑톰과 레스티프 드 라 브르통Restif de la
Bretonne이, 그리고 마지막으로는 사드Marquis de Sade 후작이 사랑의 이론
가가 되었다.

〈디이아나의 목욕〉(1757년, 파리 루브르 박물관). 여성의 나체화에 특별한 재능을 보였던 부셰의 작품.

　이것은 이미 수많은 문화권에서도 거의 똑같이 일어난 필연적인 발전인 것 같다. '육체의 해방'이 부끄럼을 타고 더듬대면서 시작되었으며, 그다음에는 강력하고 본능적인 감성의 시대가 왔다. 이때 자유롭고 솔직한 사랑의 생활이 완전히 개화하였다. 그다음에는 세련이, 그다음에는 방탕이, 또 그다음에는 부자연Unnatur[도착倒錯]이 왔다. 이러한 필연적인 순환에도 인간 운명의 가장 깊은 비극이 들어 있는 것 같다. 그 비극이란 모든 문화는─그것이 자연스러운 것으로부터의 이반離反이기 때문에─또한 해체, 파괴, 죽음을 의미한다는 것이다.

　차라리 그들에게 하늘의 불빛 같은 것을 주시지 않았으면,
　좀 더 잘살 수 있지 않았을까 합니다.
　그놈들은 그것을 이성理性이라 부르고 오직 그것을,

어느 짐승보다도 더욱 짐승답게 사는 데에만 이용하고 있습니다.

— 괴테,《파우스트》, 서언.

그러나 13세기 이후 점차 나타난 여성과 여성에의 사랑에 대한 이러한 쾌락주의적–미학적인 견해는 그때까지 사랑을 둘러싸고 있었던 종교적 내지 제도적인 속박과는 분명히 화해할 수 없을 정도로 대립하였다. 어쨌든 종교적인 광기도 사랑에 대한 자연스러운 견해와 잘 어울렸다. 아시시의 성 프란체스코[1181~1226]가 썼다고 하는 놀라운 시는 다음과 같은 말로 시작한다.

사랑은 나를 혹독한 시련 속에 밀어 넣었습니다.

사랑은 나를 혹독한 시련 속에 밀어 넣었습니다.

나의 새 신랑은 나를 사랑의 혹독한 시련 속에 빠지게 하였습니다……

이러한 시구는 인간적으로 사랑하는 사람이라면 누구나 쓸 수 있을 것이다. 그리고 마리아 숭배의 열광은 확실히 그 당시의 '자유연애'와 멀리 떨어져 있지 않았다. 그러나 이 자유연애가 결코 만족될 수 없었던 것은 애정생활이 결혼이라는 제도로 표현되고 있었기 때문이다. 그렇지만 세련된 사랑의 향락과 마찬가지로 우주의 사랑의 본능은 법에 의해 정해진 한계에 얽매이지 않았다. 사랑의 본능은 그 성질상 위법적illegitim이거나, 아니면 보다 올바르게 말하자면 비非법률적a-legitim이다. 그리고 귀엽고 아름다우며 사랑할 만하다는 여성의 특성은 결혼과 같은 인간이 만든 사회적인 제도에 의해서 그 매력이 늘어나지도 줄어들지도 않는다.

결혼에는 두 개의 완전히 이질적인 요소, 즉 사랑과 질서가 결합되어 있다는 이러한 생각은 당시 사랑 문제에 대해서 심사숙고한 남성들의 뇌리에도 곧 떠오르지 않을 수 없었다. 그리고 우리는 이 문제가 사랑의 모든 '이론가들'에 의해서 상세하게 다루어진 것을 볼 수 있다. 자신의 자연적인 사랑관에서 결론을 끌어내어, 남녀의 관계를 비법률적인 것으로 선언한 최초의 사람 중 하나가 저 라우렌티우스 발라였다. 그는 두 사람이 서로 사랑하는 것은 제3자와는 아무 관계 없다고 터놓고 말하였다. "어떤 여자가 내 마음에 들고 또 내가 그 여자의 마음에 들 때, 당신은 왜 그 사이에 끼어들어 방해하려고 하는가?"[9] 따라서 발라는 한 여성이 자기 남편과 섹스를 하건, 아니면 연인과 섹스를 하건 아무 차이가 없다고 생각하였다. "여성이 남편과 섹스를 하는지 연인과 섹스를 하는지는 결코 관심거리가 아니다."

이러한 견해는 문학에서, 특히 가벼운 장르의 문학에서 가장 명백하게 나타났다. 보카치오는 여전히 결혼을 어느 정도 존중하는 체하였지만, 이제는 결혼을 조롱하거나 속은 남편을 웃음거리로 삼는 것이 허용될 뿐만 아니라 바로 기품 있는 태도에 속하였다. 피콜로미니Piccolomini가《에우리알루스Euryalus》로 시작한 보다 덜 음탕한 소설에서조차도, 또 보다 덜 외설적인 희극에서조차도 간통은 언제나 "지배적인 모티브"였다.[10]

이러한 사고방식에서 마지막으로 한걸음 더 나간 이는 몽테뉴였다. 사랑이 즐거움이고 결혼이 매우 고귀한 많은 목적을 추구하는 사회적인 또는 종교적인 제도라면(몽테뉴는 언제나 최대의 존경심을 갖고서 결혼에 대해 말하였다. 그리고 바로 결혼을 높이 평가하였기 때문에, 그는 사랑과 결혼의 관계에 대해 급진적인 견해에 도달하였다), 사랑의 갈망을 실현시키는 것은 이전에 행해진 결혼과는 무관하다. 그뿐만이 아니다. 사랑과 결혼, 이 두 가지는 오히려 서로를 배척하는 것이다. 그는 자신의 견해에 다음과 같은 논거를 주었다. 사랑은 우리가 사랑 이외의 다른 어떤 것에 의지하는 것을 증오한다. 또 사랑은 결혼처럼 전혀 다른 이유로 결합되는 관계와는 아무런 공통점도 없다. 결혼에서는 연고緣故와 재산이 매력 및 아름다움과 적어도 같은 정도의 비중을 차지하기 때문이다. 결혼은 자신을 위해서 하는 것이 아니다. 오히려—그 이상이라고는 말할 수 없어도—자신을 위해서와 마찬가지로 자손과 가족을 위해서 하는 것이다. 따라서 이처럼 결혼이라고 하는 존경할 만하며 신성한 결합을 사랑의 정열을 엄청나게 불사르는 장으로 삼고자 한다면, 그것은 일종의 근친상간을 범하는 것이 된다. 훌륭한 결혼은 사랑의 상대가 되는 것을 거부하고 우정의 기쁨을 누리고자 하는 것이다. 사랑한다는 것과 결혼한다는 것은 서로를 배척하는, 두 개의 근본적으로 다른 것이다.

몽테뉴가 이러한 견해를 말하였고 내가 그 진의를 재현하려고 한 문장의 원문은 다음과 같다.[11] "사랑은 사람들이 사랑 이외의 것으로 맺어지는 것을 싫어한다. 그리고 결혼과 같이 다른 자격으로 세워지고 유지되는 성적인 관계에는 비굴하게 참여한다. 그런 경우에는 미모나 아담한 태도에 끌리기보다는 이성으로 따져서 친족 관계나 재산 따위의 수단을 찾으며 관계를 맺는다. 사람들은 누가 뭐라 해도

90

자기를 위해 결혼하는 것이 아니다. 사람들은 그보다 더 자기 후손과 가족을 위해서 결혼한다. 결혼의 습관과 그 관심은 우리를 넘어서 멀리 우리 혈통에 결부된다. 그러므로 나는 당사자들끼리보다 제삼자의 손에 인도되어서, 자기 판단보다는 다른 사람의 판단에 따라서 결혼하는 방식이 좋을 것 같다. 이 모든 것은 사랑의 인습과는 얼마나 반대되는 일인가! 그러므로 내가 다른 데서도 한번 말한 듯싶지만, 이 거룩하고도 엄숙한 친족 결연(결혼)을 허무맹랑하게 방종한 사랑의 노력에 맡긴다는 것은 일종의 간음이다. …… 좋은 결혼이라는 것이 있다면 …… 사랑의 동반과 조건을 거부한다. 좋은 결혼은 우정의 조건을 재현하도록 노력한다……" "우리는 두 개의 다른 혹은 상반되는 것을 사랑할 수는 없다."

티치안과 조르조네Giorgione가 그림으로 그렸으며, 아리오스토와 라블레가 문학작품으로 쓴 것이, 이러한 견해에서는 이론의 모습으로 나타났다. 그 자신 속에서 실로 최고이자 유일한 의미를 찾는 사랑은 반드시, 설령 교회의 축복을 받은 것일지라도 인간이 사회적인 또는 도덕적인 목적을 위해 만들어낸 모든 제도 바깥에 또 그 건너편에 머물러야 한다.

그런데 문화 발전에 있어서 더욱 중요하였고 또 결정적이었던 것은 사회가 수 세기에 걸쳐 몽테뉴의 견해에 따라서 살아왔다는 것과, 또한 수 세기에 걸쳐서 특정한 계층에서는 마치 자명한 이치인 것처럼 결혼과 사랑이 분리되었고 또 그 각각이 동등한 권리를 갖고 병존하였으며, 그로 인해 근본적으로 고대 그리스(및 로마 말기)의 생활습관이 다시 받아들여졌다는 것이다. 우리는 이러한 사정을 다음 절에서 보다 자세하게 추적하지 않으면 안 된다. 그러한 사정이 유럽 사회에 창녀 제도를 가져온 한에서는 특히 그러하다.

II. 고급창녀

한 사회에서 자유로운 연애가 구속된 사랑 옆에 자리 잡기 시작하면, 이 새로운 사랑에 헌신하는 여성은 유혹된 양갓집 딸, 간통녀이거나 아니면 창녀이다. 연애가인 이래로 유럽 국가들의 최상층에서 완전히 성애적인 성격의 사랑이 얼마나 중요한 의미를 지녔는가를 살펴보려면 유혹, 간통 및 매춘의 증가에서 추측하지 않으면 안 된다.

자유연애의 앞서의 두 형식[유혹과 간통]에 대한 통계는 입수할 수 없다. 그렇지만 우리는 당시 사람들의 판단과 많은 징후에서, 그 두 형식이 실제로 수 세기에 걸쳐 중요한 역할을 하였다는 것을 충분히 추론해낼 수 있다. 페트라르카Francesco Petrarca는 당시에 간통이라는 페스트가 실로 처음으로 만연되었다고 생각하였다. 젊은 남자가 기혼여성을 유혹하는 것은 당시에는 품위 있는 태도에 속하였다고 한다. 그렇게 하지 못하면 그는 불행하였다고 한다. 왜냐하면 그는 동년배 친구들로부터 업신여겨졌기 때문이다. 따라서 젊은이들의 이 우아한 모험에 대한 열병 같은 갈망은 육욕에서 나오기보다는 오히려 명예심에서 나왔다. 그렇지만 대부분의 경우 많은 노력만큼의 성과를 보답 받지 못하였다.

나는 여기서 페트라르카의 원문에 있는 기억할 만한 가치가 있는 말을 전한다. 왜냐하면 그것은 시대정신을 훌륭하게 반영하고 있으며, 또 내가 아는 한은 누구도 이를 인용하지 않았기 때문이다.

이 페스트가 만연한 후에는, 간통을 범하지 않은 젊은이는 비록 그가 신들로부터 축복받고 아름답고 기품이 있다 하더라도, 동년배들의 판단으로는 그가 순결하기 때문이 아니라 여자로부터 경멸을 받기 때문에 나서지 못한다고 여겨져 가엾은 놈으로 취급되었다. 그리고 또한 순결의 기쁨은 사랑하는 자의 결함인 것처럼 여겨졌다. 따라서 비록 그 싸움이 욕정의 요구가 아니라 명예욕에 기인하는 것이라 하더라도, 젊은이들의 정열과 열의는 매우 격렬하였다. 그렇기 때문에 노력하였고, 탄식하였으며, 또 몇 번이고 반복되는 쓰라린 좌절이 있었다. 그렇지만 성과는 종종 더욱 쓰라린 것이었다.

페트라르카,《가족 문제에 대한 편지들Epistolae de rebus familiaribus et variae》
(Joseph Fracassetti ed., Florence, 1862, 2, liber nonus, epistola IV, 10쪽)

이것이 쓰인 것은 왕후王侯들이 사생아의 출산을 더 이상 부끄러워하지 않고 오히려 자랑하기 시작한 바로 그 시대이다. 이에 대해서는 부르크하르트Jacob Burckhardt와 치브라리오Luigi Cibrario가 수많은 예를 들어 증명한 바 있다.

그때부터 우리 시대의 말까지 혼전 또는 혼외의 성관계는 명예를 중히 여기는 모든 계층에서 부부 간의 성관계를 끊임없이 보충해주는 것으로 여겨졌다. 당시의 생활 묘사에서 증거를 들 필요는 없다. 보통의 모든 '풍속사'는 그러한 것들로 가득 차 있다. 단지 간통을 이미 다시 사회적인 제도인 것처럼 보이게 하는 하나의 중요한 징후만은 지적하고 싶다. 이탈리아에서는 15세기에, 그리고 프랑스에서는 프랑수아 1세 이후에 일어난 바와 같이, 그것은 부정한 아내의 남편이라도 얼굴을 들고 다닐 수 있게 된 것이다.

게다가 매춘이 중세 이후 양적으로 늘어났고, 그 의의도 증대되었다는 것은 잘 알려져 있는 사실이다. 특히 대도시가 매춘의 무대가 된 것은 당연한 일이다. 아비뇽에서 시작해서 런던과 파리에서 절정에 달하였다. 또다시 페트라르카는 아비뇽이 매춘부의 홍수로 넘쳤다고 그의 훌륭한 라틴어로 탄식하고 있다. 그리고 로마는 성내에 거주한 공창公娼이 많은 것으로 오랫동안 유명하였다. 1490년의 상당히 믿을 만한 통계에 따르면, 당시 6,800명의 창녀가 있었다고 한다. 그때 로마 인구가 10만 명도 안 되었다는 것을 고려하면, 이 비율은 18세기 말에 각각 5만 명과 3만 명이 있었던 런던과 파리보다 훨씬 높은 것이다.

그러나 특히 외면적인 문화의 형성에 있어서 보다 중요했던 것은 비합법적인 사랑, 즉 자기 목적으로서의 연애가 만연됨에 따라서, 정숙한 여성과 창녀 사이에 새로운 계층의 여성이 출현하였다는 사실이다. 로망스어에서는 그러한 여성들이 여러 가지 명칭으로 표현되고 있다('정부情婦, Buhleri'라는 모호한 표현에 동의하지 않는다면, 독일어와 어쩌면 영어에도 그러한 여성을 가리키는 유일하게 적절한 표현은 없을 것이다. 아마도 이것은 현상 자체가 완전히 로망스어를 쓰는 나라들에 한정되었거나, 아니면 이들 나라에서 우리 나라로 들어왔다는 것을 나타내는 증거일 것이다). 매음녀Cortegiana, 고급창녀Kurtisane, 첩Konkubine, 애인Maitresse, 연인Grande

94

Amoureuse, 매춘부Grande Cocotte, 정부Femme entretenue 등등.

이러한 여성들을 통해서, 자유로운 기교가 된 사랑은 다시 딜레탕티슴의 단계에서 벗어났으며, 이제는 그 관리가 [사랑을] 직업으로 삼는 자들에게로 위임되었다. 모든 예술에 재능과 연습이 필요한 것처럼, 연애의 기교에도 그것들이 특히 필요하였다. 그런 까닭에 자연스러운 선택 과정을 거쳐 재능이 풍부한 여성들이 대중으로부터 선발되고, 이러한 기교에 전적으로 몰두함으로써 그 기교의 대가가 되는 기회가 주어진 다음에야, 비로소 연애 기교는 절정에 도달할 수 있었다.

쿠르티잔Kurtisane, 코르테지아나Cortegiana는 처음에는 단지 궁녀를 뜻하였다. 또한 오로지 합법적인 성관계에만 종사하는 궁녀들도 있었다. 사랑의 거장 카스틸리오네가 궁녀에게 바친 책, 즉 궁정에서 일하는 남자에 대한 책 속의 세 번째 편지에서는, 궁정에서 일하는 남자와 여자의 성관계는 다만 합법적인 것이어야 한다는 주장까지 하고 있다. 물론 그의 주위에 있는 대부분의 사람들은 '웃으면서' 그의 견해에 반박하였다. 그들은 그 이유를 알고 있었다. 즉 거장의 요구가 현실과는 멀리 떨어져 있었기 때문이다. 이전에도 아름다운 여성의 비합법적인 연애와 궁정 출입이 동일시되었다는 것은 틀림없다. 이러한 관념이 생겨난 것에는 교황의 주거지에서의 궁정생활이 강한 영향을 미쳤다고 나는 추측한다. 아비뇽(근대적인 고급창녀는 아마도 여기서 발생했을 것이다)에서는 한 무리의 재기발랄한 미녀들이 교황과 고위 교회귀족의 궁정에서 살고 있었다. 이곳은 사람들이 서슴없이 "귀여운 여성들의 클럽"이라고 불렀다. 이러한 표현이 정당하다는 것을 알기 위해서는 마비유 드 빌뇌브, 브리앙드 다구, 위게트 드 포칼키에, 베아트릭스 드 소, 로르 드 노브, 블랑슈 드 플라상, 이스나르드 드 로크퍼유, 두세트 드 무스티에, 앙투아네트 드 카드네, 마그들렌 드 살롱, 블랑슈플뢰르 드 페르테, 스테파네트 드 강텔름, 아비뇽의 아름다운 아들리즈, 로라의 사촌 등등과 같은 이름들을 상기하기만 하면 된다.

그러나 교회귀족의 주위에 있는 여성은 그녀가 고위고관의 남성과 순수하게 정신적인 것 이상의 관계를 유지할 때(이러한 경우는 확실히 드물지 않았다)에는 언제나 애첩이 될 수 있었다. 따라서 여기에서는 이미 순전히 외적인 이유에서 궁녀는 고급창녀가 되었음에 틀림없다.

아비뇽에서 시작된 것이 로마에서도 계속되었다. 왜냐하면 여기에서도 궁녀는 그 성질상 '비합법적'이었기 때문이다.

세속군주들의 궁정에서는 비합법적인 연애에 대해 그러한 외적인 압력은 존재하지 않았지만, 내적인 충동이 그것을 충분히 대신하였다. 군주들이 첩을 선발하였다는 것은 결코 르네상스 시대의 새로운 점이 아니었다. 그들은 언제나 그러한 짓을 해왔다. 그러나 프랑스의 루이 11세가 자기 침실로 오게 한 시민의 딸들은 아직은 '고급창녀'가 아니었다. 그녀들이 그렇게 된 것은, 그들이 궁정사회에 받아들여져서 지배자의 애첩으로 공식적인 인정을 받았을 때였다. 첩을 왕비로 삼은 최초의 폭군은 베르나보Bernabò Visconti와 장갈레아초 비스콘티Giangaleazzo Visconti였다고 한다. 그러나 매음녀의 왕국은 코사가 스키파노이아 궁전에서 프레스코화를 그렸을 무렵, 즉 궁정이 근대적인 의미에서 여자와 함께, 또 여자에 의해서 탄생했을 무렵에야 비로소 출현하였다. 이때부터 정사가 궁정생활의 내용과 장식물이 되었다. 카스틸리오네는 궁정인에 대한 책에서 다음과 같이 생각하였다. "궁정은 아무리 크다 하더라도 여자가 없으면 빛나지도 않고 즐거움도 없다. 또 궁정인은 여성의 사랑으로 충만되지 않거나 자극받지 못한다면 중요한 사람이 되지 못하

앙리 2세의 애인인 디안 드 푸아티에.

고 중요한 일도 할 수 없다." 그 원문은 다음과 같다. "궁정은 아무리 크다 하더라도 여자가 없으면 자랑거리도 빛도 기쁨도 있을 수 없다. 이와 마찬가지로 궁정인이 여자로부터 사랑과 호의를 얻어 자극받지 못한다면, 그는 품위 있을 수도 만족스러울 수도 또는 용감할 수도 없으며, 또한 그는 결코 기품 있고 기사다운 행동도 할 수 없을 것이다."

그리고 이 경우 결혼에 따른 남녀 간의 결합에 대해 말하지 않는 것은 당시의 풍조를 고려하면 자명하다. 따라서 궁녀는 하나둘씩 군주를 비롯한 궁정인의 애첩이 되었으며, 마침내는 (오늘날의 의미에서의) 코르테지아나Cortegiana와 쿠르티잔Kurtisane[고급창녀]이 동일한 의미를 지니게 되었다.

이렇게 해서 '애첩경제Maitressenwirtschaft' 시대가 시작되었다. 이미 앞

에서 말한 바대로 남녀 간의 관계가 어떠한 것인가를 생각해보면 알 수 있듯이, 애첩경제는 군주 지배의 필연적인 부수 현상이었다. 작은 궁정들이 큰 궁정들로부터 벗어남에 따라서, 애첩경제 체계는 그 규모가 점점 더 커졌다. 이 가장 중요한 문제에 있어서도 종교개혁 때부터 프랑스가 선두에 섰다는 것은 잘 알려져 있는 사실이다. 프랑수아 1세의 정부들은 우리가 생생하게 알 수 있는 최초의 왕의 애첩들이다. 이미 우리가 본 바와 같이, 이 왕은 궁정생활의 의미가 정사에 있다고 생각한 사람이었는데, "정사의 가장 중요한 한 걸음은 그가 자신의 애첩을 아무 주저함도 없이 궁정의 제1인자로 만들었다는 데 있었다"(하인리히 라우베).

이제 세계를 지배하기 시작한 이 공식적으로 인정된 왕의 연인들 덕분에, 직업적인 비너스의 여사제들은 말하자면 귀부인으로 격상되었다. 그로 인해서 비합법적인 연애 관계는 ― 적어도 그것이 궁정과 연관되어 있는 한에서는 ― 외적으로도 그 오명에서 벗어났다.

그러나 당시에는 상류사회에 들어가고자 하는 사람에 대한 궁정의 영향은 매우 컸기 때문에, 이러한 위법행위의 정당화는 점차 궁정 밖에서의 자유로운 연애 관계로 확대되지 않을 수 없었다.

발전하고 있는 대도시에서는 여자들이 궁정 밖에서도 궁녀처럼 살기 시작하였다(이렇게 말할 수도 있을 것이다). 따라서 궁정과는 아무 관계도 없는 고급창녀가 출현하였다. 즉 그녀들은 (공식적으로) 한 남자에게만 사랑을 주면 정부Femme entretenue라고 불리었고, 동시에 여러 남자에게 사랑을 주면 매춘부Kokotte라고 불리었다. 창녀의 상층부 안에서는 '매춘Käufliche Liebe'이라는 개념으로는 결코 경계를 그을 수 없다.

결코 궁녀가 아니었던 고급창녀도 궁정에서 매춘을 하고 있었던 그녀들의 소위 자매(고급창녀가 쿠르티잔Kurtisane라고 불리게 된 것도 이들 때문이다)와 대략 같은 시대에 태어났으며, 또 같은 장소에서 즉 특히 베니스, 로마 등의 이탈리아 대도시에서 태어났다. 이 대도시들의 조건은 새로운 유형의 여성이 생겨나는 데 특히 유리하였다. 부, 고대의 부활에 따른 즐거움(따라서 옛날의 창녀가 다시 부활되어도 좋다고 사람들은 생각하였다). 게다가 도시의 거대함은 당시의 일반적인 관대한 풍조와 함께 작용해서, 작은 상류층인 일부 창녀들을 선택받은 인간이라는 후광으로 둘러쌌다(그런데 여기서 주의해야 할 것은 그 관대한 풍조가 사회의 상층에게만 해당된다는 것이다. 왜냐하면 당시에도 행실이 바른 염색업자나 존경할 만한 상인들은 멋지게 차려입은 고급창녀가 오면 오늘날의 상급학교 교사나 추밀고문관처럼 깜짝 놀라면서 피해 갔기 때문이다). 즉 그녀들은 "영예로운 정부", "존경할 만한 창녀", 또는 1500년경 당시의 (단편적으로 남아 있는) 로마 창녀 명부에서 불린 바와 같이 "유명한 매춘부"였다. 그 명부에는 200여 명이 등록되어 있는데, 그들은 하층계급의 매춘부와는 대조를 이루고 있었다.[12]

이러한 내용은 내가 여기서 언급하고 있는 분화 과정이 이미 이루어졌다는 것을 더 바랄 나위 없이 분명하게 보여주고 있다.

르네상스 시대의 "유명한 매춘부"에 대해서는 최근 많은 글이 쓰였다. 많은 새로운 자료들이 발견되었다. 식스투스 4세, 알렉산데르 6세, 레오 10세의 통치 시대에 로마, 피렌체나 베니스에 살고 있던 유명한 창녀들의 이름이 모두 밝혀졌다. 심지어는 그녀들이 과시한 '교양'의 수준과 다소간에 남의 도움을 받아서 쓴 시의 질에 대한 논쟁

조차 있을 정도이다. 맙소사, 그것이 마치 이 문제에서 중요한 점인 것처럼 말이다. 물론 그녀들의 교양은 단지 '교양'에 불과하였으며, 그녀들이 쓴 시는 (오늘날에도 그렇듯이) 보잘것없었다. 그럴지도 모른다. 그러나 이 새로운 종류의 인간의 의의는 그러한 점에 있지 않았다. 오히려 툴리아 다라고나Tullia d'Aragona 같은 여자가 수년 동안 필리포 스트로치Filippo Strozzi 같은 사람을 마음대로 조종할 수 있었으며, 또 임페리아Imperia Cognati 같은 여자는 이탈리아에서 가장 부자인 아고스티노 키지Agostino Chigi 덕분에 오랫동안 잘 살 수 있었다는 점에 있었다. 그녀들이 그렇게 할 수 있었던 것은 물론 그녀들의 시 덕분이 아니었다. 오히려 그것을 위해서는 모파상Guy de Maupassant이 말한 바와 같이, 그녀들이 풍부하게 소유한 그 밖의 "드문 자질"이 필요하였다. 그리고 그러한 자질을 통해서 그녀들은 문화 발전에 강력한 영향을 미친 하나의 힘이 되었다. 당시의 유명한 정부들이 이탈리아에서 명백하게 지니고 있었던 높은 의의는, 사랑에 빠진 한 숭배자가 아름다운 임페리아에게 "위대한 이름에 걸맞은 로마의 창녀 임페리아는 인간 중에서 선택된 미의 이상이다"라고 찬미하는 묘비명을 바쳤다는 사실이나, 이와 비슷한 찬사들에서 나타나는 것이 아니다. 오히려 그녀들의 높은 의의는 예를 들어 교회의 간부가 이 임페리아를 성 그레고리아 예배당에 매장하게 한 것이나, 아니면 아고스티노 키지의 새로운 애첩인 베니스 여자 프란체스카 안드레오시아가 낳은 첫 번째 아들의 세례식을 교황이 직접 그 주위를 둘러싼 14명의 추기경과 함께 거행하였다는 것에서 나타난다.

왕후 및 귀족의 애첩과 마찬가지로, 거리의 여자도 제일 먼저 프랑스에서 대대적으로 나타났다. 그녀들이 프랑스에서 취한 형태는 그 후 모든 유럽 국가의 공유재산이 되었다.

근대적인 창녀 유형의 형성에 있어서 중요한 사건은 16세기 말과 17세기 초 이후 파리의 극장에 여성이 출현하였다는 것인데, 이 관례는 영국에서는 찰스 2세[1630~1685] 시대에 도입되었다. 이로 인해서 르네상스 시대의 매춘부들은 고대의 창기처럼 분장하는 것을 대신할 만한 것을 찾았다. 고급의 자유로운 정사에는 무엇보다도 '후광'이 필요한데, 이제는 극장이 그것을 만들어냈다. 여배우, 스타, 그랜드오페라의 무희들이 시를 짓거나 그림을 그리는 15세기의 고급창녀들과 교대하였다.

17세기와 18세기에 거리의 여자들의 숫자는 문화의 중심지, 특히 파리와 런던에서 증가하였다. 특히 아내 대신에 또는 아내 이외에 우아한 여성을 두는 풍습이 일반화됨에 따라서, 그녀들의 숫자는 점점 더 늘어났다. 18세기 말에는 20명의 궁정 고관 중 적어도 15명은 자기 부인과 함께 살지 않고 애첩과 함께 살고 있었다고 하는데,[13] 이러한 추정은 아마도 진실에 매우 가까울 것이다. 그러나 첩을 두는 것은 궁정의 귀족만이 아니었다. 곧 신흥부자들 사이에서도 소위 어느 정도 정숙한 여자들에게서 환심을 얻는 것은 기품 있는 태도에 속하게 되었다. 이러한 간통에 의해서 초래되는 비용이 (나중에 다시 말하겠지만) 상당한 재산가의 생활비 중에서도 최대 액수를 차지하였다고, 이 "연애 관계"에 대한 최고 전문가는 매우 정확한 연구에 기초해서 보고하고 있다(티리옹). 18세기의 정사의 연대기는 연애 사건과 소작제도 간의 밀접한 관계를 나타내고 있다.[14]

런던에 대해서도 똑같이 보고되고 있다. 즉 2,000파운드의 수입이 있는 독신 남성은 생활필수품에는 겨우 200파운드밖에 쓰지 않았으며, "그 나머지 모두는 향락에 바치고 있는데, 그중에서 여자가 첫 번째 물품이자 마지막 물품"이었다고 한다(아르헨홀츠Johann Wilhelm von Archenholtz).

그러한 판단에 비추어보면, 뛰어난 관찰자가 전한 파리와 런던의 거리의 여자들의 숫자도 믿을 만하다고 생각된다. 예를 들면 메르시에는 당시 파리에는 만 명의 거리의 여자들이 있었다고 추정하고 있다. 또 같은 무렵 런던에서는 단 하나의 교구(메리본Marybonne)에만도 1,700명의 창녀가 각자 자기 집에서 살고 있었다고 한다.

"돈으로 살 수 있는" 연인들이 당시의 사회생활에서 얼마나 넓은 공간을 차지하고 있었는가는 대도시에서 창녀들의 주소록이 매년 갱신하여 발행됐다는 데서 알 수 있다. 그 주소록에는 각각의 창녀의 이름과 함께 용모, 예의, 재능 등등이 자세하게 적혀 있었다. 런던에는 출판되자마자 한 번에 8,000부(!)가 날개 돋친 듯 팔려나가는 《코번트가든의 숙녀들에 대한 해리의 목록Harris's List of Covent-Gardens Ladies》이 있었으며, 파리에는 《각종, 각 계층의 파리 여성의 주소록 연감, 즐거움의 달력, A. 파포Almanach des adresses des demoiselles de Paris de tout genre et de toutes les classes. Calendrier du Plaisir. A. Paphos》가 있었다.

그러나 특히 중요하다고 생각되는 것은 우아한 고급창녀들이 사회적으로 등장함에 따라 품위 있는 여성들, 즉 신분이 높은 여성들의 취향도 창녀들의 영향을 받기 시작하였다는 사정이다.

우선 모든 상류사회의 생활습관을 규정한 것은 궁정사회였다. "파리는 궁정의 모방자"라고 라 브뤼에르Jean de La Bruyère는 간결하면서도 요령 있게 말하고 있다. 그렇지만 궁정사회 자체는 군주의 그때그때마다 공인된 정부들의 압도적인 영향하에 있었다. 따라서 왕의 정부들이 사회의 모든 계층에 영향을 미쳤다.

그런데 그녀들은 특히 거리의 여인들, 즉 유명한 창녀들의 모범이었다. 거리의 여인들도 처음에는 궁정에 대항하는 경쟁 상대로서 등장하였다.

니농 드 랑클로Ninon de l'Enclos는 맹트농 부인Marquise de Maintenon의 선례를 쫓았다. 니농은 맹트농 부인이 나이를 먹으면서 경건해지자, 생의 즐거움을 추구하는 오랜 전통을 장려하였다. 투르넬 가는 생시르 육군사관학교와 싸웠다.

그래서 상류사회의 품위 있는 여성들도 — 완전히 소외되지 않으려면 — 어쩔 수 없이 애첩들과 경쟁하지 않으면 안 되었다. 이러한 경쟁은 상류사회의 부인이라면 누구나 — 그녀가 아무리 품위 있고자 하더라노 — 충족시키지 않으년 안 되는 소위 문화의 일정한 최소조건을 만들어냈다.

따라서 정숙한 부인들도 고급창녀들로부터 자극을 받아 비로소 몸을 씻게 되었다. 마리외 드 로미외Marieu de Romieu는 그녀의《젊은 여성들을 위한 교훈Instructions pour les jeunes filles》(16세기)에서 여성이라면 자기 자신을 위해서나 남편을 위해서나 몸을 깨끗하게 해야 한다고 충고하였다.

17, 18세기에 사교계의 부인들은 '살롱Salon'을 통해서 자신의 가장 큰 힘을 행사하였는데, 이 살롱도 아마 이미 15세기의 이탈리아에 먼

저 있었던 유명한 고급창녀들의 집에서 열린 재치 있는 사람들의 모임의 속편에 불과할 것이다.

그러나 (이 문맥에서 우리에게) 가장 중요한 것은 창녀들의 생활방식이 외적으로도 사교계의 부인들(당시의 상류사회의 부인들은 모두 이에 속하였다)의 생활양식에 결정적인 것이 되었다는 것이다. 오늘날의 중산층화된 세계에서도 여전히 귀부인들(방이 세 개 있는 집에 살면서 신식 옷을 입고 있는 '멋쟁이들'을 말하고 있는 것이 아니다)은 유명한 창녀들이 봄에 파리 경마장에 입고 오는 의상에 주목하고 있고, 또 유행, 사치, 화려함, 낭비의 모든 짓이 다소 완화된 형태로 상류사회의 귀부인들에 의해 받아들여지기 전에 우선 먼저 애첩들에 의해서 충분히 음미되고 있다. 이를 보면 여기서 말하고 있는 타락한 시대, 즉 시민층이 '상류사회'와는 아직도 완전히 동떨어져 있었던 시대에는 고급창녀들이 오늘날보다 훨씬 더 높은 정도로 생활의 기조를 지배하였다는 것은 말할 필요도 없다.

이러한 것들이 새로운 사회의 외적인 생활양식에 미친 영향을 자세하게 증명하는 것은 다음 장의 목적이다.

자료와 문헌

옛 (문헌) 자료. 르네상스 시대에는 카펠라누스Andreas Capellanus, 페트라르카Francesco Petrarca, 보카치오Giovanni Boccaccio, 발라Laurentius Valla, 벰보Pietro Bembo, 카스틸리오네Baldassare Castiglione, 베카델리Antonio Beccadelli, 피렌추올라Agnolo Firenzuola, 아레티노Pietro Aretino, 벨레Joachim du Bellay, 몽테뉴Michel de Montaigne, 라블레François Rabelais 등의 작품들이 있다.

17세기에는《외설집 또는 이 시대의 신랄하고 추잡한 시들의 완전한 모음집Le Cabinet satyrique ou recueil parfait des vers piquants et gaillards de ce temps》이 있다. 이것은 자주 출간되었는데, 그중 한 번은 1632년 파리에서 출간되었다. 오브레이Auvray 및 브랑톰Pierre de Brantôme의 작품들(특히 후자의 《유명한 여자들의 생애Vie des dames illustres》,《요부들의 생애Vie des dames galantes》는 최근인 1905년, 1907년에 인젤출판사에서 독일어로 번역되어 출판되었다)와 그 밖의 무수한 저작들은 쉽게 참조할 수 있다.

18세기에는 레스티프 드 라 브르톤Restif de la Bretonne의 저작들, 특히 《왕궁Le Palais Royal》(3 Vol., 1790)과 모음집《18세기의 경박한 풍속Les moeurs légères au XVIII siècle》의 신판(앙리 달메라Henri d'Alméras에 의한 서문과 주석), 그리고 무엇보다 방대한 회상록 문헌들이 있다.

최근의 문헌. 중세에 대해서는 슐츠Alwin Schultz의《연애가인 시대의 궁정생활Das höfische Leben zur Zeit der Minnesänger》(2판, 1889)이 있다. 르네상스 시대에 대해서는 우선 부르크하르트Jacob Burckhardt, 그레고로비우스Ferdinand Gregorovius, 그림Herman Grimm 등등의 유명한 일반적인 역사서들 모두가 참고가 된다. 또한 최근에 나온 클레도프스키Kazimierz Chłedowski 의《르네상스 시대의 인간Die Menschen der Renaissance》(Rom, 1912)(폴란드어로부터의 번역)도 있다. 르네상스 시대의 유명한 고급창녀들의 생활에 대한 최근의 문헌은 특히 풍부하다. 예를 들면 비아지Guido Biagi의《로마의 창녀 툴리아 다라고나Un'etèra, romana Tullia d'Aragona》(1897), 브루초네P. L. Bruzzone의《황제와 그 연인들Imperia e i suoi ammiratori》(Nuova Antologia, 1906. 분책分冊 828). 그녀들의 편지들을 편집한 것도 있다. 페라리L. A. Ferrari,《16세기 고급창녀의 편지Lettere di cortigiane del secolo XVI》(1884). 슈미트Lothar Schmidt,《르네상스 시대의 편지Renaissancebriefe》(출판 연도가 없음,《문화Kultur》지의 제9권). 문화사적인 내용을 담은 일반적인 저작들 이외에 17, 18세기에 대해서는 앵베르 드 생타망Imbert de Saint-Amand이《베르사유의 여인들: 루이 15세의 궁정 여자들Femmes de Versailles : Les femmes de la Cour de Louis XV》(2 Vol., 1876)《루이 16세기의 궁정여자들Les femmes de la Cour de Louis XVI》((2 Vol., 1876), 아르센 우세Arsène Houssaye의《18세기의 화랑Galerie du XVIIIe siècle》(제6판)의 제2총서《극장의 여왕들과 오페라의 여신들Princesses de Comédie et déesses d'opéra》, 제4총서《궁정의 남녀Hommes et femmes de Cour》(1858)가 있다. 이 총서들은 매우 재치 있고 생동감이 넘쳐 흐른다.

테오도어 그리징거Theodor Griesinger,《지난 200년 동안 유럽의 여러 궁정에서의 여성의 지배Das Damenregiment an den verschiedenen Höfen Europas in den zwei letztvergangenen Jahrhunderten》의 첫 번째 시리즈《프랑스의 위대한 모범Die großen französischen Vorbilder》(2 Bde., 1866, 1867)과 두 번째 시리즈《독일의 베르사유(드레스덴과 하노버)Versailles in Deutschland(Dresden und Hannover)》(2 Bde.,

1869, 1970) (이 그리징거의 책은 자료가 풍부하지만 에피소드를 모은 것이며 또 출전의 목록도 없다). 알베르 사빈Albert Savine, 《샤를 2세의 우아한 궁정La Cour galante de Charles II》(1908) (문헌을 기초로 한 훌륭한 저작이다).

인기 여배우들의 세계에 대한 좋은 입문서는 《1748~1830년의 오페라에 대한 뒤테 양의 회상Souvenirs de Mlle Duthé de l'opéra 1748-1830》(전거가 의심스러운 문헌이다)이 있다. 이 책은 폴 지니스티Paul Ginisty의 매우 유익한 서문이 붙어서 새로 출판되었다.

우리가 다룬 문제에 몰두한 공쿠르Goncourt 형제의 뛰어나며 매우 유익한 책들은 그 자체로서 하나의 독립된 분야를 형성하고 있다. 《18세기의 내부의 초상Portraits intimes du XVIIIe siècle》(신판 2 Vol., 1873); 《루이 15세의 애첩들Les maitresses de Louis XV》(1860); 《18세기의 여성La femme au XVIIIe siècle》(1862); 《18세기의 사랑L'amour au XVIIIe siècle》(1875); 그리고 무엇보다도 《퐁파두르La Pompadour》와 《뒤 바리La Dubarry》.

'유명한' 애첩들, 특히 왕의 애첩들 각각에 대해서는 당연히 많은 문헌이 있다. 가장 중요한 저작들은 다음과 같다. 퐁파두르 부인에 대해서는 카프피그Jean-Baptiste Capefigue, 캉파르동Émile Campardon, 공쿠르 등등의 저술이 있으며, 몽테스팡Montespan 부인에 대해서는 아르센 우세, 클레망Pierre Clément, 보나시외Pierre Bonnassieux(《클라니 성城과 몽테스팡 부인Le chateau de Clagny et Mme de Montespan》, 1881) 등등의 저술이 있다. 이와는 반대로 각각의 지배자의 역사에 대한 문헌들도 당연히 고려의 대상이 되는데, 그것들은 각각의 궁정에 대한 문헌들과 마찬가지로 여기서는 일일이 소개할 수 없다. 그 문헌들 중에서는 악평이 높은 베제Carl Eduard Vehse의 《종교개혁 이후의 독일 궁정사Geschichte der deutschen Höfe seit der Reformation》(48 Bde., 1851~1858)가 그 분량 때문에 첫 번째 지위를 차지할 것이다. 프랑스에 대해서는 특히 소발Henri Sauval의《여러 가계家系의 프랑스 왕들의 우아한 생활Les galanteries des rois français sous plusieurs races》을 들지 않으면 안 된다.

티리옹Henri Thirion의《18세기 자본가들의 사생활La vie privée des financiers au XVIIIᵉ siècle》(1895)은 프랑스 자본가의 애첩들의 살림살이가 대단하였다는 것을 매우 자세하게 묘사하고 있다.

한 특별한 문헌은 여러 나라에서의 살롱을 여러 시대에 걸쳐서 묘사하고 있다.

간통녀의 남편에 대해서조차도 상당한 수에 이르는 문헌이 출현하였다. 그 문헌들의 목록은 클렘Gustav Klemm의《여자들Die Frauen》, 제2권, 1859, 355쪽에 정리되어 있다.

여성사에 대한 일반적인 (물론 별로 유익하지는 않지만) 저작들도 언급하지 않으면 안 된다. 세귀르 백작Comte de Ségur,《여자들Les femmes》(3 Vol., 1803). 클렘,《여자들. 여러 지역 및 시대에서의 여성의 상태와 영향력에 대한 문화사적 기술Die Frauen. Kulturgeschichtliche Schilderungen des Zustandes und Einflusses der Frauen in den verschiedenene Zonen und Zeitaltern》(6 Bde., 1859) (이 책에서 가장 뛰어난 것은 책 제목이며, 제2권만이 흥미롭다). 쇼베H. Scheube,《18세기의 여성Die Frauen des achtzehnten Jahrhunderts》(2 Bde., 1876). 그 밖에 셰르Johannes Scherr, 헤네 암 린Henne am Rhyn 등등의 유명한 책들이 있다.

일반적인 '풍속사'도 여러 가지가 있다. 예를 들면 권터Reinhold Günther,《사랑의 문화사Kulturgeschichte der Liebe》(1899); 푹스Eduard Fuchs,《풍속의 역사Illustrierte Sittengeschichte vom Mittelalter bis zur Gegenwart》중《르네상

스Renaissance》(1909)와 《우아한 시대Die galante Zeit》(1910)〔이기웅·박종만 옮김, 《풍속의 역사 2—르네상스》 개정판, 까치, 2001;《풍속의 역사 3—색의 시대》 개정판, 까치, 2001〕(그 밖에 외설적인 이야기들을 담은 부록이 있지만, 삽화 때문에 가치가 있다); 뒤렌Eugen Dühren, 《영국의 풍속사Englische Sittengeschichte》(제2판, 2 Bde., 1912) 등등이 있다.

물론 문화사 문헌 중 상당수가 여기에 속하지만, 그 책의 이름을 일일이 들 수는 없다. 나는 단지 한 권만 언급하겠다. 왜냐하면 그 책은 어느 특정한 영역에 속하지 않아 특별히 유익하기 때문이다. 조스Virgile josz, 《프라고나르: 18세기의 풍습Fragonard : Moeurs du XVIIIe siècle》(1901).

'사랑', '성性 문제', '결혼' 등등에 관한 최근의 수많은 저작들은 별로 도움이 되지 않는다. 왜냐하면 그것들에는 이 장에서 관심을 두고 있는 역사적인 관점이 거의 대부분 없기 때문이다. 이러한 문헌에의 좋은 입문서는 로젠탈Max Rosenthal의 《사랑, 그 본질과 가치Die Liebe, ihr Wesen und ihr Wert》(1912)가 있다.

마지막으로 매춘의 역사에 대한 저작들을 지적할 수 있는데, 그러한 저작들 중에서는 프랑스인 뒤푸Pierre Dufour의 것이 가장 유명하다. 이 책은 슈틸레Adolf Stille와 슈바이거Bruno Schweiger에 의해 독일어로 번역되었으며, 헬빙Franz Helbing에 의해서 현대의 상황이 보충되었다(5판, 6 Bände, 1910). 저자는 호적사무소에서 인정하지 않거나 교회에서 축복받지 못한 연애 관계는 모두 "매춘"이라는 저자의 도덕적으로 엄격한 견해 때문에, 루크레치아 보르자Lucrezia Borgia도 에투왈 부인Madame d'Etoiles도 모두 "매춘부"로 분류되고 있다. 이 책은 주제를 매우 폭넓게 다루고 있지만, 유감스럽게도 세세한 점에서는 매우 피상적이며 또 문헌에 기초하지도 않고 있다.

'점잖은' 문헌과 외설적인 문헌의 목록: 하인Hugo Hayn, 《독일의 성 애문학 총목록Bibliotheca Germanorum erotica. Verzeichnis der gesamten deutschen erotischen Literatur》(2판, 1885); (그리고 이보다 더 중요한)《성애와 호기심에 관한 프랑스어, 이탈리아어, 스페인어, 영어, 네덜란드어 및 근대 라틴어 문헌Bibliotheca erotica et curiosa Monacensis, Verzeichnis französischer, italienischer, spanischer, englischer, holländischer und neulateinischer Erotica und Curiosa》(1887);《사랑, 여자, 결혼에 관한 저작들과 풍자, 쾌락주의, 분뇨담, 외설 등등을 주제로 삼은 책들의 목록Bibliographie des ouvrages relatifs à l'amour, aux femmes, au mariage et des livres sfacétieux, pantagruéliques, scatalogiques, satyriques etc.》(제4판, J. Lemonnyer. v 편집, 4 vols., Paris, 1894~1900). 이것은 그의 주저로서 마치 백과사전처럼 4,595개의 단段으로 이루어져 있다.

제4장

사치의 전개

I. 사치의 개념과 그 본질

사치란 필요한 것을 넘어서는 모든 소비이다. 이것은 분명히 상대적인 정의이기 때문에, '필요한 것'이 무엇인지 알 때에만 명료한 내용을 지닌다. 이것을 확실하게 하는 데에는 두 가지 가능성이 있다. 우선 그것을 주관적으로 어떤 가치판단(윤리적인 것이든, 심미적인 것이든, 또는 그 어떤 종류의 것이든지 간에)에 근거하게 할 수 있다. 아니면 그 필요한 것을 잴 수 있는 어떤 객관적인 척도를 찾으려고 시도할 수 있다. 그러한 객관적인 척도로 나타나는 것은 인간의 생리적인 필요나 소위 문화적인 필요이다. 인간의 생리적인 필요는 기후에 따라 다르고, 문화적인 필요는 역사적 시대에 따라 다르다. 문화적인 필요나 문화적으로 필수불가결한 것의 한계는 임의로 정할 수 있다(그렇다고 해서 이 자의적인 행위를 앞에서 언급한 주관적인 평가와 혼동해서는 안 된다).

그런데 사치는 이중적인 의미를 갖고 있다. 즉 사치는 양적으로 행해질 수도 있고 또 질적으로 행해질 수도 있다.

양적인 의미에서의 사치는 재화의 '낭비Vergeudung'와 같은 뜻이다. 하인이 한 명이면 '충분'한데도 100명을 고용하고 있거나, 담배에 불을 붙이기 위해 한 번에 세 개의 성냥개비를 쓰는 것 등은 이에 해당된다. 질적인 의미에서의 사치는 보다 좋은 재화의 이용을 뜻한다. 양적인 의미에서의 사치와 질적인 의미에서의 사치는 일치할 수 있다 (또 실제로 대부분의 경우는 일치한다).

질적인 사치라는 개념으로부터 파생되는 것이 사치품인데, 이것은 세련된 재화나 다름없는 것이다. 세련Verfeinerung[정교화]이란 필요한 목적을 충족시키고도 남는 재화의 모든 끝손질이다. 세련은 근본적으로 두 가지 방향으로 나갈 수 있는데, 그 하나는 재료의 방향이고 또 하나는 형태의 방향이다.

우리가 사치 또는 사치소비에서 절대적인 의미와 상대적인 의미를 구별할 수 있었던 것처럼, 똑같은 구별을 질적인 사치의 기본 형태인 정교한 재화에 대해서도 행해야만 한다.

세련을 절대적인 의미로 파악한다면, 우리가 쓰고 있는 모든 재화 중 대다수는 세련된 재화에 속한다. 왜냐하면 거의 모든 것이 (동물적인) 필요 이상을 만족시키기 때문이다. 따라서 우리는 사치품의 수요에 대해서도 상대적인 의미로 말하지 않으면 안 되며, 재화문화財貨文化의 어떤 주어진 상태에서 평균 수준을 넘어서는 세련만을 좁은 의미에서 세련이라고 부를 것이다. 그럴 경우, 그처럼 좁은 의미에서 세련된 재화에 대한 수요는 사치품에의 수요라고 부를 수 있으며, 또한 그러한 충족에 쓰이는 재화는 좁은 의미에서의 사치품이라고 부를 수 있다.

세련된 재화에 대한 수요 및 그 충족이라는 제한된 의미의 사치품은 매우 다양한 목적에 쓰이며, 따라서 마찬가지로 매우 다양한 원인에 의해서 생겨날 수 있다. 신에게 금으로 장식된 제단을 바치건, 아니면 나 자신을 위해서 비단으로 만든 와이셔츠를 사건 간에, 그 두 경우 모두 사치를 행하는 것이다. 그렇지만 그 두 행위는 하늘과 땅만큼 다르다고 사람들은 느낀다. 목적 및 동기를 구별함으로써, 신에게 금으로 장식된 제단을 바치는 것은 이상주의적인 또는 이타주의적인 사치라고 부를 수 있으며, 비단으로 된 와이셔츠를 사는 것은 물질주의적인 또는 이기주의적인 사치라고 부를 수 있을 것이다.

여기서 사치의 전개에 대해서 말할 때는 단지 두 번째 종류의 사치, 즉 이기적인 동기에서 개인의 삶의 '쓸데없는 허영심'을 만족시키는 데 쓰이는 그러한 사치만이 문제가 된다. 왜냐하면 넓은 의미에서의 르네상스 시대, 즉 소토에서 티에폴로Giovanni Battista Tiepolo(1696-1770. 바로크시대의 화가)에 이르는 시대에 특히 강력하게 발전한 것은 바로 이러한 종류의 사치이기 때문이다. 어쨌든 나는 여기서 단지 이 개인적인 사치의 전개와 그 발생만을 추적할 것이다.

모든 개인적인 사치는 우선 쾌락을 순수하게 감각적으로 즐기는 것에서 기인한다. 눈, 귀, 코, 입, 그리고 촉각을 자극하는 것은 특정한 종류의 일용품 속에서 점점 더 완전한 방법으로 표현된다. 그리고 이러한 일용품이 사치소비를 형성한다. 그런데 우리의 감각을 자극시키는 수단들을 세련되게 하고 또 그 수를 늘리고 싶어 하는 모든 욕망은 결국 우리의 성생활에 근거를 두고 있다. 왜냐하면 감각의 즐거움과 성애는 결국 동일한 것이기 때문이다. 그런 까닭에 어떤 사치의 전개에의 첫 번째 충동은 대부분의 경우에는 확실히 의식적으로 또는 무의식적으로 작용하는 성애의 감각으로 거슬러 올라가야 한다.

이러한 이유로 인해, 부가 축적되고 성생활이 자연스럽게 또 자유롭게(또는 대담하게) 표현되는 곳이면 어디에서나 사치도 유행한다. 반면에 성생활이 그 어떤 이유에서건 위축되는 곳에서는 부는 재화를 쓰는 데 이용되지 않고 오히려 재화를 거두어들이는 데 이용된다. 즉 재화를 축적하는 데, 그리고 심지어 가급적이면 가장 추상적인 형태(즉 미정련의 귀금속과 화폐)로 축적하는 데 이용된다. (이처럼 다른 조류에서 흘러들어오고 있는 자본주의 정신의 발생에 대해서는 다른 곳에서 추적할 것이며, 그때 보다 자세하게 설명할 것이다.)

그러나 어떠한 시대라도 사치가 일단 존재하면, 사치를 더욱 증대시키는 그 밖의 수많은 동기들도 역시 활기를 띤다. 즉 명예욕, 화려함을 좋아하는 것, 뽐내기, 권력욕, 한마디로 말해서 남보다 뛰어나려고 하는 충동이 중요한 동기로서 등장한다. 베블런Thorstein Veblen은 "유한有閑"계급에 대한 그의 재기가 번뜩이는 책에서, 사치와 소유를 추구하는 모든 마음을 다른 사람보다 먼저 무언가를 소유하려고 하는 이러한 충동으로 환원시키려고 하였다. 이러한 충동이 배고픔 및 성욕과 마찬가지로 인간 본성의 기본적인 충동에 속한다는 것을 일단 인정한다 하더라도, 그 충동이 바로 사치 전개의 방향으로 표출되기 위해서는 언제나 특별한 사정이 동시에 일어나야 한다. 이것은 분명히 **사치스러운 생활이 이미 존재하고 있다는 것**, 그리고 남보다 뛰어나고 싶은 충동을 충족시키는 수단은 남과 똑같거나 아니면 남보다 더한 사치를 행하는 데서 찾을 수 있다는 것을 전제로 하고 있다. 다른 경우에는 순수하게 양적으로 다른 사람을 능가하는 것, 즉 노예의 수, 토지 소유나 화폐 재산의 크기, 계급적 서열 또는 그와 비슷한 것에서 다른 사람을 능가하는 것이 자신을 돋보이게 하는 적절한 형식이다. 그렇지만 사치가 개인적이며 물질주의적인 사치로서 존재하기 위해서는, 감각적인 향락이 활기를 띠어야 하며 특히 에로티시즘이 생활양식에 결정적인 영향을 미쳐야 한다.

이것을 우리가 논의하고 있는 시대에 적용해보자. 거대한 사치를 만들어낼 수 있는 모든 조건이 충족되었다. 즉 부도 있었고, 연애생활도 자유로웠고, 다른 집단을 압도하려고 하는 몇몇 집단의 시도도 있었으며, 또한 우리가 이미 본 바와 같이 19세기 이전에는 전적으로 향락의 중심지였던 대도시에서의 생활도 있었다.

그러나 이러한 추론은 조금은 핏기가 없고, 게다가 많은 사람들에게 설득력이 충분치 못하다고 간주될지도 모른다. 따라서 나는 이이지는 서술에서는 문제를 반대 방향에서 고찰할 것이다. 즉 중세가 끝난 후 수 세기에 걸쳐서 상당한 사치가 존재하였으며, 18세기 말에는 무제한적이라고 말해도 좋을 정도로 더해갔다는 사실로부터 출발해서, 이 문제를 설명하겠다. 따라서 우선은 **거대한 사치가 강력하게 전개되었다는 사실**을 증명하는 것이 필요하다.

이를 위해서 우선 참을 수 없을 정도가 되어버린 사치에 대해서 대부분 불평을 늘어놓고 있는 동시대인들의 빈번하게 되풀이되는 진술을 한번 상기해보자. "사람들이 모두 미쳤어. 사치는 극에 달하고 있네. 파리 사람 중 절반은 파산했고, 또 나머지 절반은 소매치기를 직업으로 삼고 있어"라고 한 시골 사람은 1787년 파리에서 자기 아내에게 편지를 쓰고 있다. "오늘날 가장 분명한 미친 짓 중 하나는 자신을 완전히 파멸시키는 것이다"라고 나이 지긋한 오베르키르크 부인은 생각하고 있다. 메르시에는 당시의 사회가 빠져든 암담한 상황을 가장 생생하게 묘사하였다.[1] 그는 사치를 "부자의 형리刑吏"라고 부르면서, 부자가 쾌락을 지나치게 추구하면 오히려 더 이상 즐거움을 맛보지 못하게 된다는 것을 강렬한 단어들을 써가며 다음과 같이 말한다. "감각은 더 이상 만족되지 않고 오히려 무뎌진다. 그렇게 되면 우리는 자극을 주는 변화를 만나지 못하고, 싫증만을 가져오는 기괴한 낭비를 만나게 된다. 이것이 유행, 의상, 풍습, 언어 등 모든 것이 무의미하게 끊임없이 바뀌는 이유이다. 부자들은 더 이상 아무것도 느끼지 못하는 경지에 곧 도달한다. 그들의 가구는 끊임없이 바뀌는 장식이며, 무엇을 입는가는 매일매일의 고역이고, 식사도 사람들 앞에서 화려한 행진을 하는 것과 같다. 궁핍이 가난한 사람들을 괴롭히는 것처럼, 사치가 그들을 괴롭히고 있다고 나는 생각한다. 사치를 위해서 모든 것을 희생할 필요가 있다! 파리의 부자들을 괴롭히는 것은 아마도 그들의 연속되는 미친 듯한 지출일 것이다. 왜냐하면 그들은 자신들이 원하는 것보다 항상 더 많이 지출하기 때문이다. 사치는 엄청나게 돈이 많이 드는 형태를 취하기 때문에, 결국은 사치에 의해서 도산하지 않는 재산가는 더 이상 없다. '오늘날보다 더 낭비가 심한 시대는 없었다.' 사람들은 자신의 소득을 모두 소비하고 재산을 탕진하고 있다. 그리고 사람들은 엄청난 과시를 통해서 이웃 사람을 능가하려

118

고 한다……"

그리고 어디에서나 똑같은 묘사가 행해졌으며, 또 거의 똑같은 말이 오갔다. 우리 시대보다 더 사치스러운 시대는 결코 없다고 《완전한 영국 상인The Complete English Tradesman》은 말한다.[2] "오늘날 사치가 얼마나 만연되어 있는지는 거의 믿을 수 없을 정도이다. …… '허영심, 환락과 사치'가 우리의 주인이 되었으며, 어디에서나 보이는 것은 '방탕'이다."

실로 사치가 최고조에 달한 바르샤바에서 코하노프스키Jan Kochanowski는 다음과 같이 썼다. "사치는 바다처럼 모든 것을 삼켜버린다. 가령 전능한 신이 그 빗방울 하나하나가 모두 두카텐Dukaten[옛 유럽 금화]인 비를 폴란드인의 발목에 찰 때까지 내린다 하더라도, 그 돈은 모두 우리의 수중에 오랫동안 머물러 있지 않을 것이다. 물이 언덕과 산에서 강과 저지대로 흐르는 것처럼, 그러한 돈은 모두 은제품, 마차, 가구 등등을 사기 위해 브레슬라우, 라이프치히, 프랑크푸르트, 베를린, 단치히, 리가, 쾨니히스베르크를 향해 순식간에 흘러갈 것이다."[3]

그러나 우리는 이러한 종류의 증언으로 만족하지 않고 실제적인 사실, 즉 사치 형성의 구체적인 예를 제시하려고 노력할 것이다. 나로서는 독자들이 이미 그에 관한 지식을 갖고 있다고 생각하며, 어느 정도까지는 그것을 전제하고 있다. 그러나 나는 사치의 전개에 대해서 될 수 있는 한 명백한 숫자를 제시하는 것이 쓸데없는 짓이라고 생각하지 않는다. 왜냐하면 그러한 사치 현상의 배후에 있는, 특히 그러한 개별 현상들 전체의 배후에 있는 숫자야말로 사치수요가 시장 형성에 지닌 의의를 인식시켜 주기 때문이다(이것은 우리로서도 특히 알고 싶은 것이다).

그다음에는 두 번째 일을 해야 한다. 거대한 사치가 행해졌다는 사실이 의문의 여지가 없다면, 이러한 사치의 전개가 우리가 앞에서 고찰한 사회를 형성하는 요소들과 어떠한 연관이 있는가를 확인해야 한다. 특히 여성 — 그중에서도 불법적으로 사랑을 받은 여성(귀여운 여성das Weibchen이라고도 말할 수 있을 것이다) — 이 우리 시대의 외적인 생활의 형성에 어느 정도로 관여하였는지를 확인하지 않으면 안 된다.

II. 궁정

당시에 모든 생활이 그랬던 것처럼, 화려한 생활도 모두 궁정으로부터 나왔다. 궁정은 진실로 모든 에너지의 원천이었다. 그리고 호화로운 세속적인 생활이 제일 먼저 어디에서 생겨났는가를 알기 위해 다시 한 번 과거를 돌이켜볼 때, 우리의 시선은 다시 아비뇽으로 향하게 된다.

죄악과 범죄로 가득 찬

저 욕심 많은 바빌론 ……

그들의 신은 주피터와 팔라스Pallas[지혜와 용기의 여신]가 아니라

비너스와 바커스라네. ……

이곳은 로마, 바빌론처럼

120

거짓과 악의 소굴이 되었도다.

순결하고 겸손한 가난 속에서

불손함에 항거하며 세웠건만,

이제는 너를 애도하며 슬퍼하는 자가 많도다.

너는 어디에 희망을 두었는가?

방탕에, 악에서 생겨난 모든 부에 두었는가? ……

— 페트라르카,《소네트》, 106번과 107번.

아비뇽의 궁정에 대해서 이 시를 비롯해 이와 비슷한 많은 문장을 남긴 페트라르카는 확실히 완전히 공평하며 또 전혀 '선입관이 없는' 판단자는 아니었다. 그러나 그가 핵심에 있어서는 상황을 올바르게 기술하였다는 것은 다른 신뢰할 만한 증인들이 가르쳐주고 있다. 니콜라 드 클라망주Nicolas de Clamenges는 "그것이 우리 갈리아Gallia〔로마 사람이 고대 프랑스를 일컫던 말. 골이라고도 한다〕에 타락한 풍속을 들여왔다"라고 탄식하였는데(《부패한 교회법De corrupto ecclesiae statu》),[4] 그것이란 바로 교황정치이다. 그러나 이런 말만으로는 충분하지 않다.

다른 예를 들자면 교황 클레멘스 5세에게 경의를 표하기 위해서 연 축제에 대한 동시대인들의 기록을 들 수 있는데, 그 기록은 다음과 같은 강렬한 말로 끝나고 있다.[5] "매우 호화로운 식사가 넘쳐흐르는 대향연. 모인 사람 모두가 정원에서 춤을 추고 있었다. …… 우리의 교황은 이 모든 것을 죽 둘러보고는, 성하聖下에게 어울리는 부드러우면서도 고요한 미소를 지으면서 그 화려함과 유쾌함에 매우 기뻐하였다."

〈카드게임〉(18세기 후반, 스톡홀름 국립박물관). 루이 14세 통치 시기 궁정에서는 음식, 의복, 말과 마차, 건물, 도박 등에 아낌없이 돈을 쓰는 것이 왕의 총애를 얻는 길이었다.

또는 뮌츠Eugène Müntz가 전하는 교황 궁전의 재산 목록도 있다.[6] 그 목록은 페트라르카의 판단이 실제로 옳다는 것을 확인해준다. 물론 아비뇽의 분위기에 대한 올바른 관념을 갖기 위해서는, 우리는 무엇보다도 교황 근처에 거주하고 있었던 수많은 교회귀족들의 위성衛星 궁정도 고려하지 않으면 안 된다. 교회와 관계된 모든 궁정을 합칠 때야 비로소 그 당시의 기록들에 반영되어 있는 화려함을 불러낼 수 있을 것이다. 왜냐하면 교황의 가계지출 자체는—최근의 연구가 보여준 바와 같이—결코 그처럼 지나치게 많지 않았기 때문이다. 1305년 6월 24일부터 1307년 4월 24일까지(이것은 하나의 예이며, 초기에만 해당된다. 나중에는 내가 아는 한에서는 지출 상황이 공표되지 않았다) 관리와 직원에 대해서는 단지 17만 5,317플로렌스 금화밖에 지출되지 않았다. 주방, 궁정의 빵 굽는 곳, 포도주 지하 창고, 마구간에 대해서는 매주 826플로린 8드니에가 지출되었는데, 마구간에는 135마리의 말이 있었다.[7]

눈부신 아비뇽 시대에 이어서 우리의 머릿속에는 바로 로마에서의 교황정치의 전성기가 떠오르는데, 이 시기는 바울 2세에서 레오 10세에 이르는 르네상스기의 위대한 교황들이 통치한 시기로서, 그들은 사치스러운 화려함에 있어서 각각 선임자를 능가하려고 하였다. "이교도적인 분위기가 마치 옛날의 황제 시대처럼 극적인 화려함과 함께 도시를 덮어버렸다. 세속적인 장관壯觀이 교황의 통치에 필요하게 되었다. 사치에 물든 대중은 축제를 열망하였기 때문에, 축제가 많이 열렸다"(그레고로비우스).

바울 2세(재위 1464~1471)와 함께 바커스 축제를 연상시키는 향연이 시작되었다. "그의 궁전은 호화로웠으며, 그 자신도 감각적인 향락에 완전히 빠져 있었다." 그는 세속적인 방향으로 발전시킨 카니발을 그 자신의 생활의 상징으로 간주하였다. 그는 이 새로운 이교도적인 성격의 카니발을 로마에 처음으로 도입하였다.

식스투스 4세는 선임자를 본받으려고 노력하였다. 그의 통치 시대에는 특히 친척들이 로마에서 삶을 만끽하였다. 그의 아들 피에드로 리아리오는 매년 6만 플로린 금화를 썼는데, 2년 만에 그의 재산을 모두 탕진하였다. 나폴리 왕의 서출庶出 딸이 1473년 로마에 왔을 때 개최된 축제의 "그 미친 듯한 낭비는 지금까지 본 모든 것을 능가하였다."[8] 레오나라 부인은 로마 교황 친척의 궁정의 호사스러움에 발끝만큼이라도 따라갈 수 있는 곳은 지상에 없다는 확신을 갖고서 로마를 떠났다.

이 당시의 사치는 특히 축제, 공식적인 전람회, 접대, 장엄한 행렬 등에서 나타났다. 1476년 성 마르코 축일에 지롤라모 리아리오가 운동 경기를 개최한 나보나에는 10만 명이 모였다. 1478년에는 우르비노 공주와 조반니 로베레스의 결혼식이 "페르시아식으로 화려하게" 치러졌다.[9] 부르카르두스Johann Burcardus는 나폴리의 왕자 페데리고가 로마에 들어올 때 과시한 화려함에 대해서 자세한 묘사를 남겼다.[10] 그렇지만 교황청이 과시한 세속적인 호화로움은 저 영원히 유명해진 1513년 4월 11일의 레오 10세의 라테라노 궁전 축제 행렬에서 절정에 도달하였다. 하루에 10만 두카텐이 들었으며, 수백 명의 예술가들이 그들의 능력을 최대한 발휘했다.[11] 라파엘 산티Raphael Santi가 마치 왕관을 쓴 군주처럼 약 50명 정도 되는 그의 숭배자, 친구, 제자 등의 화려한 호위를 받으며 로마 거리를 말을 타고 지나간 것도 바로 이 무렵이었다.

우리가 잘 알고 있는 바와 같이, 이탈리아의 세속적인 궁정들, 특히 밀라노와 나폴리의 궁정은 세속적인 화려함을 뽐내며 로마의 궁정들과 경쟁하였다. 이들 궁정에서 당시에 행해진 사치에 대해서는, 브레타뉴의 안나의 비서인 앙드레 드 라 비뉴André de la Vigne가 샤를 8세를 따라 이탈리아를 여행하며 쓴 일기 《영광의 베르지에 Le Vergier d'Honneur》에서 전하고 있다.[12]

그러나 궁정 사치의 역사에 있어서 (궁정의 일반적인 역사에 있어서와 마찬가지로) 진실로 중요한 사실은 인생관과 생활방식에 관해 이탈리아 군주들이 남긴 유산을 **프랑스의 왕들**이 모두 받아들였다는 것이다. 메디치 가문의 카테리나는 중개인에 불과하였다. 이미 그녀 이전에 발루아 왕가의 샤를 3세와 루이 12세는—잘 알려져 있는 바와 같이—이탈리아 문화에 대한 자신들의 강력한 성향을 정치의 전소 분야에 걸쳐 나타냈다.

그 결과 — 이것이 결정적으로 중요하다 — 프랑스가 이탈리아의 공국公國들보다 더 커짐에 따라서 사치가 발전할 외적인 가능성도 늘어났다. 이미 발루아 가문의 마지막 왕들은 이탈리아의 부유한 나라들의 공식적인 전체 수입보다 훨씬 더 많은 돈을 자신의 가계비로 지출하였다. 15세기 말의 이들 나라의 수입은 다음과 같이 추정되었다.[13]

국가			플로렌스 금화
베니스(최대한으로 잡아서)			1,000,000
나폴리(	"	)	600,000
밀라노(	"	)	600,000
피렌체(	"	)	300,000
교황령(	"	)	200,000~260,000

이러한 수치와는 대조적으로, 프랑수아 1세(또는 앙리 2세)는 궁정 비용으로 150만 스쿠도Scudo [19세기까지의 이탈리아 은화]를 소비하였다. 이 평가를 한 베니스의 사절(마리노 카발리)은 이러한 수치에 다음과 같은 말을 덧붙였다.[14] "당신이 프랑스 왕의 궁정을 봤다면, 이 막대한 지출금에 대해서도 놀라지 않을 것입니다. 프랑스의 왕은 보통 6,000마리, 8,000마리, 1만 마리에서 1만 2,000마리의 말을 기르고 있습니다. 그의 낭비는 한계를 모릅니다. 여행을 하면 그의 지출은 적어도 3분의 1이 늘어납니다. 왜냐하면 여행하는 데 필요한 많은

버새[수말과 암나귀의 잡종], 짐수레, 가마, 말, 하인 등의 비용이 보통 때보다 두 배가 들기 때문입니다." 또 다른 사절은 왕의 뒤를 따르는 수행원을 8,000명으로(따라서 말 역시 8,000마리가 동원된 것으로) 평가하였다.[15] 150만 스쿠도(1912년의 통화로 환산하면 약 1,000만 프랑에 해당된다)는 (같은 자료에 따르면) 다음과 같은 항목에 지출되었다. 숙박 관계 비용으로 10만 스쿠도, 수렵비로 15만 스쿠도, 축제 비용으로 10만 스쿠도, 의상 및 선물 비용으로 20만 스쿠도, 왕의 궁정 유지비로 20만 스쿠도, 왕비가 신하를 거느리는 비용으로 30만 스쿠도.

개별적인 지출 내역을 추적하는 것은 가르쳐주는 바가 많기 때문에, 내가 아는 한에서는 지금까지 주목받지 못했던 다른 사절의 보고서에서 한 일람표를 인용하겠다.[16] 1542년 프랑스 왕의 총지출액은 578만 8,000리브르에 달하였다(1541년에서 1560년까지의 1리브르는 오늘날의 통화로 3.34프랑의 가치가 있다).

그중에서 다음과 같은 항목은 사치를 위한 지출이다.

왕 한 사람을 위한 예산	85,000
궁정 소유의 말	80,000
선물용의 금과 비단옷	50,000
궁정에서 시중드는 사람들의 임금과 식대	190,000
왕비의 예산	140,000
매 사냥	60,000
샹보르 궁의 경비	
(지금까지 400,000리브르가 들었다)	30,000

퐁텐블로 궁의 경비	50,000
왕의 용돈	500,000
선물 비용	500,000
장식품 등 왕의 즐거움을 위한 상품 구입비	60,000
목적이 밝혀지지 않은 특별비	400,000
오락비	750,000

합계 (단위: 리브르) 2,995,000

오락비에는 왕으로서 사람들에게 알려지기를 원치 않는 여자를 위한 비용 등등도 포함되어 있다고 사절은 부언하고 있다.

앙리 4세 때에는 사치를 위한 지출이 오히려 감소하였다. 그는 그의 통치 마지막 해에는 다음과 같은 금액을 지출하였다.[17] (당시의 1리브르는 오늘날의 약 2프랑에 해당한다.)

마구간	261,590
왕의 궁정비	435,538
은 제품 구입비	197,334
잡비	162,180
수렵	88,670
왕비의 궁정비	541,439
건축비	633,298
여행비	107,185

선물비	85,798
물건 구입비	71,575

합계 (단위: 리브르) 2,584,607
(오늘날의 통화로는 약 500만~600만 프랑)

이때부터 지출은 해마다 증가하였다. 루이 14세의 통치 말기에는 이 발전이 최고조에 달하였다. 1680년에서 1715년까지의 예산을 보면 대충 똑같은 모습을 나타냈다. 여기서 임의로 1685년 한 해를 살펴보자.[18] (1676년에서 1700년 사이의 리브르는 오늘날의 1.48프랑의 가치가 있다.)

왕의 궁정비	606,999
내탕금內帑金	1,618,042
은 제품류	2,274,253

(이것은 주로 왕의 화장품, 장식품 등을 위한 지출을 뜻하였다)

오락비	400,850
말 구입비	12,000
마구간	1,045,958
선물 비용	313,028
궁정의 집사를 위한 비용	61,050
수렵비(개 사냥, 매 사냥, 늑대 사냥)	388,319
궁정의 신하를 위한 비용	1,230,000

궁녀를 위한 비용	252,000
포상비	160,437
왕의 '용돈'	2,186,748
왕궁 건축비	15,340,901
기밀비	2,365,134
여행비	558,236

합계 (단위: 리브르) 28,813,955

즉 전체 예산 1억 64만 257리브르(총액) 중 왕의 개인적인, 즉 주로 사치를 위한 비용이 약 2,900만 리브르를 차지하고 있다.

이러한 상황하에서 사치품 제조업자들에게 얼마나 막대한 돈이 흘러들어갔는가는 개개의 지출을 관찰해보면 더욱 분명하게 알 수 있다.

물론 선두를 차지하고 있는 것은 **건축 사치**이다. 왕이 건축을 위해 지출한 내역에 대해서 우리는 아주 상세하게 알 수 있는데, 그 이유는 1664년부터 1779년까지 프랑스 왕들이 건축에 쓴 비용에 대한 자세하면서도 완전한 장부가 있기 때문이다. 그 장부에는 모든 지출이 한 푼도 빠지지 않고 기재되어 있다. 이 기록 속에 들어 있는 자료는 경제사적으로 엄청나게 가치가 있는 자료이다. 그렇지만 그것은 비록 1664년에서 1775년까지의 장부들을 훌륭하게 편집한 것임에도 불구하고, 철저하게 연구되기는커녕 ― 내가 알고 있는 한에서는 ― 지금까지 전혀 이용되지 않았다.[19] 물론 르바쇠르Emile Levasseur와 그 밖의 경제사가들은 이 기록을 알고 있었고 또 인용하였지만, 그들은 그 속에서 얼마나 많은 것을 배울 수 있는지는 알아채지 못한 것 같다. 지금의 문맥에서 나는 당연히 이 풍부한 재료를 조금밖에는 이용하지 않지만, 그것은 철저하게 연구할 가치가 있다. 대형 4절판 다섯 권 모두에 '동업자조합 규칙Zunftordnung'이라는 말이 나오지 않음에도 불구하고—또는 어쩌면 바로 그러한 이유 때문일지도 모르겠지만—잘 이용하기만 하면 이 자료에서 17, 18세기의 수공업 및 산업자본주의라는 중요한 분야의 역사 연구에 필요한 원료를 얻을 수 있다.

소비가 얼마나 엄청났는가를 보여주기 위해서, 여기서는 우선 왕을 위한 건축물과 몇몇 주요 건물을 짓는 데 쓴 비용 전액을 전하겠다.

루이 14세 때 왕을 위한 건축물에 쓴 비용 전부는 198,957,579ℓ 14s 11d였다[ℓ=리브르livre, s=수sou, d=드니에denier]. (이 당시의 리브르는 1.22프랑에서 1.63프랑 사이이기 때문에, 오늘날의 통화로 계산하면 총액은 약 3억 프랑이 된다.)

이 총액의 절반 이상이 루이 14세 통치의 처음 27년 동안에 지출되었다.

1664~1680년	73,977,269ℓ 14s	5d
1681~1687년	57,657,478ℓ 6s	2d

이 전체 금액 중 가장 많은 부분은 당연히 베르사유 궁전을 짓는 데 쓰였는데, 정원과 분수의 공사에만 약 1억 프랑이 들었다(따라서 6억~7억 프랑이라는 기존의 추정은 너무 부풀려진 것이다).

지출이 개개의 항목에 어떻게 할당되었는가는 그 기록의 편집자가 잘 정리한 지출 목록에서 알 수 있다. 총액에서는 예를 들면 다음과 같은 지출이 행해졌다.

제조업자 및 상인으로부터의 구입	1,730,206ℓ	10s	2d
고블랭(가구) 제조업자로부터의 구입	4,041,068ℓ	2s	7d
은제 장식품	2,245,289ℓ	14s	10d
대리석, 납, 주석의 구입	3,790,446ℓ	16s	2d

　초기(1664~1680)의 실제적인 건축 작업 하나하나가 총액 속에 나타나고 있는데, 그 금액은 각각 다음과 같다(이것은 베르사유 궁전, 루브르 궁전, 튈르리 궁전, 생 제르맹 궁전, 퐁텐블로 궁전, 뱅센 궁전, 트리아농 궁전, 클라니 궁전, 마를리 궁전 모두를 합친 것이다).

미장이 일	17,300,995ℓ	8s	1d
목수 일	2,334,108ℓ	11s	2d
은제 장식품	2,245,289ℓ	14s	10d
대리석, 납, 주석의 구입	3,790,446ℓ	16s	2d
기와장이 일	826,148ℓ	10s	5d
납 세공	2,268,087ℓ	19s	7d
자물쇠 만들기	1,878,242ℓ	8s	4d
소목小木 일	2,087,541ℓ	5s	10d
칠장이 일	2,877,875ℓ	16s	3d
조각	2,041,321ℓ	11s	6d

유리장이 일	289,524ℓ	11s	11d
마루 작업	729,738ℓ	16s	10d
정원 꾸미기	2,306,003ℓ	19s	1d
토목공사	3,791,064ℓ	18s	9d
그 밖의 작업	350,104ℓ	2s	-
특별 지출	4,456,733ℓ	6s	9d
합계 (1664~1680)	43,537,491ℓ	16s	6d

프랑스 궁정이 갖고 있었던 은 제품은 [재정상의 어려움으로 인해] 1689년과 1709년에 그 대부분이 용해되었다.[20] 이렇게 해서 1689년 에는 82,322마르크 5온스 9그램의 은을 얻었는데, 이것은 2,505,637ℓ 4s 9d의 화폐 가치에 상당하였다.

왕궁의 가구가 얼마나 화려하고 사치스러웠는가는 각 품목의 그 림을 넣어서 화려하게 장정한 가구 목록표에서 잘 알 수 있다.[21] 하나 의 예를 들면, 한 목록표는 루이 14세의 궁전들에는 2,600장의 융단 과 140필로 이루어진 거대한 벽 휘장만도 334장이나 있었으며, 고블 랭 공장에서 822필 즉 101장의 벽 휘장이 루이 14세의 궁전들로 조 달되었다는 것을 보여주고 있다.

1669년의 몇몇 주문은 가구 재료에 얼마나 많은 사치가 행해졌는 지를 보여주고 있다.[22]

　- 상인 뒤크와 마르솔리에게 지불한 돈

1엘레* 당 1,381ℓ 10s 하는 금은으로 장식된 비단 64엘레, 1엘레 당
133ℓ 5s 하는 진홍색 및 녹색의 금은으로 장식된 비단 44엘레.

16,545ℓ 5s

- 리옹산 비단

22,155ℓ

- 1엘레 당 66ℓ 하는 리옹산 보라색 바탕의 금은으로 장식된 비단
62엘레에 4,090ℓ, 1엘레 당 11ℓ 10s 하는 투르산 심홍색 문직물紋織物
259엘레.

2,979ℓ 10s

- 레이농에게 지불한 돈

금은으로 장식된 비단   70,716ℓ 18s 11d

- 마르슬랭 샤를리에에게 지불한 돈

비로드와 문직紋織 비단   5,572ℓ 5s

[*엘레Elle는 치수를 재는 독일의 옛 단위로서, 1엘레는 약 66센티미터]

　궁정사회가 입은 의복의 화려함은 그 궁전의 가구들과 보조를 같
이하였다. L. P.라는 인물이 17세기 궁정사회의 의상을 자세하게 기
술하는《우아한 메르쿠리우스Le Mercure galant》(메르쿠리우스Mercurius는 로마신
화 속 주피터의 아들이다. 상업, 웅변, 도둑의 신이자 사랑의 사자이기도 하다)를 보
면 축제에 대한 묘사가 있다![23] 루이 14세는 1,400만 프랑 어치의 보
석들이 박힌 옷을 입었다고 한다.
　어느 날 루이 14세는 파리에 있는 레이스 공장을 시찰하였는데, 그
때 그는 2만 2,000리브르 어치의 레이스를 샀다.[24]

프랑스 궁정에서 옷의 사치는 18세기에 끊임없이 더해갔으며, 프랑스혁명이 일어나기 몇 년 전에 절정에 달하였다. 마리 앙투아네트의 의상 예산에 관해서는 세세한 것에 이르기까지 잘 알려져 있다.[25]

1773년 당시의 황태자비의 의상비는 12만 리브르에 달하였다. 이 금액은 나중에 소위 경상예산으로 처리되었지만, 그것은 해마다 늘어났다. 의상에 대한 지출은 다음과 같다.

1780년	194,118ℓ	17s
1781년	151,290ℓ	3s
1782년	199,507ℓ	4s
1787년	217,187ℓ	–

이때부터 지출액은 감소하였다.

그렇다면 귀여운 여성das Weibchen은? 귀여운 여성은 사치지출의 이 급격한 상승과 관계가 있었는가? 또 있었다면 어느 정도였는가? 이탈리아의 군주들과 프랑스의 발루아 가문의 군주들의 경우에는 길게 질문할 필요도 없다. 그들이 오직 여자만을 위해서 살았다는 것은 잘 알려져 있기 때문이다. 그런데 처음으로 진정한 대규모의 사치를 만들어낸 루이 14세의 경우는 어떠하였는가? 그의 경우에는 오히려 권력욕과 사치를 좋아하는 성향이 그에게 사치의 동기를 주지 않았는가? 아니, 그렇지 않다. 루이 14세의 경우야말로, 우리는 그의 외적인 생활방식에 미친 애첩들의 영향을 소위 기록 문서를 통해 추적할 수 있다. 라 발리에르Louise de La Vallière에 대한 사랑이 루이 14세로 하여금 베르사유에 새로운 궁전을 짓게 하였다. 왜냐하면 그가 그녀를 처음 만난 곳이 베르사유에 있는 그의 아버지의 작은 수렵용 별장이었기 때문이다. "왕의 연인은 저기 숲이 우거진 언덕에 마법의 성이 세워지는 것을 보게 될 것이다." 라 발리에르에 대한 사랑과 함께 궁정에서는 대축제가 시작되었다. 아리오스토의 요술 이야기 〈마법에 걸린 섬의 즐거움Les plaisirs de l'ile enchantée〉이 상연되었으며, 왕 자신은 거기서 로제 역을 맡았다. 1674~1680년에 걸쳐 200만 프랑의 비용을 들여 클라니 궁전이 세워졌다. 이것 역시 왕의 애첩이 보채서 세워졌다. 그리고 새로운 애인이 나타나 루이의 마음을 사로잡을 때마다 사치의 새로운 홍수가 일어났다. 애인이 새로 바뀔 때마다 사치는 더욱 심해졌다. 퐁탕주Marie-Angélique de Fontanges 양에 이르러서는 절정에 도달하였는데, 그녀는 금화를 물 쓰듯 하였다. 그녀는 매달 10만 에퀴écu를 썼는데, 사람들이 그것을 낭비라고 말하면 이상하다고 여겼다고 한다. 18세기의 프랑스 궁정이 완전히 왕의 애첩들에 의해서 지배되었으며, 궁정생활도 그녀들에 의해서 결정되었다는 것은 잘 알려져 있는 사실이다. 퐁파두르 부인은 그녀의 취향을 통해 궁정의 모든 생활의 지배자가 되었다. 당시의 한 사람은 다음과 같이 말하고 있다. "우리의 생활은 모두 퐁파두르 부인에 의해 정해지고 있다. 의장용 마차, 옷의 색깔, 스튜, 벽난로, 거울, 탁자, 소파, 의자, 부채, 상자, 이쑤시개 등 모든 것이 퐁파두르 부인의 취향에 따르고 있다."

퐁파두르 부인은 구체제Ancien régime의 모든 문화의 대표자였으며, 특히 취향과 외적인 생활양식의 대표자였다. 그녀는 경제생활을 자기의 취향에 맞게끔 만들어내기 위해서 경제생활의 흐름에 직접 개

프랑수아 부셰, 〈퐁파두르 부인〉(1759년). 루이 15세의 애첩 퐁파두르 후작부인은 수많은 고급 매춘부들이 명멸해갔던 프랑스 절대주의 시대의 가장 유명한 매춘부였다.

입하였다. 그녀는 자기 동생을 로마로 유학 보낸 다음, 그를 건축, 정원, 예술 및 제조업에 관한 총감독으로 임명하였으며, 나중에는 그를 마리니 후작으로 만들었다. 퐁파두르 부인은 자기 마음대로 궁전을 세웠다. 프티 샤토, 벨뷰 궁전, 그 외에 토디(나중에는 브랭보리옹으로 개칭) 궁전을 추가하였다. 그녀는 슈아지 궁전을 아름답게 단장하였다. 그리고 그녀 자신이 벨뷰 궁전의 미술관 계획을 세웠는데, 이 궁전은 반 루Charles-André van Loo, 부셰, 브뤼네티Brunetti의 붓으로 장식되었으며 쿠스통Couston은 그곳에 루이 15세의 입상을 새겼다. 그 궁전에서 그녀는 축제를 열었는데, 그때 손님들이 입을 옷을 미리 만들도록 해서 그들에게 선물로 주었다. 그 옷 중에서 어떤 것은 그 비용이 1만 4,000리브르나 되었다. 또한 그녀는 슈아지 궁전에 오는 손님들에게 줄 내의에 60만 452리브르를 지출하였다. 그녀가 쓴 비용 전부는 그 어느 왕비도 결코 만져보지 못한 액수였다. 기록에 따르면, 그녀는 루이 15세를 좌지우지한 19년 동안 그녀의 개인적인 욕구를 위해 3,632만 7,268리브르를 지출하였다.[26]

뒤 바리 백작부인도 퐁파두르 후작부인에게 결코 뒤지지 않았다. 르 루아Le Rois의 성실한 계산에 따르면, 그녀가 벼락출세한 다음 쓴 돈을 모두 합치면 1,248만 1,803리브르 11드니에나 되었다고 한다. 그중 642만 7,803리브르 11드니에는 그녀가 권세를 누리던 시기(1769~1774)에 은행가 보종에게 명령을 내려 지급하도록 한 금액이다. 잘 알려져 있는 바와 같이 아베 테레는 이 애첩의 수표가 "왕의 어음"으로서 궁정 은행가에 의해서 언제라도 지급되도록 조치를 취하였다.

마리 앙투아네트는 프랑스 궁정을 지배한 마지막의 대大탕녀로서(1780년대 초까지의) 사치지출의 상승에 계속적인 자극을 주었다. 앞에서 언급한 숫자들은 정식 왕후라도 유명한 애첩들과 똑같은 길을 걸을 수 있다는 것을 분명하게 증명하고 있다. 그렇지만 또한 잊어서는 안 되는 것은, 마리 앙투아네트도 (황태자비로서) 가장 행복했던 시절에는 뒤 바리 및 그녀의 패거리와의 위태로운 경쟁을 이겨내지 않으면 안 되었다는 것이다.

초기 자본주의 시대의 말기에 귀여운 여성에 의해 행해진 사치의 전개를 이해하는 데 대단히 귀중하며 가치 있는 자료는 완전하게 보존되어 있는 뒤 바리 부인의 계산서이다(언제나 똑같은 수십 권의 동업자조합 규칙서나 정부 법령집보다도 이 자료에서 국민경제에 대한 더 많은 지식을 얻을 수 있다!).

그중에서 몇 가지만 인용하겠다.

보종이 왕의 애첩의 지시로 지급한 금액의 내역은 다음과 같다.

I

금세공사	313,328 ℓ	4s
보석 상인	1,808,635 ℓ	9s
장신구 세공사	158,800 ℓ	–
	2,280,763 ℓ	13s

II

비단 제품	389,810ℓ	15s	
레이스	215,988ℓ	9s	
유행품	116,818ℓ	6s	
잡화	35,443ℓ	14s	
	758,061ℓ	–	3d

III

가구	24,398ℓ	18s	
회화, 꽃병	91,519ℓ	19s	
	115,918ℓ	–	17d

IV

제철공	60,322ℓ	10s
자수업자	471,178ℓ	–
	531,500ℓ	10s

V

마차	67,470ℓ	1s
말	57,347ℓ	–
말 먹이	6,810ℓ	–
	131,627ℓ	1s

VI

도금업자	78,026ℓ	–	
조각가	95,426ℓ	–	
도금업자(추가)	48,875ℓ	12s	6d
주물공	98,000ℓ	–	–
대리석 석공	17,540ℓ	8s	10d
가구사와 철물공	32,240ℓ	8s	–
	370,108ℓ	9s	4d

뤼시앵에서의 이전 작업	111,475ℓ	6s	9d
정원	3,739ℓ	19s	–
새로운 작업	205,638ℓ	16s	8d
정원	3,000ℓ	–	–
	323,854ℓ	2s	5d

(그 밖의 지출 항목, 즉 선물 등등은 개인적인 성격의 것이기 때문에 여기서는 관심을 두지 않는다.)

그런데 특히 값비싼 몇몇 사치품의 가격은 다음과 같다.

흰 비로드로 된 예복 의상	12,000ℓ
기타 예복의 장식	10,500ℓ
그 밖의 의상 비용	9,000ℓ, 5,840ℓ, 2,400ℓ, 7,600ℓ 등등.

팔걸이의자 열두 개 세트 7,200ℓ, 터키식 긴 의자 2,400ℓ, 뤼시앵 궁전의 침대 5,945ℓ, 시계 한 개 5,400ℓ, 담배통 한 개 576ℓ, 모슬린 천으로 만든 커피 냅킨 255ℓ, 백작부인 초상화용의 금테 액자(이 그림은 그녀를 여신 뮤즈로 그린 것으로 유명하다) 2,250ℓ

이 명세서에서도 특히 값비싼 것은 도자기이다. 세브르 도자기 세트 2만 1,438ℓ, 백작부인이 시숙媤叔에게 선물로 준 또 다른 도자기 세트 4,856ℓ, 고블랭 천[벽 휘장 등에 사용]은 1평방엘레당 488ℓ 5s였다. 반 루의 〈넵튠과 아미몬Neptun und Amimonne〉의 가격은 3,534ℓ 14s 5d

였으며, 또한 부셰의 〈비너스와 불칸Venus und Vulkan〉도 역시 같은 가격이었다.

이러한 가격 계산은 프랑스 국립도서관 보유補遺의 8157번과 8158번에 있다. 그 주요 부분은 공쿠르 형제가 뒤 바리 부인에 대해서 쓴 책에 부록으로 실려 있다.

기간은 짧았지만, 스페인 궁정에서의 화려함은 프랑스 궁정을 무색하게 하였다. 포토시Potosi와 과나후아토Guanajuato의 은 광산 개발에서 펠리페 4세의 통치 시대에 이르기까지 마드리드는 전대미문의 화려함의 무대였으며, 잘 알려진 바와 같이 스페인의 궁정 양식은 그 이후 여러 가지 면에서 지배적인 것이 되었다. 이처럼 화려한 생활을 보내는 데 기초가 되는 수입은 펠리페 3세[1578~1621]의 시대에도 여전히 상당하였다. 베니스의 사절 토마소 콘타리니Tomaso Contarini의 계산에 따르면, 그 액수는 1,600만 두카텐(약 1억 5,000만 프랑)에 달하였다. 이 계산이 정확하다는 것은 앙리 4세가 (적의 자금력을 탐지하기 위해) 행한 조사의 결과에 의해 입증되었다. 그 조사에 따르면, 스페인 궁정의 (순)수입은 1,565만 8,000두카텐이었으며, 그 외에도 부왕의 수입, 세금 수입 등등으로 500만 두카텐이 있었다. 물론 이 총액 중 상당히 많은 부분은 국채의 이자 지불에 쓰였다(나중에 보게 되겠지만, 이러한 빚이 주로 사치지출에 의해 초래되었다는 것은 말할 필요도 없다). 따라서 레르마 백작의 계산에 따르면, 1610년에 왕이 쓸 수 있는 것이 448만 7,350두카텐밖에 되지 않았으며, 그중에서도 궁정비로 쓰인 것은 100만 두카텐도 되지 않았다.[27]

(서유럽에서는) 영국이 프랑스와 스페인의 바로 뒤를 따랐다. 영국에서는 스튜어트 왕가의 통치 시대에 궁정의 화려함이 절정을 이루었는데, 그들은 프랑스 왕들을 자신의 모범으로 삼았다. 이들 군주시대 궁정의 호화로움은 멋 부린 남자들과 바로크풍 은 주름이 잡힌 공단 예복 및 화려한 무늬의 비단 의상을 입은 아름답고 기품이 있는 여성들을 그린 반 다이크Anthony van Dyck, 피터 렐리Peter Lely, 하위스만Jacob Huysmans 등의 그림에 반영되어 있다. 피프스Samuel Pepys의 일기에 담겨 있는 동시대인들의 묘사는 앞서 말한 예술가들의 그림이 우리에게 떠올리게 하는 生의 즐거움을 만끽하는 모습과 상당히 일치한다. 찰스 1세가 한 궁전에서 다른 궁전으로 이동할 때 아무 짐도 갖고 가지 않을 정도로 24개 성의 시설을 완벽하게 꾸몄다거나, 제임스 1세가 자기 딸의 결혼식을 위해 93,278파운드를 지출하였다는 것을 들으면, 우리는 아무래도 저 위대한 루이 14세가 생각나지 않을 수 없다. 그러나 찰스 2세가 애처롭고도 겸손하게 하원에게 "앞으로는 돈을 전보다 덜 낭비할 것이며 왕실비로 잘 생활할 것"이라고 약속했다는 말을 들으면, 이번에는 영국과 프랑스의 차이를 느끼게 된다. 존경할 만한 시민이라면 그 순간 아침 공기의 냄새를 맡았을지도 모른다―새로운 세계, 즉 왕이라도 자신의 소득 내에서 살아야 하는 세계가 왔구나 하고 말이다. 그러나 오라네 가문은 그들의 궁정의 화려함을 사랑하였으며,[28] 하노버 가문의 처음의 두 군주는 오라네 가문을 본받으려고 노력하였다.

영국의 왕들이 마음대로 쓴 돈을 모두 합쳐도 루이 14세가 전국에서 강탈한 것에는 미치지 못한다. 그렇다 하더라도 그것은 당시로서는 엄청난 거액이었으며 사치품에 대한 상당한 수요를 나타낸다.

1549년에는 왕실을 위한 지출이 10만 파운드에 달하였는데, 이것
은 이미 앙리 7세 시대의 다섯 배였다. 바로 다음의 두 세대 사이에는
지출이 다시 다섯 배로 늘어났다. 왕정복고 후에는 왕들이 왕실비를
승인받았기 때문에, 그 이후의 지출은 그 수치를 정확하게 추적할 수
있다.[29] 물론 찰스 2세를 위해서 책정된 120만 파운드는 그 전부가 지
급되지 않았다. 따라서 그만큼의 많은 돈을 필요로 하였던 불쌍한 찰
스는 항상 돈이 부족하였다. 1675~1676년에 그에게 허락된 지출 비
용은 46만 2,115파운드였다.

윌리엄 3세는 1688년 11월 5일부터 1702년 3월 25일까지의 통치
기간 동안 모두 888만 506파운드 2실링 9페니를 자신과 그의 궁정
을 위해서 지출하였다. 앤 여왕은 그 후 12년 동안 760만 4,848파운
드(따라서 연평균 58만 6,000파운드)를 지출하였다(그녀의 왕실비는 [평시
의] 전체 예산 196만 5,605파운드 중에서 70만 파운드를 차지하였다). 조지
1세와 2세 시대에는 왕실비가 80만 파운드에서 90만 파운드 사이를
오르내렸으며, 조지 3세 시대에는 왕실비가 92만 3,196파운드로 늘
어났다.

영국에서도 궁정의 사치는 애첩들의, 또는 애첩들을 위한 사치였
다는 것은 영국 궁정의 내막의 역사가 가르쳐준다. 영국에 궁정이 생
겨난 이후에는 줄곧 왕의 애첩도 있었는데, 이 애첩들이 사치와 환
락 생활을 일삼았다는 것은 잘 알려져 있다. 제일 먼저 떠오르는 것
은 케루알Keroualle이라고 불린 바버라 팔머이다(그녀가 파리에 왔을 때는
루이 14세조차도 그녀에게 구애하였다. 그녀의 비단 허리띠가 15년간이나 영

국과 프랑스를 결합시켰다고 사람들은 말하였는데, 이것은 올바른 지적이다). 그 밖에도 캐서린 세들리, 달링턴 남작부인, 도체스터 백작부인, 그리고 스튜어트 왕조 시대의 그 외의 많은 공인된 애첩들이 있다. 또한 왕으로 선출된 하노버의 선제후選帝侯 게오르크 루트비히[바로 조지 1세]가 애인들도 같이 데리고 왔으며, 그가 나중에 영국에서 그녀들을 각각 알링턴 백작부인, 켄델 후작부인으로 봉하였다는 것도 잘 알려져 있는 사실이다. 그리고 그의 아들 조지 2세 자신도 옛 고향에 대한 애착심에서 애첩을 하노버에서 데리고 왔으며, 아울러 발모덴 출신의 한 여자를 야머스 백작부인으로 승격시켰다는 것도 잘 알려져 있다.

작센, 하노버, 뷔르템베르크처럼 가장 사치스러웠던 독일 군주들의 궁정에서나 동유럽 국가들에서의 아주 비슷한 사정에 대해서는 서술할 필요가 없다. 왜냐하면 오래전부터 이들 나라의 궁정은 경제 발전 과정에서 서유럽 국가들의 궁정과 같은 결정적인 의의를 지니지 못하였기 때문이다.

나는 이들 궁정에서의 도자기에 대한 지출만은 특별히 강조하고 싶다. 18세기 초부터는 유럽에서도 도자기 제조가 이루어졌으며, 이것은 특히 군주들의 미친 듯한 대대적인 주문 덕분에 유럽 최초의 대규모 산업 중 하나를 탄생시켰다. 예를 들면 1732년 2월 25일 작센 궁정이 주문한 목록은 다음과 같다.[30]

네덜란드 왕궁의 2층에 화랑을 새로 장식하는데, 그에 필요한 도자기의 품목은 다음과 같습니다……

6장 한 벌의 접시 세트	30개
각각 형태가 다른 꽃병	266개
크고 작은 갖가지 동물 모양의 장식품	198개
크고 작은 갖가지 새 모양의 장식품	198개
뚜껑 달린 질항아리	48개
대접	170개

합계 910개

그러나 가난한 프로이센 왕도 마이센 도자기 업자에게 28만 3,679
탈러Taler[옛 독일 은화. 약 3마르크] 4그로센Groschen 어치의 도자기를 주
문하였다.

III. 기사와 졸부의 모방

궁정에서 행해진 사치는 궁정에서 자신의 이상을 보았거나, 궁정
과 어떤 관계가 있는 무리들 모두에게 점차 퍼졌다. 그렇지만 우리
가 자신 있게 말할 수 있는 바와 같이, 궁정의 무리들과 똑같이 세속
적인 화려함에 대한 추구에 사로잡힌 자들은 모두 부유했다. 사치스
러운 생활을 하지 않을 수 없는 배경이 왕, 특히 루이 14세로부터 나
왔다는 것을 우리는 정확하게 추적할 수 있다. 루이 14세가 사회에
미치는 영향에 대해서는—이 점에 관해서는 확실하게 믿을 수 있

는— 한 증인이 다음과 같이 보고하고 있다. "왕은 무엇보다도 화려함, 호화찬란함, 낭비를 좋아하였다. 그는 그러한 것들을 정치의 원칙으로 삼아 궁정 전체에서 고취시켰다. 음식, 의복, 말과 마차, 건물, 도박 등등에 아낌없이 돈을 쓰는 것이 그의 총애를 얻는 길이었다. ……그것은 폐단인데, 일단 들어오자마자 모든 사람들을 괴롭히는 내적인 암이 되어버렸다. 왜냐하면 그것은 궁정에서 곧 파리로, 그리고 다시 지방으로, 가난한 사람들에게로 전해졌기 때문이다. 따라서 이제는 사람의 품위가 식탁과 그 밖의 사치품에 얼마나 많은 돈을 쓰는가에 의해서만 평가되고 있다. …… 사람들의 광기에 의해서 낭비벽이 계속 자라나고 있다. 그 결과는 뻔하다. 모두 파산할 것이다"(생 시몽Saint Simon,《회상록Mémoires》, 제8권, 아세트Hachette판, 125/126쪽).

특히 프랑스에서 사람들은 왕을 마치 신을 보듯이 바라보았다. 루이 14세는 파리(라 브뤼에르는 "파리의 사람들 대부분은 궁정의 모방자"라고 언급하고 있다), 지방 및 유럽의 취향의 지배자가 되었다. 망사르Jules Hardouin-Mansart가 집을 짓고, 르 노트르André Le Nôtre가 정원을 만들고, 르 브룅Charles Lebrun이 가구를 설계하고, 리고Hyacinthe Rigaud가 그림을 그리면[이들은 모두 궁정 예술가이다], 재산이 허락하는 사람은 모두 자기 집을 망사르식으로 짓도록 하였고, 르 노트르의 방식에 따라 정원을 꾸미려고 하였고, 가구를 르브룅식으로 맞추려고 하였으며, 또 자신의 초상화도 리고 스타일로 그리게 하였다. 이것은 잘 알려져 있는 사실이다.

그러나 궁정 이외에 또 다른 중요한 원천이 열려서 향락 추구, 생의 즐거움, 헛된 허영심이 큰 흐름을 이루어 세상에 범람하지 않았더라면, 즉 우리가 앞에서 그 형성 과정을 살펴본 바 있는 신흥부자들의 강렬한 사치욕구가 마치 역병처럼 유럽을 휩쓸지 않았더라면, 사치가 유럽의 보다 폭넓은 계층으로 퍼져나가는 과정이 확실히 그처럼 빠르지는 않았을 것이며, 또한 사치의 전개가 그처럼 짧은 시간 안에 엄청나게 커지지도 않았을 것이다. 이제는 생활양식의 변형에 대한 이 신흥부자들의 영향, 특히 사치수요의 양적인 확대에서의 이들의 참여를 추적해야 한다.

우리의 문화권에서 언제나 되풀이되는 현상은 빨리 부자가 된 서민 출신의 사람들은 그 부를 주로 사치를 위해서 쓴다는 것이다. 그리고 이러한 현상의 기초가 되는 배경은 쉽게 확인할 수 있다. 부자가 된 소매상인이나 마부로 하여금 사치를 행하게끔 부추기는 것은 (만일 그가 반대의 길을 걸어서 '인색하게' 되지 않는다면), 한편으로는 특히 풍부한 향락의 재화들에서 나오는 물질적인 즐거움 이외에 다른 즐거움을 인생에서 얻을 수 없는 상스럽고 조야한 인간의 무능력이며, 또 한편으로는 신분이 나뉜 사회에서 존경받는 지위를 획득하고자 하는 불타는 욕망이다. 모든 사치를 만들어내는 두 가지 원동력인 명예욕과 감각의 즐거움은 여기서 졸부들의 사치를 발전시키는 데 함께 작용하고 있다.

따라서 역사에서 부의 형성의 길은 사치의 전개와 똑같은 수만큼의 단계에 의해서 특징지어진다. 그러면 시민계급 출신의 벼락부자의 최초의 출현으로부터 시작해보자.

디드로Denis Diderot[1713~1784]는 부자가 된 속물들이 전에는 사람

눈에 띄지 않게끔 검소하게 살았지만 그의 시대에 이르러서는 자신의 부를 과시하기 시작하였다는 견해를 표명하였으며, 심지어는 사치를 통해 자신의 부를 과시한 사람들의 이름도 들 수 있으며, 그러한 최초의 사람들 중의 하나가 보니에라고 말하였다. 그렇지만 그의 이러한 관찰은 결코 옳지 않다.

단테Dante Alighieri[1265~1321]의 시대에도 이미 돈을 함부로 쓰는 정신 나간 졸부가 있었다. 축제의 분위기를 고조시키기 위해 금이나 은으로 된 그릇을 강에 던지고 집을 불태웠던 저 쟈코모 다 산트 안드레아Giacomo da Sant Andrea처럼, 비슷하게 살면서 낭비자 클럽을 만든 사람들이 많이 있었다[31] — 그들은 '향락조brigata godericcia' 또는 '낭비조spendericcia'라 불렸다.

> 새로운 사람들과 벼락부자들이
> 오만함과 무절제를 퍼뜨렸으니,
> 피렌체여, 벌써 그렇게 슬퍼하는구나!
>
> 단테,《신곡》중 "지옥편" 제16곡, 73~75행.

이 시구를 피렌체 출신의 모든 '역사가'들은 이미 인용하고 있다.

디드로는 프랑스에 대해서는 결코 올바르게 서술하지 못하였다. 자본주로서 부자가 되어 파리, 리옹, 투르와 그 외의 일곱 군데에 성을 소유한 15세기의 자크 쾨르나 16세기의 상블랑세, 또는 슈농소 성을 지은 토마 보이에를 졸부로 쳐서는 안 되는가? 또는 무엇보다도 루이 14세 자신이 말했다고 하는 "불손한 사치"를 행한 17세기의 부유한 무뢰한들을 왜 잊어야 하는가? 루이 14세가 했다는 다음의 말은 시사하는 바가 대단히 많다. "장사꾼들은 한편으로는 갖가지 종류의 계략으로 자신의 부당한 수법을 숨기고 있으며, 또 한편으로는 마치 내가 알아차리기를 바라는 것처럼(!) 불손하며 건방진 사치를 통해 그러한 짓을 드러내고 있다."[32]

마지막으로 대大사기꾼 푸케도 이런 종류에 속한다. 그는 사치를 위해서 2,000만~3,000만 프랑을 낭비하였다(그중 1,800만 프랑은 보Vaux에 있는 성의 건축비이다). 대규모의 사치에 대해서 그 자신도 결코 경멸한 적이 없는 콜베르Jean-Baptiste Colbert조차도 분노를 터뜨리며 푸케에 대한 소환장에 그 액수를 적은 바 있다.

평민의 출세와 사치품 수요의 확대 간의 밀접한 관계는, 우리가 "인간성에서 미덕을 몰아낸"[33] 사람들이 대대적으로 출현한 시기들을 마음속에 생생하게 그려보면 아주 정확하게 추적할 수 있다. 이 시기들은 근대적인 사치의 발전 단계와 일치한다. 따라서 우리는 부의 형성의 역사에서와 마찬가지로, 근대적인 사치의 발전을 14, 15세기의 이탈리아, 15, 16세기의 독일, 17세기의 스페인과 네덜란드, 18세기의 프랑스와 영국으로 나눌 수 있다.

우리의 관찰에 있어서 가장 큰 의의를 지니는 것은 유럽 국가들이 18세기 초 이래로 '번영'과 특히 사치스런 생활의 방향을 향해서 나가는 거대한 약진이다. 이 시기에는 리처드 가문이 이미 매우 중요한 역할을 하였다. 그렇지만 결정적인 변화는 그 무렵, 특히 1720년 이후 사치가 점점 더 넓게 퍼져나갔다는 점에 있을 것이다. 현재 전해지고 있는 당시의 많은 가계부에서 그것을 알 수 있다. 18세기 중엽에는 심지어 부유한 나라들에서도 당시의 상류계층과 17세기 상류계층의 차이를 느끼고 있었는데, 그 차이는 예를 들면 마치 우리 독일인이 오늘날과 1870년 이전을 비교할 때 느끼는 차이만큼이나 분명하였다. 일반적인 불평은 다음과 같다. "오늘날은 남겨진 것만으로 생계를 유지하기가 매우 힘들다."[34] (나는 당시에 자주 토로된 이러한 불평을 다른 문맥에서 이미 여러 번 언급한 바 있다.) 18세기 중엽에 획득된 거대한 재산 중 대부분이 사치지출로 탕진되었다는 점을 고려한다면 (나는 18세기의 수입 상태에 대한 몇 가지 견본을 제시한 바 있다. 제1장 2절 참조), 우리는 그러한 불평 속에 담긴 견해에 대해서 놀랄 것도 없을 것이다. 에피네는 1751년에서 1755년까지 1,500만 리브르를 지출하였다. 루셀은 1,200만 리브르, 뒤펭 드 슈농소는 700만~800만 리브르, 사발레트는 1,000만 리브르, 부레는 4,000만 리브르를 사치하는 데 썼다. 부유한 파방트네의 이웃인 아르투아 백작은 다음과 같이 말하였다고 한다. "그의 바위에서 흘러나오는 황금 시냇물의 한 줄기가 우리 집으로 지나갔으면." 사람들은 더 이상 자본을 축적하지 않았다. 오히려 가구, 건물, 의상에서 '사치'를 행하였다. 당시 가장 아름다운 물품들을 프랑스와 영국에 공급하고 있었던 생 토로네 거리 상점들의 창고가 1720년 파리에 금 소나기가 내렸을 때 며칠 못 가 텅 비었다. "벨벳과 금실로 만든 옷감은 더 이상 없습니다. 그러나 도처에서 그것을 만들어내고 있습니다." 이러한 기록을 남긴 뒤오샹Duhautchamp은 화려한 자수로 장식하고 금실과 은실로 만든 여러 가지 색깔의 옷들을 입은 사람들로 가득 찬 거리의 풍경을 전하고 있다.

근대사회의 발전에 있어서 크고 일반적인 의의를 지니고 있다고 생각되는 점은 다음과 같다. 부 이외에는 아무것도 갖고 있지 않으며 자신의 막대한 재산으로 사치스러운 생활을 하는 능력 이외에는 자신을 눈에 띄게 할 만한 다른 특성을 갖고 있지 않은 벼락부자들, 즉 이러한 졸부들이 자신의 물질주의적이고 배금주의적인 세계관을 오래되고 고귀한 가문들에게 전하였으며, 또 그로 인해서 그들이 사치 생활의 소용돌이 속으로 끌려들어갔다는 사실이다. 나는《근대 자본주의》중 재산 형성을 다룬 장에서 귀족의 궁핍화가 시민계급 대금 업자를 부자로 만든 원천이라고 말하였으며, 또한 봉건 재산이 부르주아 재산으로 전환되는 이러한 과정이 십자군전쟁 이후 유럽의 모든 나라에서 끊임없이 일어났다는 것을 보여주었다. 여기서 보충적으로 덧붙여야 할 내용은 오래된 가문들이 가난해지고 그 대신에 신흥부자들이 등장한 가장 흔한 이유 중의 하나가, 오래된 가문 출신의 사람들이 사치지출에 있어서 저 시민계급 출신의 졸부들과 경쟁하고 싶어 하는 충동이었다는 것이다. 이러한 오래된 귀족주의적 전통의 부정은 오래된 가문의 가족들을 경제적으로 몰락시켰거나, 아니면—앞에서 이미 서술한 바와 같이—대자본가와 "수치스러운 결합"을 하게 하였다. 여기서 우리의 관심을 끄는 이러한 발전에서의 연결 고리는 대부분의 경우 귀족 가문의 세속화 및 물질주의화였다. 신흥부자들의 '부상'이 이러한 결과를 가져왔다는 것은—이미 우리가 본 바와 같이 이러한 변화가 물론 궁정의 영향에 의해서 뒷받침되었지만, 그래도 무엇보다 그러한 변화에 책임이 있는 것은 그들이다—말했듯이 특히 중요한 의의를 지니고 있는 사건인 것 같다.

후추 자루Pfeffersäcken[가난함을 의미하는 표현]를 메고서 사치생활에 발을 들여놓으려고 하는 귀족들의 불길한 경향은 시민계급의 부가 갑자기 늘어난 곳이면 어느 나라에서나 어느 시대에서나 볼 수 있다.

따라서 우리는 이미 15세기에 독일에 대해서 다음과 같은 말을 듣는다. "멋 부리기와 동시에 난폭함이 기사의 특징이 되었다." 옷사치가 기사들이 빚을 지게 된 주요 원인이 되었다. 한 도덕 설교가는 다음과 같이 말하였다. "사치스러운 옷이 우리 독일의 귀족들을 파멸시키고 있다. 그들은 도시의 부유한 상인처럼 화려하게 입고서 돌아다니려고 한다. …… 그렇지만 그들에게는 돈이 없다. 따라서 그들은 많은 돈을 빌렸으며, 이제는 유대인과 기독교 유대인의 고리대의 먹이가 되었기 때문에, 그들의 땅을 모두 또는 일부를 팔지 않으면 안 된다." 따라서 호이도르프의 한 과부는 어느 운동 경기에 구경 갈 때 입을 푸른 벨벳드레스를 사기 위해, 압라흐 강변에 있는 괴핑겐 마을을 헐값에 팔아버렸다고 한다.

(오늘날 우리는 귀족이 평민의 물질주의적 세계관에 복종하는 이러한 변화 과정의 마지막 국면을 목격하고 있다. 얼마 안 남은 귀족 가문들은 우리 시대의 일반적인 배금주의적 경향을 벗어나려고 마지막으로 애쓰고 있지만 어림없다. 가난한 귀족계급의 선의의 대변인들이 자신의 신분 동료들에게 마치 좀이 모직물을 누더기가 되도록 먹어치우듯이 사치가 귀족에 대한 오랜 관념을 파괴한다고 그 위험성을 경고한다 해도, 그것은 오늘날에는 이미 거의 돈키호테 같은 짓으로 보일 것이다.)

프랑스에서는 귀족의 해체 과정이 분명히 약간 늦게 시작되었다. 그 자신이 완고한 귀족의 일원이며 자신의 시대를 언제나 조금은 너

루카스 크라나흐가 그린 작센 공 하
인리히와 그의 아내. 당시 독일 옷
의 사치스러움을 보여준다.

무 어둡게 보고 있는 쉴리는, 최근의 한 세대 동안에 빠르게 재산을
모은 세금 징수 청부인과 대금업자 들이 지배계급에 대해서 파괴적
인 영향력을 행사하기 시작하였다고 불평을 늘어놓고 있다. 기억할
만한 가치가 있는 그의 말은 여기서 그대로 인용해도 좋을 것이다.
왜냐하면 그 말은 근대사의 가장 중요한 전환점 중의 하나를 고전적
인 형태로 보여주기 때문이다.[35]

 우리에게서 성실, 공정함, 무사무욕無私無慾 등의 관념을 타락시키거
 나, 이러한 미덕들을 웃음거리로 만들어버리는 데 그보다 더 기여한 것
 은 없었다. 사치와 방종에 대한 이 불길한 성향을 그보다 더 강화시킨
 것은 없었다. 물론 그러한 성향은 모든 인간에게 자연스러운 것이지만,
 우리 프랑스인에게서는 성마른 성격 때문에 제2의 천성이 되고 있으

며, 따라서 우리로 하여금 특히 마음에 드는 것이면 무엇에나 열광적으로 집착하게 한다. 특히 세금 징수 청부인과 그 밖의 사업가 들이 빠르게 모은 엄청난 재산만큼 프랑스의 귀족을 철저하게 타락시킨 것은 없었다. 그들이 퍼뜨린 너무나도 일리가 있는 견해에 따르면, 프랑스에서는 이것이 명예로운 직위와 최고의 지위에 오르는 거의 유일한 방법이며, 일단 그러한 자리에 오르면 [과거의] 모든 것이 잊히고 또 모든 것이 허용된다고 한다.

오랜 고결한 지조가 17, 18세기에 모든 나라에서 빠르게 쇠퇴하였다는 것은 내가 제1장 3절에서 서술한 바 있는 사건들에 의해 매우 분명하게 증명되었다. 여기서 강조해야 할 것은, 이러한 변심이 우리가 그 원천으로까지 추적하고 싶었던 사치의 거대한 흐름에 새로운 물을 공급하였음에 틀림없다는 사실이다.

귀족도 어쩌면 졸부나 궁정에 의해서 비로소 사치스러운 생활에 빠져들었을지 모르지만, 당시의 사치에 특징적인 성질을 준 것은 바로 귀족이었다. 따라서 당시에는 돼지 도살업자와 대금업자 들이 모두 부자가 되었음에도 불구하고, 그 시대는 우리 시대와는 달리 귀족주의적인 성격을 분명하게 갖고 있었다.

우리가 관심을 두고 있는 시대 전체에 걸쳐서, 즉 베니스 군대의 콘스탄티노플 정복에서 폴Lewis Paul에 의한 롤러 방적기의 발명에 이르기까지의 시대 전체에 걸쳐서, 사치는—그것이 통일된 기조를 띠고 있는 한에서는—궁정적이며 귀족적인 성격을 갖고 있었다고 우리는 자신 있게 말할 수 있다. 사치의 기조는 궁정이나 귀족(서민의 피가 섞여서도 귀족의 성격은 변하지 않았다)에 의해서 정해졌다. 어떤 때는 17세기 프랑스 경우처럼 궁정에 의해 더 많이 정해졌고, 또 어떤 때는 16세기 이탈리아와 18세기 영국에서처럼 '상류사회'[사교계]에 의해서 더 많이 정해졌다. 그러나 언제나 그 두 요소만이 사치 문화의 담당자였다. 모든 사치를 활발하게 전개한 이들 무리[궁정과 상류사회]는—그들 자신이 생각하기에도, 다른 사람들이 생각하기에도—시민계급, 즉 천민—비록 이들이 이미 거액의 재산을 모았다 하더라도—과는 확연하게 대조를 이루고 있었다. 영국에서조차 18세기 말경까지 런던 서부 지역에 사는 사람[사교계]과 실업가[금융업자], 즉 기사와 원두당圓頭黨 당원〔원두당Roundhead은 1642~1649년 영국 내란 당시 반反국왕파를 가리키며, 이 명칭은 머리를 짧게 깎고 있었던 데서 연유한다. 의회파라고도 한다〕은 더 이상 옛날의 정치적인 의미에서는 아니더라도, 뚜렷하게 남아 있는 사회적인 의미에서는 서로 구분되었다. 훌륭한 관찰자들은 모두 다음과 같이 판단하고 있다.

시티에 사는 사람들은 런던 서부 지역에 사는 사람들이 게으르고 사치스럽고 방탕하고 프랑스식 풍속을 좋아한다며 그들을 비난하고 있다. 그러나 런던 서부 지역에 사는 사람들은 이러한 조롱에 크게 반발하면서, 시티에 거주하는 영국인을 돈 버는 능력밖에 없는 예의도 모르고 천한 동물로 묘사하고 있다.

아르헨홀츠,《영국과 이탈리아England und Italien》, I, 130쪽.

여러 지구와 거리로 되어 있는 이 큰 도시를 살펴보면, 그곳은 각각의 관습, 풍속 및 관심에 의해서 서로 구별되는 여러 국민의 집합체라는 생각이 든다. 두 나라의 궁정이라도 이 도시의 궁정과 시티만큼 그들 고유의 생활방식과 대화 방식에서 서로 다르지는 않다. 간단히 말해서, 세인트 제임스의 주민은―같은 법률 밑에서 살며 동일한 언어를 쓰고 있음에도 불구하고―칩사이드의 주민과는 별개의 사람들이다. 마찬가지로 칩사이드의 주민은 그들의 사고방식과 서로 간의 교류에서의 여러 풍조와 정도에 의해서 한편으로는 템플의 주민과, 다른 한편으로는 스미스필드의 주민과 거리가 있다.

《스펙테이터The Spectator》, 483호, 1712년 6월 12일.

샤토브리앙Vicomte de Chateaubriand은 그의 시대에 대해서 "궁정과 도시, 문인, 경제학자와 백과전서파, 대大귀족과 소小귀족, 자본가와 시민계급, 이들 모두는 서로 비슷하다. 이것은 그들이 남긴 회상록들이 증명하고 있다"라고 말하고 있는데, 이 말은 단지 사회의 "신 크림Saure Cream"[최상류계급]에게만 해당된다. 괴테가 '중산층'을 가리켜서 말한 "응유凝乳, Schlippermilch"는 그 속에 들어가지 않는다. 소부르주아이건 대부르주아이건 간에 '부르주아'는 무시되었다. 특히 그들의 생활양식 전체는 여전히 귀족적이었다. 돈의 필요나 돈의 가치에 관한 것은 모두 경멸되었다. 살림살이를 돌보거나 수입과 지출의 균형을 맞추는 것은 부르주아적인[저속한] 짓으로 간주되어, 고용된 집사의 손에 넘겨졌다. 자신이 가계에 대해 신경 써야 한다면 왜 사람을 고용하는가? 자질구레한 일에 신경 써야 한다면 인생은 더 이상 즐겁지 않다. 이러이러한 것이 필요하다고 하면서 총액을 회계원에게 말하면

156

된다. 그러면 그 돈을 어디서 끌어댈지를 걱정하는 것은 그의 일이다. 또는 상인에게 빚이 있다고 해서 그게 뭐 큰일인가? 장사꾼적인 사고 방식을 지닌 사람만이 계산서란 지불되기 위한 것이라고 생각한다. 어떤 것을 살 때 자신의 재력이 허락하는지 아닌지를 생각하는가도 역시 장사꾼식의 사고방식이다.

그러나 질서정연한 살림살이에 대한 이러한 귀족적인 경멸은 모든 투기업자들의 특징이기도 하다. 특히 자산가는 이 점에서 오래전부터의 귀족과 일치하고 있다. 즉 후자와 마찬가지로 전자도 지출에 대해서 신경 쓰지, 수입에 대해서는 신경 쓰지 않는다. 투기업자들은 갑자기 거액이 들어오면 놀면서 지내는 데 익숙해 있다. 그들은 언제나 하룻밤 사이에 탕진한 것 모두가 다음날 낮에 행운의 일격에 의해 다시 들어오기를 기대한다. 자산가는 경제 운용에 있어서 봉건귀족과 마찬가지였으며, 검약하는 소매상인과는 멀리 떨어져 있다. 자산가는 또한 봉건귀족과 마찬가지로 '절약'이라는 개념을 모른다. 나중에는 시민계급에게도 널리 퍼지는 특히 소시민적인 이 모든 사고방식은 초기 자본주의의 부유한 계층, 적어도 우리가 이 당시의 사치소비에 책임이 있다고 간주할 수 있는 그러한 계층과는 여전히 거리가 멀었다. 따라서 나는 그러한 사치소비는 예외 없이 — 비록 그것이 신흥부자에 의해 행해지더라도 — 귀족적이라고 말하고 싶다. 몇 가지 예가 내가 말하는 바를 분명하게 해줄 것이다.

저 유명한 바송피에르Bassompière는 참으로 그 사람답게 자신의 계급의 전형이었다. 그에 대해서는 다음과 같은 이야기가 있다.[36] 한 축제 때 바송피에르는 금실로 짜고 종려나무 잎으로 장식하고 진주로 덮은 옷을 입고 나타나서는, 진주의 무게가 50파운드라고 스스로 으스대며 말하였다(귀족적인 것, 즉 품위 있고 호화스러운 것에 대해서는 160쪽 이하에서의 서술을 보라). 이 옷을 만드는 데 1만 4,000에퀴가 들었는데, 그중 700에퀴는 수공비였다. 바송피에르가 그 옷을 주문하였을 때 재단사는 4,000에퀴의 선금을 요구하였는데, 그는 그 자리에서 선뜻 주겠다고 약속하였다. 그다음 그는 저녁을 먹은 다음 (주머니에 700에퀴를 넣고서) 도박하러 갔다. 그는 5,000탈러를 따서, 그 돈으로 다음 날 아침 (조금 지쳤지만) 재단사에게 지불하였다. 그런 다음 그는 계속 도박을 하였는데, 며칠 만에 재단사에게 지불해야 할 잔금 이외에 1만 1,000탈러를 더 땄다. 이 돈의 절반(5,500탈러)은 다이아몬드가 박힌 칼을 사는 데 썼고, 그 나머지 반은 용돈으로 썼다.

도박꾼[37]: 오리 드 팔비는 하룻밤에 60만 리브르를 잃었고, 뒤팽 드 슈농소는 하룻밤에 70만 리브르, 또한 드 라에도 역시 하룻밤에 80만 리브르를 (장리스 부인의 집에서 드 페네롱 씨와의 도박에서) 잃었다. 파리의 한 젊은이인 라 몽타뉴는 켕즈$_{Quinze}$라는 게임에서 8,000탈러를 잃었다. 장 뒤 바리 백작(18세기의 타락한 귀족의 전형)은 한 번에 7,000루이$_{louis}$ [루이 13세 때의 금화]를 잃었는데, 그때 그는 잃은 액수가 다섯 번째로 백만 리브르에 이르렀다는 것을 자랑하였다. 1717년에는 파리에 62군데의 '도박장'이 있었다.

돈과 금전적 가치가 있는 모든 것에 대한 경시[38]: 리슐리외 궁내대신은 돈이 가득 들어 있는 주머니를 창밖으로 던졌다. 왜냐하면 그가 보낸 그 돈을 그의 손자가 그대로 돌려주었기 때문이다. 궁내대신은 적어도 청소부라도 밖에서 그것을 발견해 쓰리라고 생각한 것이다.

콘티 왕자는 그의 애인이 (선물이 너무 작다는 이유로 그에게) 돌려보낸 보석을 짓밟은 다음, 이 가루가 된 보석을 잉크에 묻혀서 그녀에게 보내는 편지를 썼다(그 보석은 4,000~5,000리브르의 가치가 있었다).

수비스 궁내대신은 왕이 그의 성에서 보낸 단 하루 동안 20만 프랑을 썼다.

마티뇽 부인은 매일 새로 머리를 단장하는 데 해마다 2만 4,000리브르를 지출하였다.

연애편지에 비싼 보석의 가루를 부은 저 콘티 왕자는 결국 60만 리브르의 이자 때문에 빵과 땔감에서도 곤란을 겪었다. 그래서 그는 사치품은 자기 돈으로 사는 것이 더 좋다고 생각하게 됐다.

빚: 게므네 부인은 구두장이에게 6만 리브르의 빚이 있었다. 로준 공작은 그에게 10만 탈러의 이자를 가져다주는 재산을 탕진한 다음, 200만 리라의 빚을 졌다.

에밀 랑글라드Emile Langlade가 공개한 로즈 베르탱의 회계장부를 통해 우리는 당시의 귀족들의 살림살이를 매우 잘 엿볼 수 있다.[39] 그녀는 1790년대 초에 미회수금을 거두어들이려고 하였을 때, 받을 돈은 다음과 같았다.

부이유 후작부인	1774~1786년	6,791ℓ
살 백작부인	1778~1781년	1,148ℓ
뒤라스 백작 부부	1774~1789년	7,386ℓ
오귀스트 드 라마르크 백작	1774~1775년	1,558ℓ
생 폴 기사	1778년	1,343ℓ

이 밖에도 (오래전부터) 플라스트롱 자작부인은 1만 9,960리브르의 빚이 있었으며, 로슈포르 공주는 1만 904리브르의 빚이, 토네르 후작 부인은 1만 946리브르의 빚이 있었다.

상류사회의 사람들만을 고객으로 상대한 이 유명한 여자 재단사의 미회수금은 모두 49만 프랑에 달하였다.

그렇지만 사치지출의 방향도 귀족에 의해서 결정되었다.

궁정에서의 **옷사치**에 대해서는 이미 언급한 바 있다. 그런데 그것은 귀족적인 생활양식의 진정한 표시이다. 우아한 의상만큼 기사를 원두당 당원과 매우 잘 구별 짓는 것은 없었다. 이 우아한 의상은 시대의 유행에 따라서 우단, 비단, 금실 자수와 레이스로 만들어졌으며 따라서 매우 비쌌다. 이것은 여자뿐만 아니라 남자에게도 마찬가지였다.

15, 16세기의 옷사치에 대해서는 의상 목록들이 가장 정확한 정보를 제공하고 있는데, 예를 들면 발렌티나, 엘리자베타 비스콘티, 비안카 마리아 스포르차, 루크레치아 보르자 등등 많은 사람들의 의상 목록들이 아직도 보존되어 있다. 예를 들어 루크레치아는 수놓은 비단, 자수와 레이스가 있는 우단으로 된 옷 50벌을 혼숫감으로 받았다. 그녀가 로마를 떠날 때 의상과 속옷을 가지고 가는 데에 150마리의 버새가 필요하였다.[40]

어느 시대에나 예술품은 옷사치를 아는 데 귀중한 정보원을 이룬다. 그 밖의 중요한 정보원은 축제, 행렬 등등에 대한 기록이다. 예를 들면 부르카르두스는 그의 일기(이에 대해서는 이미 앞에서 언급한 바 있다)에서 나폴리의 페데리고 왕자가 로마에 입성할 때(1492)의 모습을 다음과 같이 그리고 있다. "사람들은 대단히 좋은 말을 탔는데, 그들 모두는 수놓은 비단옷을 입고 있었고, 가슴과 모자에는 값비싼 장식물들을 달고 있었다. 왕자는 보라색 우단으로 된 옷을 입었으며, 6,000두카텐이나 하는 진주와 보석 목걸이를 하고 있었고, 역시 같은 가치의 허리띠와 큰 칼을 차고 있었다. 말의 고삐에는 3,000두카텐이나 하는 진주와 보석이 여기저기 박혀 있었으며, 마구 전체는 금으로 칠해져 있었다."

르네상스 시대의 의상은 바로크 시대[17~18세기 초반]에 좀 더 정교화되었으며, 바로크 시대의 의상은 로코코 시대[1720~1770]에 더욱 세련화되었다. 예를 들어 17세기의 영국에서는 기사작위의 우아한 복장이 바로 하나의 신분 기호로 간주되었다는 것은 잘 알려져 있다. 당시의 지배적인 유행 의상에는 특히 두드러진 우아함이 필연적으로 따랐다. 긴 승마용 장화는 비싼 재료로 만들어졌으며 레이스도 달려 있었다. 남자의 의상도 대부분 중후한 비단과 우단을 재료로 하였다. 반 다이크Van Dyck!

그러면 얼마나 많은 지출이 행해졌는가? 버킹엄 공작은 비단과 우단으로 만들어졌으며 레이스가 달리고 진주 등으로 장식한 비싼 옷을 스물일곱 벌이나 갖고 있었는데, 그 옷을 만드는 데 각각 약 3만 5,000프랑이 들었다. 그가 찰스 1세의 결혼식 때 입은 예식복은 50만 프랑이나 든 것이었다(헤르만 바이스Hermann Weiß). 17세기 프랑스의 한 귀족과 그의 부인은 수입의 3분의 1을 의상에 지출하였으며, 치장과 마차에는 수입의 거의 반(즉 1만 2,000리브르중 5,000리브르)을 썼다.[41]

18세기에는 옷사치가 더 심해졌다. 즉 옷사치가 섬세함, 정교함의 방향으로 더 많이 나아갔다. 우아한 신사복의 평균 가격은 1,200~1,500리브르였다. 체면을 중히 여기는 사람은 여름옷 여섯 벌, 겨울옷 여섯 벌을 갖고 있었다. 남자들의 예식복은 1만 5,000리브르나 하였다. 양질의 회색 천 1엘레당 70~80리브르였다(바르비에E. J. F. Barbier).

세련된 내의의 사치—이것은 특히 에로틱한 사치이다—도 그 당시에 나타났다. 《완전한 영국 상인》의 훌륭한 저자[다니엘 디포]는 당시 보통의 "멋쟁이", "우리 나라의 멋진 신사"가 1엘레당 10~12실링하는 아마천으로 된 내의를 입으며, 또 그것을 하루에 두 번 갈아입는 것에 대해서 매우 격분하였다. 할아버지 시대에는 그 절반 값의 네덜란드 산 아마천으로 만족했고, 또 내의도 일주일에 두 번 갈아입었을 텐데 말이다. 요즈음의 멋쟁이는 몸이 조상들보다 훨씬 더 더럽기 때문에 내의를 그렇게 자주 갈아입지 않으면 안 되는 모양이라고 우리의 증인은 격분하면서 부언하였다. "우리는 그들의 더러운 몸이 조상들의 몸보다 더 많은 내의를 필요로 한다고 생각해도 좋을 것이다."⁴²

품위 있고 화려한 것이 사치에서의 귀족적인 것이었다. 화려한 의상, 금빛을 칠한 호화로운 의장 마차, 제복 차림을 한 하인들을 많이 거느리는 것이 이에 속한다. 특히 이 이상할 정도로 많은 하인을 고용하는 것이 귀족적인 사치의 하나의 특징이다. 그것은 종자從者를 거느리는 오래된 풍습의 잔재이다. 이러한 풍습에서는 이전에 살펴본 모든 사치보다 더 명백하게 귀족적인 사치의 개인적인 성질이 나타

162

여자뿐만 아니라 남자들의 옷사치도 성행
했으며 우아한 복장이 신분을 나타내는 표
상이 되었다. 사진은 레스터의 백작인 로버
트 더들리의 초상화. 16세기 후반 영국남성
복 패션을 보여주고 있다.

난다. 애덤 스미스Adam Smith[1723~1790]가 아름다운 실을 만들 수 있
는 매우 많은 "손들"을 "비생산적인" 일에 종사하게 하는 당시의 사
람들의 그러한 "악습"에 대해 탄식하였다는 것은 잘 알려져 있다.

　당시의 상황에 대한 기록들은 애덤 스미스가 탄식한 바가 사실 그
대로였음을 증명하고 있다. 이러한 귀족적인 풍습에 대해서 상당히
불쾌하게 여겼던 디포는, 런던의 매우 평범한 상인들이 하녀를 적어
도 두 명에서 흔히는 그 이상을 두었으며, 많은 경우 남자 하인을 두
었고 심지어는 두 명을 두기도 했다고 말한다. 상인의 아내가 다섯
명의 하녀와 한 명의 하인을 둔 특별한 경우도 있었다고 한다. 이처
럼 소상인의 집에서 일하는 사람들의 푸른 제복이 매우 자주 눈에 띄
게 되면서 "상인의 제복"으로 불리었으며, "신사들"은 자기의 하인들

이 그 색깔의 옷을 입는 것을 꺼렸다.[43] 이러한 귀족적인 사치가 평민에게서 유행했을 정도로 매우 일반화되었다면, 그것이 귀족에게서는 얼마나 심했겠는가는 쉽게 상상할 수 있다. 한 영국 귀족이 마부를 100명이나 고용했다는 말을 들어도 우리는 놀라지 않을 것이다.[44]

그러나 종종 하인의 수가 엄청나게 많았다는 것은 우리를 놀라게 한다. 느베르 공작은 146명, 퐁샤르트랭 가문은 113명, 슈아죌 공작은 400명(그중에서 제복을 입은 하인은 54명),[45] 세비녜 부인[46]은 30~40명의 하인을 거느렸다. 물론 졸부들은 이러한 귀족의 사치를 부지런히 흉내 내었다. 미시시피 주식에 투자해서 부자가 된 한 풍경화가는 하인을 90명이나 고용했다.[47] 메르시에는 대개 다음과 같다고 전하고 있다.[48] "그와 같은 징세 청부인의 집에는 부엌 하인들, 요리사들, 그리고 부인을 위한 6명의 몸종 이외에도 제복을 입은 24명의 하인이 있다……"

메르시에는 한 신흥부자에 대해서도 말하고 있는데, 그가 초콜릿을 먹을 때에 4명의 하인이 그를 둘러쌌다고 한다.

결국 이 시대 전체의 사치의 성질은 내용 면에서도 귀족적이었다. 이것은 그러한 사치가 일반 대중은 누릴 수 없고 소수의 선택받은 자들에게만 한정되어 있다는 소극적인 의미에서만이 아니었다. 그 당시의 사치는 그것이 어디에서나 고귀한 품위를 나타내고 있었다는 점에서 적극적으로 귀족적이었다. 이것은 가장 천한 졸부에게도 해당되었다. 왜냐하면 그러한 사람이라도 항상 소수에게만 보이는 품위 있는 취향에 따라서 살지 않으면 안 되었기 때문이다. 당시의 사치는 '탁월한' 것이었다. 즉 언제나 순수하게 심미적이며 순수하게 형식적인 경향을 나타내고 있었다. 네 가지 양식이 그 시대를 둘러싸고 있었는데, 고딕 양식, 르네상스 양식, 바로크 양식, 로코코 양식이 그것들이다. 그런데 이들 양식은 모두 고귀한 양식, 지배자의 양식[신사의 양식]이며, 무엇보다도 '유행하는 양식'이었다. 따라서 그것들은 독특한 양식이 없으며 아울러 서민적인 특징을 전면에 내세우는 오늘날의 양식과는 확연하게 구별된다.

그런데 18세기의 영국에서는 우리가 '시민적인 양식'이라고 부를 만한 것이 나타나서, 이미 서민적인 어조가 여기저기서 울리기 시작하였다. 무터Richard Muther는 레이놀즈Joshua Reynolds와 게인즈버러Thomas Gainsborough의 초상화에서 이미 이 새로운 특색을 찾아볼 수 있으며, 그것으로 영국과 프랑스를 구별할 수 있다고 믿었다. 그러나 나는 바로 이 두 사람의 초상화 작가의 작품에서 당시의 철저하게 귀족적인 성질이 분명하게 표현되고 있다고 생각한다. 사실 게인즈버러는 시돈 부인을 거리에서 볼 법한 의상을 입은 모습으로 그렸다. "머리에는 큰 모자를 썼고, 손에는 머프Muffe〔모피를 둥근 통 모양으로 만들어, 좌우에 손을 넣을 수 있게 한 방한용품〕가 있었다. 그리고 목에는 진주 목걸이가 아니라 간소한 비단 리본을 매고 있었다." 확실히 귀족답지는 않다. 그러나 그녀는 오늘날의 여성과는 많은 차이가 있으며, 또 그녀 시대의 시티 거주민의 부인들과도 확실하게 구별된다. 또 게인즈버러의 〈푸른 옷의 소년Blue Boy〉는 사실상 귀족 문화의 저 마지막 순간의 상징이 아니겠는가? 무터의 생각이 호가스William Hogarth에게는 해당될지 모르겠다. 그의 작품들에서 "예의도 모르는 천한 동물"이 처음으로 (네덜란드에서의 한동안의 평민 시대 이후에) 등장하였기 때문이다. 그러나 호가스는 사치를 발전시키는 데 힘이 되는 세계에 속하는 인물이 아니었다.

그러면 귀여운 여성은 어떤가? 애첩을 거느리는 것이 특히 18세기의 상류사회에서는 매우 일반적이었다는 사실은 잘 알려져 있다. "애첩이 없는 남자는 누구인가?"라고 그 시대의 한 철학자는 아주 단순하게 외쳤다. 그 상류사회의 낭비에 대한 이야기를 들으면, 우리는 곧바로 그중 상당한 부분이 비합법적인 사랑에 쓰였으며 그 나머지는 정식 부인에게 돌아갔다고 추측할 수 있다.

몇몇 유명한 정부들의 낭비벽에 대해서는 수치상의 증거가 있다.

변호사 카르실리에는 한 구두 변론에서 "사랑스러운 데상"에 대해 다음과 같이 말하였다. "그녀의 사치는 파리 전체를 놀라게 하고 있습니다. 골콘다 광산도 그녀 때문에 고갈되었습니다. 그녀가 발 딛는 곳마다 금이 뿌려졌습니다."

많은 애인들, 특히 대자본가의 애인들(예를 들면 엄청난 부자인 라 모송의 애첩들, 즉 프티파 부인과 뒤프렌 부인)은 '오만불손한 사치'를 행하는 것으로 파리에서 유명하였다. 사실 엄청난 금액이 그녀들의 작은 손을 통해 미끄러져 나왔다. 재계의 또 다른 거물의 애인이자 그랜드오페라의 무용수인 메종 루즈는 그녀의 남자로부터 집과 가구를 위해 21만 리브르, 보석을 위해 15만 리브르, 그림과 은그릇을 위해 5만 탈러를 끌어냈다.[49] 젊은 쇼블랭은 무용수 미노스 양 때문에 160만 140리브르 19수 11드니에에 이르는 빚을 졌다. 해군의 회계

과장 생젬스는 보부아쟁 양에게 150만에서 180만 리브르에 달하는 보석과 그 밖의 고가품을 선물하였으며, 그녀에게 2만 탈러의 연금을 주었다. 1만 리브르(2,000에퀴)는 "고급" 정부들에게는 "통상적인" 월급이었다.[50]

그러나 나는 그 당시의 사치의 발전과 귀여운 여성(그녀가 귀여운 여성이라면 결혼을 했는지 안 했는지는 문제가 되지 않는다)의 득세 간의 밀접한 관계를, 각각의 애첩들의 낭비에 대한 일반적인 고찰과 지적을 통해서 가능한 것보다 더 분명하게 보여주고 싶다. 즉 나는 보다 자세하게 들어가서 사치 발전의 가장 중요한 내용을 추적하고자 한다. 그렇게 하면 우리는 구체제하에서 사치가 다종다양하게 전개된 상황을 더 분명하게 알 수 있을 뿐만 아니라, 또한 개개의 사치지출, 아니 더 정확하게 말해서 개개의 사치 행위의 누적이 상업과 공업에서의 자본주의의 시작과 얽히게 된 과정도 더욱 명백하게 인식할 수 있을 것이다.

IV. 귀여운 여성의 승리

지금까지는 초기 자본주의 시대의 모든 사치가 지니고 있는 공통된 특징을 지적하였다. 이제는 이 500년 내지 600년 동안 사치도 변화를 겪었다는 사실에 대해 주의를 환기시키고 싶으며, 아울러 이러한 변화에 (이미 본 바와 같은) 여성들이 얼마나 책임이 있는지를 보여주고 싶다. 우리는 우선 다음과 같은 것을 관찰한다.

1. 사치의 일반적인 발전 경향

(여기서는 세계사에서 단 한 번 있었던 이 완전히 특정한 역사 시기, 즉 1200년에서 1800년까지의 사치에 대해서 언급한다는 것에 주의하라. 예를 들어 빌헬름 로셔Wilhelm Roscher가 시도한 바와 같이 사치의 일반적인 시대를 정하려고 하는 모든 노력은 헛된 것 같다. 조악하게 이해된 '유물사관'으로 사치 현상과 같은 미묘한 문제에 간섭하려고 하는 얼간이들에 대해서는 아예 아무 말도 하지 않겠다.)

나는 사치의 발전 경향을 다음과 같이 구분한다.

(1) 실내화室內化 경향: 중세의 사치는 대부분 공공적인 것이었는데, 17세기 이후에는 사치가 사적인 것이 되었다. [중세에는] 사치가 많은 인원과 관련된 것이라 하더라도 집 안에서보다는 집 밖에서 훨씬 더 많이 행해졌다. 그런데 17세기 이후 사치가 점점 더 집 안으로, 가정적인 것으로 옮겨졌다. 여성이 사치를 집 안으로 가지고 들어오기 시작하였다.

중세 시대에는 (르네상스 시대에도) 사치는 마상 창 시합, 화려한 구경거리, 행렬, 야외의 향연 등이었다. 그런데 사치가 집 안으로 들어오면서, 그것은 전에 지녔던 주기적인 성격을 잃고 영속적인 것이 되었다. 이러한 변화와 사치수요의 증대가 얼마나 밀접하게 연관되어 있는지는 말할 필요도 없다.

(2) 물화物化 경향: 우리는 여기서 고찰하고 있는 시대의 사치가 여전히 상당히 많은 인원과 관련되는 동시에 양적인 성격을 지니고 있다는 것을 보았다. 또한 이러한 특성은 하인이 많은 것에 대한 강한

강조가 옛 종자 제도의 잔재인 만큼 사치의 귀족적인 기원을 드러내고 있다고 언급하였다. 그러나 사치가 많은 인원과 관련되는 성격이 중세 이래로 끊임없이 점점 더 약해졌다는 것은 의심할 바 없다. 전에는 사치란 축제 때에 많은 가신과 종자 들을 불러 모아 그들에게 음식을 제공하며 즐겁게 해주는 것이었다. 그렇지만 이젠 하인을 많이 거느리는 것은 사치를 위해서 물적 재화를 점점 더 많이 쓰는 것의 부수 현상에 불과하다. 나는 이러한 과정을 물화라고 부르는데, 이러한 물화에 관심을 지닌 것은 또다시 귀여운 여성이었다. 왜냐하면 보다 화려한 의상, 보다 안락한 집, 보다 비싼 장식 등과는 달리, 수많은 종자들을 모으는 일은 그녀에게 별로 이익이 되지 않았기 때문이다. 이러한 변화 역시 경제적으로 대단히 중요하다. 애덤 스미스라면 다음과 같이 말했을 것이다. "비생산적인" 사치에서 "생산적인" 사치로 이행하였다. 왜냐하면 저 많은 인원과 관련된 사치는 "비생산적인" 손을 바쁘게 하였지만, 그에 반해 물화된 사치는 "생산적인" 손(자본주의적인 의미에서, 즉 자본주의적인 기업에서의 임금노동자)을 바쁘게 하였기 때문이다. 사실 사치욕구의 물화는 자본주의의 발전에 있어서 근본적인 의의가 있었다.

(3) 감각화와 섬세화 경향: 이 경향은 사치의 물화 경향과 함께 진행되었으며, 귀여운 여성에 의해서 특히 정력적으로 촉진되었다. 사치가 그 어떤 이상적인 삶의 가치(특히 예술과 같은)로부터 점점 더 멀어지면서, 저급한 동물적인 본능에 점점 더 예속되는 모든 발전은 감각화[관능화]의 경향을 띤다. 공쿠르 형제는 특히 뒤 바리 부인에 대해 언급하면서 이 과정을 다음과 같은 말로 묘사하였다. "예술의 보

호가 청동 세공사, 목각사木刻師, 수놓는 사람, 심지어는 재단사의 보호로 전락하였다." 그들은 이를 통해 뒤 바리 부인의 시대와 퐁파두르 부인의 시대의 차이를 특징지으려고 하였다. 이러한 변화―이 변화 역시 경제적으로 대단히 중요하다는 것은 말할 필요조차 없다―가 17세기에서 18세기로의 이행, 따라서 바로크에 대한 로코코의 승리를 특징짓는다고 나는 생각한다. 그러나 이러한 승리는 귀여운 여성의 최종적인 완전한 승리 이외에는 아무것도 의미하지 않았다. 모든 문화 영역에서의 이 두드러지게 여성적인 스타일[로코코]의 관철은 다만 여기서 주장하는 명제가 옳다는 것에 대한 충분한 증거일 뿐이다. 실제로 이 시대의 모든 예술작품과 공예품에서는 여성의 승리가 빛나고 있다. 창과 창 사이의 벽에 거는 거울, 리옹 제 쿠션, 하늘색 비단 침구류와 하얀 무명 커튼, 연한 푸른색 페티코트, 회색 비단 양말, 장미색 비단옷, 백조의 솜털로 장식한 요염한 실내복, 타조의 깃과 브라반트의 레이스, 이 모든 것을 모아―로코코 시대를 묘사한 사람으로서는 불후의 존재인 무터(앞의 예도 모두 그의 글에서 인용한 것이다)가 표현한 것처럼―파테르Pater[프랑스의 화가]가 "살롱의 교향곡Symphonie des Salons"으로 표현하였다.

사치의 감각화 경향과 가장 밀접한 관계가 있는 것은 사치의 세련화 경향이다. 세련화란 한 물적 재화를 만들 때 살아 있는 [인간의] 노동을 더 많이 소모하는 것, 즉 더 많은 노동이 재료에 침투하여 그 재료를 흡수하는 것을 뜻한다(세련화가 단지 진귀한 재료의 이용에만 국한되지 않는 한). 그로 인해서 특히 자본주의 산업뿐만 아니라 자본주의 상업(먼 곳으로부터의 재료의 조달 때문에!)의 활동 공간도 본질적으로 확대되었다.

(4) 집중화 경향: 이때 집중화는 시간 속에서의 집중화를 의미한다. 이 경향은 어느 주어진 시간 안에 많은 사치가 행해지는 것(많은 물건을 이용하거나 많은 향락을 맛보는 것)으로 표현되며, 또한 그 경향은 이전의 주기적인 사치 행사가 이젠 상시적인 제도가 되는 것으로 표현된다(1년에 한 번 열리는 축제가 규칙적으로 반복되는 축제가 되었으며, 축제일의 행진이 매일의 가장행렬이 되었고, 축성식 날 연회를 베푸는 것과 주기적으로 술잔치를 베푸는 것은 매일의 점심식사와 만찬회가 되었다). 마지막으로 그 경향은 (이것은 특히 강조하고 싶은 것이다) 소유자가 더 빨리 쓸 수 있도록 보다 짧은 시간에 '사치품'이 만들어지는 것으로도 표현된다.

중세에는 생산에 오랜 시간을 들이는 것이 통례였다. 어떤 물품을 만들거나 어떤 일을 하는 데 수년, 수십 년이 걸렸다. 일을 완성하기 위해 서두르지 않았다. 사람들은 하나의 전체 속에 살았기 때문에 역시 매우 오래 살았다 ― 일을 주문한 개인은 죽어 마침내 썩어 문드러질지라도, 교회, 수도원, 도시 공동체, 종족 등은 그 일의 완성을 분명히 볼 것이다. 파비아의 체르토자 수도원을 건설하는 데 얼마나 많은 세대가 일하였는가! 밀라노의 사키 가문은 제단상판祭壇床板을 청동으로 입혀서 상감 세공을 하는 데 300년 동안 8세대에 걸쳐서 일하였다. 중세 시대의 모든 대성당, 모든 수도원, 모든 시청, 모든 성은 그것들이 개개인의 생애를 합쳐서 만들어진 것임을 입증하고 있다. 그러한 건물들은 영원히 살 것이라고 믿은 종족에 의해 생겨난 것이다.

개인이 자기보다 오래 지속되는 공동체에서 벗어난 다음에는, 그 자신의 수명이 그의 향락의 척도가 되었다. 개인은 사물의 변화로부

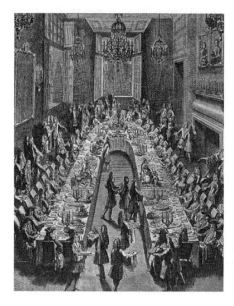

1707년 파리에서 열린 경축연회(그 당시 제작된 판화). 15, 16세기부터 시작된 음식 사치는 점차 질과 양에 있어서 극대화되었으며 16세기 말 프랑스에서 본격적으로 대두되었다.

터 될 수 있는 한 많은 것을 스스로 체험하고 싶어 했다. 왕조차도 너무 그 자신[왕조의 대표자라기보다는 개인]이 되어버렸다. 왕은 그가 세우기 시작한 궁전에 그 자신이 살고 싶어 하였다. 그리고 이 세계의 지배권이 귀여운 여성에게로 넘어가자, 사치수요를 충족시키는 수단을 조달하는 속도가 또다시 빨라졌다. 여자는 기다릴 수 없다. 사랑에 빠진 남자는 전혀 기다릴 수 없다. 생의 양식에 어떤 변화가 일어난 것이다.

메디치 가의 마리아는 룩셈부르크 궁전을 5년이라는 전대미문의 짧은 시간에 완성시켰다.[51]

베르사유 궁전은 밤낮으로 일해 완성되었다. "베르사유를 위해서

172

목수들이 2교대제로 일하였다. 한 조는 낮에 일했고, 또 한 조는 밤에 일하였다"라고 콜베르 자신이 말하였다.[52]

아르투아 백작은 여왕을 위한 축제를 열기 위해 바가텔 궁전을 완전히 새로 짓게 하였는데, 이를 위해 900명의 노동자가 밤낮으로 일하였다. 그래도 생각만큼 빠르게 진행되지 않자, 그는 석재와 석회의 운반차들을 가로채기 위해서 자신의 문지기들을 시골의 공도公道로 파견하였다.

다음에서 보다 중요한 몇몇 분야에서 행해진 사치를 개별적으로 추적하면, 이러한 변화 모두를 훨씬 더 생생하게 볼 수 있을 것이다. 그렇게 하면 다시 한 번 사치 형태의 변화에 내재하고 있는 경제적으로 특히 중요한 양적인 의미에 대해서도 올바른 이해를 얻게 될 것이다.

2. 가정에서의 사치

(1) 음식 사치: 음식 사치는 이탈리아에서 '요리법'이 그 밖의 기술들과 나란히 발생한 15, 16세기에 모습을 나타냈다. 그 전에는 단지 많이 먹는 사치밖에 없었다. 이제는 그러한 즐거움도 세련화되었으며, 여기서도 질이 양을 대신하였다.

음식 사치도 이탈리아에서 프랑스로 넘어갔는데, 프랑스에서는 16세기 말 이후 본격적으로 육성되었다. 그 발전을 추적하는 것은 음식 준비에 대한 긴 논문을 쓰지 않고서는 거의 불가능하다. 그것은 본 연구의 범위를 넘어설 것이다. 그렇지만 여기에서는 다른 경우에서와 마찬가지로 적어도 단 하나의 질문만은 제기하고 싶다. 요리법의 세련화와 음식 사치의 발전도 또다시 귀여운 여성 덕택인가?

요리법과 사랑의 기술이 얼마나 가까운 관계에 있는가는 심리학적 및 생리학적으로 아직 '미해결'된 문제이다. 사람들은 인간의 나이를 사랑, 명예욕, 미식으로 특징지으면서, 성애와 식욕을 어느 정도 서로 대립하는 것으로 보는 경향이 있다. 비非호색가인 칸트는 대단한 미식가였다. 그러나 여자들의 영향에 의한 우리의 취향의 일반적인 세련화와 감각화가 없었다면, 요리법의 고도의 발전도 결코 일어나지 않았으리라는 생각이 든다. 늙은 홀아비에게서 볼 수 있는 바와 같은 정열적인 식도락은 성적 충동의 '억압'의 결과인가? 따라서 남자의 식도락은 혹시 노처녀의 고양이 사랑에 상응하는 것이 아닌가? 이것도 역시 검증할 필요가 있을 것이다.

오늘날 한 가지 점만은 확실한 것 같다. 즉 그것은 단 것의 소비와 여성 지배의 연관이다. 우리는 오늘날에도 여성의 영향하에 있는 영역의 경계를 긋는 선을 분명하게 인식할 수 있다. 그런데 바로 이 선은 맛있는 요리 및 푸딩을 지닌 나라와 맛없는 요리 및 푸딩을 지닌 나라를 구분한다. 이탈리아, 오스트리아, 프랑스, 폴란드에서는 아주 맛있는 과자가 있다. 북부 독일에는 플라메리 푸딩이 있으며, 영국에는 앨버트 케이크가 있다.

그런데 (구식의) 페미니즘과 설탕의 이러한 결합은 경제사적으로는 매우 중요한 의미가 있었다. 초기 자본주의 시대에는 여성이 우위에 있었기 때문에 설탕이 매우 빠르게 애용되는 기호품이 되었으며, 또 설탕이 있었기 때문에 코코아, 커피, 차 등의 자극제가 유럽에서 매우 신속하게 널리 애용되었다. 그리고 이 네 가지 품목의 무역, 유럽 식민지에서의 코코아, 커피, 설탕의 생산, 그리고 유럽 안에서의 코코아의 가공과 원당原糖의 정제는 자본주의 발전에 매우 큰 역할을 하였다.

이 기호품들의 역사와 그것들이 유럽에서 널리 쓰이게 된 경위를 살펴보면, 방금 말한 일반적인 결론이 옳다는 것이 입증된다. 그 기호품들의 역사와 설탕의 역사가 얼마나 일치하는지(크게 보면, 일치하고 있다)는 리프만Edmund O. von Lippmann의 책에서 잘 알 수 있다.[53] 다음의 문장은 그의 책에서 인용한 것이다.

설탕이 처음 언급된 것은 14세기이다. 그렇지만 설탕이 애용되는 기호품으로서 널리 퍼진 것은 15세기 이탈리아에서이다. 판치롤루스Pancirollus는 다음과 같이 쓰고 있다. "오늘날 설탕을 다양한 방식으로 쓰지 않는 연회는 없다. 인물과 군상群像, 새와 네발짐승, 자연색을 띠고 있는 놀랄 만큼 아름다운 과일 등이 완전히 설탕으로 모조되고 있다. 대황大黃, 잣, 계피와 그 밖의 향료를 섞고 설탕물에 절이면 황홀의 극치이다! 설탕을 쓰지 않는 것은 거의 없다. 설탕은 과자에도 들어가고 술에도 들어간다. 사람들은 맹물보다는 설탕물을 마신다. 고기, 생선, 계란에도 설탕을 쓴다. 간단히 말해서, 설탕도 소금만큼 자주 사용되고 있다.

메디치 가의 카타리나는 또한 프랑스 사회에 설탕 소비를 퍼뜨린 중개자이다. 특히 이 여군주의 이탈리아인 종자들은 최초로 파리에 리큐어 술을 소개하였다고 한다. 그 후 리큐어 술은 프랑스인 자신들에 의해서 더 세련되게 발전되었다. 그 당시에 가장 애용되는 품목은 알코올, 설탕, 사프란으로 만든 '비너스의 기름'이었다. 에티엔은 농업 경제에 대한 그의 논문에서 이미 설탕 소비가 매우 널리 퍼져 있다고 단언하였다. 프랑수아 1세의 주치의인 라 브뤼에르 상피에는 설탕이 이미 ─ 물론 상류계층에게 ─ 없어서는 안 되는 기호품이 되었다고 말하였다(1506). 그는 자신의 주장을 다음과 같은 말로 설명하였다. "왜냐하면 세련된 생활양식을 지닌 사람들은 설탕 가루를 뿌리지 않은 것은 먹지 않기 때문이다." 마찬가지로 영국에서도 이미 16세기는 설탕과자, 젤리, 마멀레이드[설탕으로 삶아 으깬 과일잼], 설탕물에 절인 레몬, 오렌지, 생강, 그리고 설탕으로 만든 성, 배 및 여러 가지 모양은 모든 품위 있는 식탁에는 없어서는 안 되는 것으로 간주되었다.

17세기 초부터 설탕 덕분에 코코아, 커피, 차가 유럽에 널리 퍼졌다. 그것들은 모두 최고 상류층 사회에서, 특히 궁정에서 애용되었다. 예를 들면 커피는 루이 14세가 술탄 모하메드 4세의 사절을 접견할 때(1670) 맛보고서 그것을 궁정 안으로 도입한 이후에야 비로소 프랑스에 받아들여졌다. 그 후 공중公衆의 커피하우스에서는 이 기호품을 중심으로 해서 새로운 대도시적인 사치가 생겨났는데, 이에 대해서는 나중에 언급할 것이다.

(2) 주거 사치: 주거 사치의 발전은 앞에서 상세하게 논의된 대도시의 발달과 밀접한 관계에 있다. 대도시의 발달이야말로 르네상스 이후, 특히 17세기 말 이후 점점 더 유행한 주거와 가구의 사치를 본질적으로 촉진시켰다. 대도시의 발달이 그러한 결과를 가져온 이유

는, 한편으로는 많은 사람들이 소도시에 모이게 됨으로 인해 필연적으로 일어날 수밖에 없는 생활공간의 축소 때문이며, 또 한편으로는 귀족이 그의 거주지를 도시로 정하자마자 마찬가지로 나타날 수밖에 없는 많은 인원과 관련되는 성격을 띤 사치의 축소 때문이다. 부자들이 도시에서 겪는 이러한 내적 및 외적인 제한은, 이미 우리가 본 바와 같이 한편으로는 물화를, 또 한편으로는 세련화되는 사치의 집약화―이렇게 표현해도 좋을지 모르겠지만―를 초래하였다. 요리 기술의 개선에 의해서 음식 사치가 고도로 발전한 것과 마찬가지로, 주거 사치가 대도시에서 발전한 것이다. 즉 거대하고 비어 있는 성 대신에, 보다 작지만 많은 귀중품들로 가득 찬 도시 주거가 나타났다. 궁전Palast이 저택Palais으로 대체되었다.

이 도시적인 주거 양식은 그 후 시골로 옮아갔다. 도시적인 우아함을 갖춘 시골집들이 생겨났다. 따라서 '별장'은 바로 (고대의 경우에서처럼) 도시 생활의 직접적인 결과였다. 이로 인해서 사치는 가장 멀리 떨어져 있는 시골구석까지 파고 들어있으며, 이 시골구석 역시 이러한 점에서는 대도시와 그 생활 조건을 따르게 되었다.

17세기 말과 18세기의 사람들이 전해주는 프랑스와 영국의 부자들의 도시집과 시골집에 대한 묘사를 읽으면, 우리는 처음에는 그 묘사가 과장되었다고 생각하게 된다. 그러나 항상 똑같은 수많은 기록을 발견하기 때문에, 우리는 그 당시의 주거 사치가 실제로 오늘날의 돈 자랑하는 시대의 관점에서 보아도 매우 대단한 정도에 이르렀음에 틀림없다는 것을 알게 된다. 그렇게 되면 생각나는 것이 있는데, 그것은 오늘날 골동품 가게에 매물로 나와 있는 바로크 시대와 로코코 시대의 화려한 가구류이다. 또 기억나는 것은 미술사 책에서나 볼 수 있는 바와 같은 그 당시의 가구들의 그림이다. 또 생각하게 되는 것은 우리가 오늘날 볼 수 있는 개개의 품목들―그것이 모조품이건 진품이건 간에―이 전에는 그 모두가 함께 있으면서 구체제의 후작이나 재산가의 방을 가득 채웠다는 사실이다. 우리는 또한 신흥부자들이 주거를 위해 지출한 거대한 금액도 상기하게 된다.

그렇지만 누가 사람들로 하여금 그토록 많은 화려한 것들을 만들도록 이끌었는가? 길게 물을 필요도 없다. 구체제의 상류사회의 주거는 남자들을 끌어들이기 위해서 여자들이 많은 노력과 신중함을 들여 세운 보금자리이다. 이것은 가구의 역사가 더 이상 바랄 수 없을 정도로 분명하게 보여준다.

연애가인 시대의 성애에 대해서는 매우 많이 말해지고 있다. 그렇다면 이 사랑의 생활은 어디에서 행해졌겠는가? 그곳은 아마도 숲이었을 것이다. 왜냐하면 성은 연인끼리의 밀회를 즐기기에는 결코 적당한 장소가 아니었기 때문이다. 어쨌든 당시 사랑의 생활이라는 말의 의미는 오늘날의 의미와는 전혀 달랐을 것이다. 고딕Gotik과 성애Erotik는 운韻이 맞으면서도 서로 어울리지 않는다. 아니, 여기에서도 르네상스는 또다시 근본적으로 새로 형성된 생활양식의 외적인 조건들을 만들어냈다.

우리가 오늘날 우아하거나 쾌적하다고 여기는 가구는 모두 제일 먼저 15, 16세기에 이탈리아에서 르네상스 양식을 통해 만들어졌다. 르네상스 양식은 본질적으로 고딕 양식의 "일면적이며 부자유스러

178

운" 장식보다 일상생활의 요구에 더 적합하였다. 즉 하얗고 푹신푹신한 침대가 나타났으며, 값비싼 카펫이 사용되었다. 그리고 "지금까지 다른 어느 곳에서도 언급되지 않았던 화장 도구들이 사용되었다는 것을 우리는 특히 당시의 소설가들을 통해 알 수 있다. 또 흰 아마포를 대량으로 멋 내는 데 이용하였다는 말도 종종 들린다……"[54] 그 모두가 여성의 업적이다! 아니, 오히려 정부의 업적이다! 예술적인 감각과 쾌적함이 똑같이 공존한다는 근대적인 의미에서의 최초의 주거는 아마도 부유한 자산가 아고스티노 키지의 별장 파르네시나Farnesina였을 것이다. 이 별장은 이 자산가가 그의 애첩, 즉 아름다운 베네치아 여자 모로시나를 위해 세운 것이다. 이 정부의 주거 사치는 교황 바오로 2세가 새로운 건축양식으로 로마에 세우기 시작한 궁전과는 취향을 달리하고 있다. "새로운 세대에게는 우아함과 밝은 감각이 필요한 것이 되었다"(그레고로비우스). 왜냐하면 새로운 세대는 여성의 지배하에 있었기 때문이다. 16세기 로마에서 근대적인 가구가 태어났다. 우리가 이미 언급한 바 있는 또 다른 고급창녀 임페리아의 저택에 대해서는 다음과 같이 말해지고 있었다. "양탄자, 그림, 꽃병, 작은 장식품들, 엄선된 책들, 아름다운 르네상스 양식의 가구가 그녀의 방에서 너무나도 광채를 발하고 있어, 스페인의 한 사절은 어느 날 그 방에서 하인의 얼굴에 침을 뱉었다. 왜냐하면 그는 그러한 생리적인 욕구를 충족시킬 곳을 달리 찾을 수 없었기 때문이었다."[55]

유명한 정부들의 가구는 그 당시의 일반적인 가구의 모범이 되었으며, 우리가 보게 되는 바와 같이 그 후의 수 세기 동안에도 사정은 변하지 않았다. 예를 들면, 베니스에서는 안젤라 자페타의 집이 명소의 하나로 간주되었다. "안젤라는 진짜 왕처럼 꾸며놓은 팔라초 로레단에 살고 있었다. 벽은 플랑드르산 양탄자, 비단, 금빛 가죽으로 둘러쳐져 있었으며, 몇몇 방에는 가장 유명한 화가들이 그린 프레스코 벽화가 그려져 있었다. 마루에는 터키산 양탄자가 깔려 있었으며, 식탁은 금실로 수놓은 우단으로 덮혀 있었다. 조각을 새겨 넣거나 겉장식을 한 가구들이 수많은 방을 가득 채웠으며, 상을 차리는 탁자에는 은그릇, 파엔차·카파졸로·우르비노 산의 마졸리카Majolica 도자기〔여러 무늬가 들어 있는 칠보 도자기로서, 이탈리아에서 처음 만들어졌다), 가장 비싼 베니스 유리 제품 등이 있었다. 취향이 고급스럽다고 잘 알려져 있는 이 집의 여주인은 집 전체에 그림, 비싼 무기, 아름답게 장정된 책, 만돌린, 비싼 소공예품을 배치하고 있었다."[56]

바로크 양식은 여성의 절대적인 영향력으로부터 벗어나려 하였다고 말하는 사람이 있을지도 모른다. 그러나 여성은 이 당당한 양식조차도 지배하였다. 즉 **여성은 거울을 받아들여 이 양식의 일부로 삼았던 것이다.** 거울을 처음으로 실내장식으로 이용한 것에 대해서, 어느 한 음유시인은 감격하여 올바른 관찰을 시로 표현하였다.[57]

그녀들의 마술에 걸린 작은 방에는
천을 놓을 자리가 더 이상 없다.
4면의 벽은 모두 여성의 매력을 반사하는
거울로 가득 차 있다.
벽마다 하나의 거울이 있다.
자신들의 매력을 어디서나 보기 위해

여자들은 거울을 어디에나 놓고 싶어 한다.

또한 여자들은 거실을 쾌적하게 만들어 남자들을 그곳에 묶어두기 위해서 다른 자극제를 생각해냈다. 즉 방에 향수를 뿌리고 꽃으로 장식한 것이었다. 랑부예 부인 저택의 분위기가 매우 썰렁하고 갑갑하다고 생각한다면, 그것은 잘못이다. 이곳을 방문한 사랑스러운 스퀴데리 양은 그곳을 다음과 같이 묘사하였다. "그녀의 집에 있는 모든 것은 호화롭고 또 심지어는 특별하다. 그곳에 있는 램프는 다른 곳에 있는 것과 다르다. 방에는 수많은 진기한 것들로 가득 차 있다. …… 그녀의 저택에는 언제나 향수가 뿌려져 있다. 꽃들이 가득 들어 있는 화려한 바구니가 방에서 항상 봄 분위기를 만들어낸다."

그리고 침대는 언제나 가구 중에서 가장 비쌌다. 드 멘 씨는 몽테스팡 부인에게 4만 리브르나 하는 침대 하나와 "매우 화려한 다른 침대 세 개"를 선물로 주었다.[58]

주거 사치가 주어진 한 시대에 얼마나 발전하였는가는, 언제나 그때마다 득세하고 있는 왕의 애첩들의 집 장식이 보여주고 있다. 바로크 시대에 이러한 발전의 정점에 있는 것은 역시 베르사유 궁전이다. 물론 인간의 손에서 나온 것 중에서 가장 아름다운 이 궁전을 만들어낸 데에는 여성에 대한 사랑 이외에 다른 많은 동기도 작용하였지만 말이다. 그러나 바로크 시대에도 주거 사치가 최고의 형태로 펼쳐진 왕의 애첩들의 개인적인 저택들은 순전히 애첩의 그때그때의 변덕의 소산이었다. 예를 들면 포츠머스 후작부인(찰스 2세의 마지막 애첩 중의 한 명)의 저택이 생각나는데, 이 집을 실제로 본 사람은 다음과 같

머리장식이 불타고 있다. 윌리엄 호가스의 작품.

이 전하고 있다. "나를 놀라게 한 것은 이 집의 아름다움과 부유함이었다. 이 집은 포츠머스 후작부인의 변덕과 낭비벽을 만족시키기 위해서 여러 번 허물고 부수었다. 왕비 폐하도 살림살이에 많은 귀족 부인들보다 더 쓰지는 않았는데 말이다. …… 그곳에서 나는 디자인, 작업의 정교함, 모사[재현]력 등에서 내가 지금까지 본 모든 것을 능가하는 프랑스산 최신 양탄자를 보았다. …… 그다음에 어느 작은 방에 들어갔더니 그곳에는 일본제 칠기를 비롯해서 양산, 시계, 은으로 만든 꽃병, 테이블, 책장, 벽난로의 장식물, 대량의 은으로 만든 많은 화로, 그리고 마지막으로는 폐하의 훌륭한 초상화 몇 점이 있었다."[59]

로코코 양식, 이 전적으로 에로틱한 양식이 특히 주거 사치에 적용되었다는 것은 잘 알려져 있는 사실이다. 이 시대의 대표적인 건물은 루이 15세가 뒤 바리 부인을 위해 마련해 준 사랑의 보금자리 뤼시앵이다. 이 건물에 대해 공쿠르 형제는 다음과 같이 외쳤다. "뤼시앵! 이것이야말로 저 어리석은 왕들의 궁전이 아니겠는가? 18세기의 책들이 저속한 동기를 갖고서 묘사하고 있는 바와 같이, 그곳에서는 애첩의 변덕에 굴복한 허수아비 같은 술탄의 괴상한 쾌락욕이 지배하고 있다."[60]

신분이 높은 사람은 모두 재산이 허용하는 한 자신의 연인에게 작은 규모의 뤼시앵을 만들어주었다. 이러한 종류의 전형적인 작은 성이 불로뉴 숲에 있는 '바가텔'이나. 이것은 에스트레 궁내대신 부인이 18세기 초에 궁내대신이면서 스페인의 최고 귀족인 남편으로부터 선물로 받은 것인데, 나중에는 폴란드 왕 스타니스라우스의 애첩 몽콩세유의 소유가 되었다. 보통 애첩들의 수많은 집들은 잘 알려져 있는 바와 같이 "작은 집petites maisons"이라고 불리었는데, 그러한 곳에는 모두 동일한 기술로 만들어진 최고로 세련되고 섬세한 가구들이 비치되어 있었다.[61]

18세기에 주거 사치가 이제껏 들어본 적이 없을 정도로 늘어난 것은 동시대인들도 이상하다고 느꼈다. "실내 가구들이 어울리지 않을 정도로 너무 지나치게 호화로웠다." 이렇게 생각한 메르시에는 당시의 건축 사치에 대한 묘사를 다음과 같은 말로 끝맺었다. "나라의 화려함이 모두 집 안에 있다."

또 다른 동시대인은 메르시에의 견해에 동감하면서 다음과 같이 말하였다. "가구가 최고의 사치와 최대의 지출의 대상이 되었다. 사람들은 6년마다 가구를 새로 바꾸었는데, 그 이유는 그때마다 유행하는 것의 우아함이 빚어내는 모든 것으로부터 이득을 얻기 위해서였다."

영국에서는 주거 사치가 프랑스보다 훨씬 더 발전하였다(비록 영국에서는 아마도 파리 사람들의 '작은 집'에서 볼 수 있는 순수하게 여성적인 특징은 없었겠지만). 한 훌륭한 관찰자는 부유한 영국인들의 집에 대해서 다음과 같은 묘사를 전하고 있다.

영국의 상류계층이 그들의 방을 장식하고 있는 화려함은 유럽 어디에서도 찾기 힘들다. 계단에는 가지각색의 양탄자가 깔려 있으며, 마호가니 목재 손잡이는 가장 우아한 형태로 조각되어 있다. 머리 위에는 수정과 금속을 잘 세공하여 나뭇가지처럼 만든 램프들이 화려하게 줄지어 있다. 계단의 층계참에는 흉상, 그림 및 큰 기념패가 있다. 니스와 금빛으로 칠해진 방은 값비싼 그림과 작은 조각상 들로 장식되어 있다. 벽난로는 아주 희귀한 대리석으로 만들어졌으며, 그 위에는 화려한 조각과 꽃병 등이 놓여 있다. 벽난로 안의 받침살대는 윤이 나는 강철로 만들어지고 청동으로 장식되어 있다. …… 강철과 금으로 만든 자물쇠에는 매우 예술적인 장식이 달려 있다. 응접실에 있는 마루의 양탄

자가 수백 파운드나 하는 것도 종종 있다. …… 창문의 커튼은 비싼 동
인도산이며, 갖가지 종류의 호화로운 시계에는 모든 공학 기술이 이용
되어 있다.

아르헨홀츠,《영국과 이탈리아》1, 1787, 170쪽.

그리고 동일한 증인은 부자들의 별장에 대해서도 비슷하게 보고하
고 있는데, 그 밖의 수많은 기록들도 그의 보고가 옳다는 것을 증명
하고 있다.

부유한 사람들의 사치스러운 생활을 다루는 18세기 문학을 읽으
면, 그 당시의 궁전을 그린 그림과 가구를 보면, 또 1800년 이전에 세
워진 기념비적인 개인의 저택을 구舊 빈, 구 런던, 구 파리의 거리에서
둘러보면, 당시의 주거 사치가 얼마나 크고 심했는지를 느끼지 않을
수 없다. 물론 그러한 사치의 상태를 통계를 이용해서 확실하게 이해
하고 싶지만, 그것은 대단히 어려운 일이다.

지금 나에게는 영국의 귀족과 신사계급의 유명한 시골 저택들의
사진집이 있는데,[62] 이 책은 1779년 두 권으로 분책되어 간행되었다.
이 사진집에는 84채의 성을 찍은 사진과 그에 대한 설명문이 들어 있
다. 이 84채의 저택들의 모습은 대단히 인상적인데, 이 84채라는 숫
자만으로도 이미 그 저택들 속에서 행해진 사치에 대해서 어떤 판단
을 내릴 수 있을 것이다. 각각의 성에 대한 설명문을 읽으면 특히 그
러하다. 하나의 예로 나는 옥스퍼드 백작의 (노퍽의 호턴에 있는) 성을
들겠다. 이 성은 1722년 로버트 월폴 경이 짓기 시작해서, 1735년에

완성되었다. 이 성의 양쪽 벽은 길이가 500피트이며, 중앙 구조의 길이는 165피트이다. 주요 부분의 내역은 다음과 같다. 살롱의 길이는 40피트, 높이가 40피트, 폭이 30피트이다. 벽에는 장미꽃 그림의 수가 놓아진 벨벳으로 둘러쳐져 있으며, 천정에는 켄트Kent의 그림이 그려져 있다. 벽난로와 테이블은 검고 노란 대리석으로 되어 있고, 홀은 각각의 면이 40피트인 정육면체로 되어 있는데 세 개의 면에는 돌로 된 관람석이 있다. 천장과 프리즈[소벽小壁]에는 알타리Altari의 그림이 그려져 있다. 길이와 폭이 각각 30피트, 32피트인 응접실에는 노란 카포이제 벽걸이가 걸려 있으며, 기본스Gibbons의 조각품 등등으로 장식되어 있다. 마지막으로 큰 화랑은 길이 71피트, 폭 21피트, 높이 21피트로 되어 있는데, 노리치 제 문직물 벽걸이가 걸려 있다.

18세기에 파리에서 얼마나 많은 건축물이 세워지고 있었는가에 대해서는 메르시에가 약간의 정보를 주고 있다. 그는 지난 수십 년 사이에 600채의 저택이 세워졌다고 언급하면서, "그 저택들의 내부는 요정들이 만든 것 같다. 왜냐하면 우리의 상상력으로는 그처럼 정성들인 사치를 결코 능가할 수 없기 때문이다"라고 말하고 있다. 그는 당시에 파리에서 재산을 모은 세 개의 직업은 은행가, 법률가 및 건축업자였다고 말한다. 또 호화로운 저택들로만 이루어진 완전히 새로운 구역들도 생겨났다고 한다.[63]

여기에서도—우리가 이미 본 바와 같이—개개인의 집들이 호화롭게 세워지며 장식되고 있다는 것을 고려한다면, 방금 인용한 그러한 보고도 우리가 정확한 묘사를 하는 데 도움을 준다.

3. 도시에서의 사치

내가 이미 지적한 이유들로 인해서 대도시는 사치 성향을 강화시켰다. 그러한 이유들의 효과는 프랑스의 몽테스키외, 영국의 맨더빌Bernard Mandeville과 같은 그 당시의 최고 관찰자들에 의해 분명하게 입증되고 있다. 그리하여 대도시는 사치수요의 증대에 영향을 끼치고 있다. 대도시가 자신들의 사치 요구와 더불어서 어떻게 당시의 시골 사람들의 생활습관에 결정적으로 영향을 미치기 시작하였는가, 어떻게 그들이 사치지출에 익숙하게 만들었는가, 그리고 어떻게 그들의 생활수준을 '향상'시켰는가에 대해서, 우리는 시골 귀족인 피에르 드 카데Pierre de Cadet가 그의 가계부에 적은 다음과 같은 이야기를 통해 구체적으로 알 수 있다.[64]

나의 할아버지는 파리에 가고 싶어 했다. 그 후 파리에 간 지 1년도 안 되어서 1만 4,000리브르를 썼다. 따라서 그는 그의 아버지에게 선물로 가지고 온 안경이 1만 4,000리브르라고 말할 수밖에 없었다. 집에는 이미 마차와 네 마리의 백마가 있었지만, 할아버지는 파리에서 돌아왔을 때 기병의 말에 대해서 커다란 흥미를 나타냈다. …… 그는 파리에서 하인을 데리고 왔다. 이에 대해서 증조부는 그 하인이 자기보다 옷을 더 잘 입고 있기 때문에, 자기는 감히 그에게 물 한 모금 갖다달라고 말하지 못하겠다고 빈정거리며 말하였다.

그런데 사치의 발전에 있어서 대도시가 중요하게 된 것은 무엇보다도 다음과 같은 이유에 의해서이다. 즉 대도시가 즐겁고 호화로운 생활을 영위할 수 있는 완전히 새로운 가능성과 함께 새로운 형태의 사치를 만들어냈기 때문이다. 종래에는 왕후의 궁전 안에서 일하는 사람들만이 즐겼던 축제를 대도시는 폭넓은 주민층도 함께 누릴 수 있게 해주었다. 그 결과 대중은 자신들도 규칙적으로 즐길 수 있는 장소를 만들어냈다. 18세기 말 모나코 공은 말년을 자기와 함께 보낸 요크 공작이 죽은 후 영국 왕의 초대로 영국을 방문하였을 때, 밤이 되어도 거리에 많은 불빛이 있고 상점의 쇼윈도도 오후 10시까지 닫지 않는 것을 보고서, 그 조명들이 자기를 환영하기 위한 것이라고 생각하였다. 이 일화에는 근본적인 변화—물론 그 무렵에야 비로소 그러한 변화가 일어나기 시작하였지만—가 대단히 아름답게 반영되어 있다. 즉 그 변화란 일종의 집단적인 사치의 형성이 엄밀한 의미에서의 사적인 사치의 발전을 대신하였다는 것이다. 사실은 국민경제의 다음 시기에 들어가서야 비로소 개시되는 생활방식의 공동화共同化가 이 분야에서는 이미 시작된 것이다. 여기에서는 이 점을 간단히 살펴보는 것으로 그치겠다. 그렇지만 다음과 같은 것은 확실히 해야 한다. 즉 대도시의 이러한 의미 깊은 작용—이것을 논하는 것이 이 절의 초점이다—이 우선은 사치수요의 한계 안에서 행해졌으며, 또한 사회의 최상류층만이 새로운 변화에 접촉하게 되었다는 것이다. 대도시 사치의 이러한 발전에 극도로 중요한 역할을 한 것은 또다시 귀여운 여성이다. 여기서 문제가 되는 것은 다음과 같다.

(1) **극장**: 특히 우아한 오페라 극장은 제일 먼저 이탈리아에서 매

우 화려하게 세워졌으며, 그 후 유럽의 다른 대도시에서도 생겨났다. 극장 건축사에서 신기원을 이룬 것은 1737년에 세워진 나폴리의 산 카를로 극장이다. 파리에는 1673년 이후 다음과 같은 것들이 있었다. 아카데미 루아얄 드 뮈지크Académie royale de Musique라고 불리는 오페라 극장(몰리에르가 죽은 후에는 팔레 루아얄에서 공연하였다), 코메디 프랑세즈Comédie française(1689년 4월 18일 생 제르맹 데 프레 가街에서 새로운 극장을 열었다), 그리고 오텔 드 부르고뉴에서 (1697년에서 1716년까지는 중단하였지만) 공연한 코메디 이탈리엔Comédie italienne.[65]

궁정극장은 처음에는 궁정의 귀족들 이외에는 초대받은 손님들에게만 개방되었지만, 점차 입장료를 내는 사람이면 누구에게나 개방되었다. 그렇지만 고급 극장은 오랫동안 상류사회의 사람들만이 모이는 배타적인 장소였다. 그들은 이곳에서 시시덕거리면서 자신들의 사치를 과시할 수 있는 새로운 기회를 얻었다.[66]

카퐁Capon은 파리에 대해 말하면서, 아카데미 루아얄 드 뮈지크와 아카데미 루아얄 드 당스—각각 오페라 극장이다—는 "귀족들을 위한 창가娼家"에 불과하다고 혹평하였다.

(2) 공공 **음악당**과 **무도장**(우리는 오늘날 그것들을 그렇게 불러도 괜찮을 것이다): 공공 음악당과 무도장은 제일 먼저(아마도 그럴 것이다) 런던에서 최고로 사치스럽게 세워졌는데, 그 우아함 때문에 모든 런던 사람과 특히 외국인으로부터 경탄을 받았다.

디포는 이러한 건물 중에서 가장 크고 중요한 판테온Pantheon에 대해서 다음과 같이 말하고 있다.[67] "판테온을 잊어서는 안 된다. 왜냐하면 디자인과 장식의 풍취, 장엄함 및 새로움에 있어서 판테온은 유럽의 그 어느 것보다 뛰어나다고 말할 수 있기 때문이다. 그 대강당은 실로 장엄하다. 이곳은 상당히 화려한 중앙 천장에서 조명을 받고 있다. …… 홀의 주위에 있는 방들도 근래의 사치가 줄 수 있는 모든 수단을 이용해서 멋지게 장식되어 있다……" 이 판테온에서는 정기적으로 14일마다 콘서트가 열렸으며, "콘서트에 이어서는 무도회가 열렸는데, 이 무도회에는 입장권을 구입한 사람이면 누구나 참가할 수 있었다." 디포가 특별히 이 말을 덧붙인 이유는 그러한 제도가 그의 시대에는 확실히 새로웠기 때문이었다. 극장 및 콘서트홀과 나란히 다음과 같은 것도 있었다.

(3) **고급 레스토랑**과 **선술집**: 이것들은 18세기에도 여전히 런던 특유의 것이었기 때문에 파리 사람들의 부러움을 샀다.

런던의 선술집Taverne에 대해서 아르헨홀츠는 다음과 같은 매력적인 설명을 하고 있다.[68] "이 선술집에서는 일행의 수가 많건 적건 간에, 여성을 동반하건 안 하건 간에, 자유롭게 실내에서 저녁을 먹을 수 있다. 그리고 여성은 손님 자신이 데리고 와야 한다. 또 이곳에서는 잠을 잘 수 없다. 왜냐하면 그것은 매음굴의 풍습이기 때문이다." 런던의 또 하나의 명소인 이 매음굴은 사실은 목욕탕이었다. "그런데 그것의 진짜 목적은 남녀 모두에게 즐거움을 주는 것이다. 그 집들은 호화로우며, 때로는 왕후의 것 못지않을 정도의 가구가 비치되어 있다. 감각을 자극시킬 수 있는 것이면 뭐든지 있거나, 아니면 (급사장의 주선을 통해서) 마련된다." "영국인들은 향락을 즐길 때에도 진지한 태도를 유지한다. 따라서 이러한 집의 영업도 거의 상상할 수 없을 정도로 진지하고 예의바르게 행해진다."

루이 14세의 궁정무도회(그 당
시의 연감을 근거로 한 목판화).

　고급 레스토랑과 그곳에 딸려 있는 특별실에서의 지출은 매우 엄
청났다. "그의 상태는 저 유명한 보마르셰Beaumarchais의 경구 그대로이
다. 파리의 환락에 익숙한 그도 런던의 환락에 대해서는 놀라워하였
고, 겨울에 런던의 매음굴과 선술집에서 하룻밤을 보내는 비용이 7연
합주[네덜란드] 사람들이 6개월 동안 생계를 유지하는 데 필요한 금
액보다 더 많았다"(아르헨홀츠).

　그러나 파리에도 18세기에는 고급 레스토랑이 없지는 않았다.
그중에서 "가장 세련된" 곳들은 보빌리에, 위르 또는 타베른 앙글
레즈처럼 팔레 루아얄에 있었다.[69] 그러한 레스토랑들이 "유흥 인
종Lebewelt"의 집합지인 팔레 루아얄에 있다는 사실은 그 성격을 추측

하게 해준다.

(4) 호텔: 18세기 말까지는 호텔도 마찬가지로 호화 호텔이었다. 따라서 그 수는 제한되어 있었다.

런던에서는 사보이 호텔이 유명하였는데, 이 호텔은 오늘날에도 동일한 이름의 유명한 호텔이 우뚝 솟아 있는 장소에 있었다. 귀족 세계에서 그러한 호텔이 어떠한 것이었는가는 오늘날에도 베르사유에 있는 오텔 데 레제르부아가 보여주고 있다. 유럽에서 가장 오래된 호화 호텔은 식스투스 4세 때부터 로마에 있는 로칸다 델 오르소였다.

그런데 팽창하는 대도시에는 일반에게 공개되고 누구나 참가할 수 있는 사치를 발전시킨 장소가 또 하나 있었다. 그곳은 상류사회, 즉 귀부인 세계와 특히 화류계에서 사치품을 구입하는 곳이었다. 따라서 우리는 그곳을 언급하지 않으면 안 된다.

(5) 상점: 18세기 중엽 이후 상점을 점점 더 많이 신경써서 장식했으며, 그때부터 사람들은 상점을 곱게 꾸미기 시작하였다. 이 사실은 다니엘 디포 같은 훌륭한 사람으로 하여금 고개를 젓게 만들었다.[70]

《완전한 영국 상인》에서 디포는 보다 합리적인 후손이라면 믿지 않을 것 같은 "우아한 상점"의 횡포에 대해서 한 장을 할애하였다. 따라서 그는 당시의 사람들이 어느 정도로 미쳤는가를 증명하기 위해, 시설비로 300파운드나 쓴 어느 한 빵가게를 묘사하면서 1710년이라는 해를 기록해두어야 한다고 말하였다.

당시 런던에 있는 한 빵가게 시설은 다음과 같은 것들로 이루어졌다.

1. 그 모두가 가로 세로 각각 12인치, 16인치의 판유리로 된 미닫

이 창.

2. 통로는 모두 반들반들한 타일로 되어 있으며, 안쪽 방의 반들반들한 타일 벽은 풍경화와 인물화로 장식되어 있다.

3. 가게에는 두 개의 큰 벽거울이 있고, 벽난로 위에도 하나의 작은 거울이 있다. 안쪽 방에는 매우 큰―7피트나 되는―벽거울이 있다.

4. 큰 샹들리에가 2개 있는데, 하나는 가게에, 또 하나는 안쪽 방에 있다.

5. 가게에는 유리로 된 큰 등이 3개, 작은 등이 8개 있다.

6. 안쪽 방에는 큰 은촛대 2개, 벽에 설치한 촛대 25개가 있다. 이것들은 25파운드의 가치가 있다.

7. 은으로 만든 크고 예쁜 사탕과자 쟁반 6개.

8. 테이블 중앙에 놓는 큰 장식대 12개. 그중 3개는 은으로 만들어졌으며, 그곳에는 파티에 쓰는 작은 과자 등등을 놓는다.

9. 천장의 그림. 등, 창틀 및 목조품의 도금: 55파운드.

작은 접시와 중국제의 접시 및 찻잔을 제외해도, 이 모든 것과 몇 가지 장식품을 합치면 앞에서 말한 바와 같이 300파운드가 된다는 것을 나는 확실한 소식통을 통해 알았다.

이러한 상점들을 찾는 고객 중 어떤 사람들이 특히 중요한 비중을 차지하였는가는―런던 사회의 구성에 비춰보면―쉽게 상상할 수 있다. 우리가 들었던 바와 같이, 그들은 바로 극장을 가득 채우고 있는 자들이었다. "과거 빈에 있었던 것과 같은 정조貞操위원회가 런던에도 있다면, 이 도시의 인구는 줄어들 것이다. …… 인구 절반의 생계를, 아니 그들의 생존 자체를 유지시켜주는 수많은 음식 장사가 완전히 망할 것이며, 런던은 사막으로 변할 것이다. 더 많은 증거를 원한다면, 시티에 있는 많은 소매점에 가서, 가장 많은 손님과 최고의 단골고객이 누구인지를 물어보라. 이 거대한 계급의 하룻밤 수입은 다음날 즉시 소매상인들에게로 옮겨진다. 왜냐하면 이 불행한 무리의 계산으로는 결코 지나친 것이 아니며, 오히려 몸치장을 위해서는 굶을 용의도 있기 때문이다. 그들이 없다면 극장은 텅 빌 것이다."[71]

메르시에의 견해에 따르면, 매년 이 창녀들의 무릎으로 흘러들어 가는 5,000만 프랑은 어딘가에 머물렀음에 틀림없다.[72]

이 장의 적절한 결론으로서, 나는 유명한 지주 고다르 도쿠르Godard d'Aucourt의《비정한 회고록Mémoires turcs》에 있는 헌사(유명한 배우이자 고급창녀인 뒤테 부인에게 바친)를 인용하고 싶다. 이 헌사는 핵심을 찌르고 있다.

"그렇습니다, 귀여운 아가씨들. 당신들은 큰 나라에는 없어서는 안 되는 진정한 사치입니다. 당신들은 외국인과 그들의 기니Guinee[영국의 옛 금화]를 끌어들이는 매력적인 미끼입니다. 스무 명의 검소한 여성도 국고國庫의 입장에서는 여러분 한 명만큼의 가치도 없습니다."[73]

자료와 문헌

사치의 역사의 특별한 자료에 대해서 말하는 것은 거의 불가능하다. 왜냐하면 거의 모든 역사 자료가 참조될 수 있기 때문이다. 우선 우리는 주로 손으로 만져볼 수 있는 유산들—건축, 의상, 가구, 가계부, 건축비의 계산서, 동시대인들의 여행기와 당시의 사정에 대한 기록(이것들을 이용할 때에는 많은 주의를 하지 않으면 안 되지만, 그러한 기록 중에서 특히 중요한 것은 도덕주의적인 저술들이다)—을 이용하였다. 16, 17, 18세기에 대해서는 수많은 회상록들이 많은 재료를 제공하고 있다. 가장 중요한 자료에 대해서는 적절한 곳에서 언급하였다.

사치의 역사에 대한 문헌 중에서 표준이 되는 것은 보르리야르Henri Baudrillart의《개인적 및 공적인 사치의 역사Histoire du luxe privé et public》(2판, 4 Vol. 1881)이다. 매우 많은 역사책들에 대해서 말할 수 있는 것이 이 책에도 해당된다. 즉 놀랄 만한 입적이지만 그 책에서는 배울 것이 거의 아무것도 없다는 것이다. 이 책과 함께 빌헬름 로셔Wilhelm Roscher의 연구논문〈사치에 대해서Über den Luxus〉(《국민경제학의 견해Ansichten der Volkswirtschaft》)와 에마누엘 헤르만Emanuel Herrmann의 연구논문〈호화 사치의 변덕Die Launen der Pracht〉(《경제생활의 세밀화Miniaturbilder des Wirtschaftslebens》, 1872)이—더 좋은 자료가 없기 때문에—중요하다. 또한《국가학 사전Handwörterbuch der Staatswissenschaften》(3판)에 있는 조머라드Theo. Sommerlad의〈사치Luxus〉항목과 그 속에서 언급되고 있는 문헌들도 참조하라.

사치와 그 변천을 심리학적 및 사회학적으로 해석하려는 재치 있는 시도는 소스타인 베블런Thorstein Veblen의《유한계급론The Theory of the Leisure Class》(1899, 그 후 신판이 자주 나오고 있다)〔김성균 옮김,《유한계급론》개정판, 우물이 있는 집, 2012〕에서 볼 수 있다.

사치와 그 역사에 대한 일반적인 내용을 다루는 이러한 저작들 이외에, 사치 현상 개개의 분야에 특별한 문헌들도 모두 참조하지 않으면 안 된다.

음식의 사치에 대해서는 수많은 (특히 당연히 프랑스에서 간행된) 요리법 "연감"이 읽을 만하다. 그 제1권은 1530년에 나왔고, 우리가 알고 있는 클로드 슈리에Claude Cherrier 신부가 쓴 제2권은《파리의 식탁 연감Almanach de la Table à Paris》이라는 제목으로 출간되었다. 가장 널리 유포되어 있는 것은 1778년에 처음 출간된《음식물 연감Almanach du Comestible》이다. 1904년의《미식가 연감Almanach des Gourmands》도 보라.

건축의 사치에 대해서는 건축 양식과 가구의 역사를 다룬 모든 저작들이 참고가 된다. 게다가 여행기, 각각의 궁전에 대한 기술 등등도 참조해야 한다. 보나페P. Bonnaffé의《아마추어들의 사전Dictionnaires des amateurs》(1884)에는 그러한 기록들이 모여 있다.

의복의 사치에 대해서는 의상 및 유행의 역사, 그리고 재료(비단!), 레이스 및 장신구 등 각각의 의복 소재의 제조와 공예 디자인의 역사를 다룬 저작들이 가장 쓸모가 있다. 경제적인 측면은 랑글라드Emile Langlade의《마리 앙투아네트의 의상 상인 로즈 베르탱La marchande de Modes de Marie Antoinette Rose Bertin》과 같은 저작들 속에서 분명하게 묘사되고 있다.

윔베르 드 갈리에Humbert de Gallier의《옛날의 풍습과 개인 생활Les

moeurs et la vie privée d'autrefois》(1911)과《옛날의 관습과 풍습 Usages et moeurs d'autrefois》(1912)에는 많은 흥미로운 자료들이 들어 있다.

제5장

사치에서의
자본주의의 탄생

I. 올바른 문제 제기와 틀린 문제 제기

내가 여기서 전개하고 있는 문제, 즉 사치가 자본주의의 발전에 어떤 의의를 갖고 있는가라는 문제, 달리 말하면 사치가 자본주의를 촉진시킬 수 있는지, 만일 그렇다면 무엇에 의해서 그러한지에 대한 문제는 이론가, 실천가를 불문하고 17, 18세기의 경제학자들 사이에서 매우 뜨겁게 논의되었다. 그것은 예를 들면 오늘날의 '농업국인가 아니면 공업국인가'라는 문제처럼, 어떤 의미에서는 그 밖의 모든 경제 정책적인 문제들이 그 주위에 모이는 핵심 문제였다. 당시에는 자본주의라는 말이 쓰이지 않았고, 그때마다 생각나는 대로 산업, 제조업, 부 또는 그 밖의 다른 식으로 말해졌다. 그러나 근본적인 점에 대해서는 일치하였다. 즉 사람들은 사치가 당시에 발생 중에 있는 경제형태, 말하자면 자본주의적인 경제형태를 발전시킨다는 것을 인정하였으며, 따라서 경제적인 '진보'의 지지자들은 모두 또한 사치의 열렬한 옹호자였다. 그들은 기껏해야 지나친 사치소비가 자본 형성에 해를 끼치지 않을까 염려하였을 뿐, 애덤 스미스와 마찬가지로 필요한 자본의 재생산과 축적을 확실하게 해주는 검소한 사람들은 이미 충분하게 있다는 확신으로 자신을 위로하였다.

각 나라의 정부들은 사치에 대해서 호의적인 태도를 취하였다.

자본주의가 급속하게 발전한 나라에서는 17세기를 거치면서 사치 금지령이 소멸되었다. 영국에서 특정한 사치지출, 특정한 맛있는 음식 등등에 대한 금지도 들어 있는 마지막 "복장 제한령"이 공포된 것은 1621년이었다.[1] 프랑스에서 식탁 사치에 대한 마지막 칙령이 공포된 것은 1629년이었다.[2] 1644년과 1672년에는 사치 목적을 위해서 과도하게 귀금속을 사용하는 것이 금지되었다(이것은 주로 화폐 정책적인 고려에 의한 것이었다). 1656년에는 50리브르가 넘는 (비버 가죽으로 만든) 모자의 금지령이 공포되었으며, 1708년에는 프랑스에서는 마지막 복장 제한령이 공포되었다. 그 이후 지배층은 (자본주의 산업을 위해서) 사치지출의 '필요성'을 확신하였으며, 또 문단의 지도적인 인물들도 사치를 지지하였다(나중에 루소주의자들의 반대 운동이 일어날 때까지는). 그들이 무엇보다도 사치에서 인정한 것은 그것의 시장 형성력이었다.

"사치는 없어선 안 된다(왕국의 경우는 특히 그러하다!). 만일 부자들이 돈을 많이 쓰지 않는다면, 가난한 사람들은 굶어 죽을 것이다"라고 몽테스키외는 생각하였다.[3]

우리는 (초기) 자본주의의 발전에 있어서 사치의 의의에 대한 몇 가지 훌륭한 언급을 "상업에 종사하는 귀족"에 대한 재치 있는 아베 코예Abbé Coyer의 두 번째 저서에서 볼 수 있다.[4] "사치는 따뜻하게도 해주고 태울 수도 있는 불과 같다. 사치는 부자들의 집은 태워버리지만, 우리의 공장은 유지시켜준다. 사치는 낭비하는 사람의 재산은 흡수하지만, 우리 노동자들은 먹여 살린다. 사치는 소수의 사람들의 재력은 감소시키지만, 대중의 호구지책은 증대시킨다. 만일 리옹산 옷감, 도금한 물건, 장식 융단, 레이스 세공품, 거울, 보석, 마차, 우아한 가구, 식탁의 즐거움 등을 금지한다면, 갑자기 수백만 개의 팔이 마비될 것이다. 그러면 또 빵을 달라는 수백만 명의 목소리가 들릴 것이다……"

프랑스에는 사치에 관한 문헌이 많다. 사치에 대해서 호의적인 저작 중에서는《사치이론 또는 사치가 국가의 번영에 유용할 뿐만 아니라 반드시 필요한 활력이라는 것을 증명하려는 논문Théorie du Luxe ou Traité dans lequel on entreprend d'établir que le Luxe est un ressort non seulement utile, mais même indispensablement nécessaire à la prosperité des États》(2 Vol., 1771)이 뛰어나다. 이 책은 〈세속인Mondain〉에서의 볼테르Voltaire의 말, "쓸데없는 것[사치]은 매우 필요한 것이다"를 모토로 삼고 있는데, 저자는 영리한 유대인 핀토Pinto이다.

이와 똑같은 견해, 즉 '사치'는 비록 '악'이며 죄이지만 산업을 촉진시키기 때문에 전체에게는 이익을 가져다준다는 견해가 영국에도 널리 퍼져 있었다. "낭비는 인간에게는 해롭지만 상업에게는 해롭지 않은 악이다."[5] "윤리적인" 색채가 강한 흄David Hume[6]조차도 다음과 같은 결론에 도달하였다. "좋은" 사치는 좋고, "나쁜" 사치는 죄이지만 만일 그것이 없을 경우 어쩌면 그 대신에 등장할지도 모르는 게으름

보다는 언제나 더 좋은 것이다. 이러한 견해는 그 후 버나드 맨더빌에 의해 그의 《꿀벌의 우화The Fable of the Bees》에서 명확하게 하나의 사회철학 체계로 다듬어졌다. 그는 "사치"를 다음과 같은 시로 찬미하였다.[7]

악의 뿌리가 되는 탐욕은

비뚤어지고 해로운 몹쓸 악덕으로서

방탕이라고 하는 고상한 죄악에

종노릇을 하게 되었으니

사치는 가난뱅이 백만에 일자리를 주었고

얄미운 오만은 또 다른 백만을 먹여 살렸다.

시샘과 헛바람은

산업의 역군이니

그들이 즐기는 멍청한 짓거리인

먹고 쓰고 입는 것에 부리는 변덕은

괴상하고 우스꽝스러운 악덕이지만

시장을 돌아가게 하는 바로 그 바퀴였다.

디포가 그의 《완전한 영국 상인》에서 이 문제의 논의에 바친 장은 특히 시사하는 바가 많다. 우리의 용감한 비非국교도 디포는 여기서 매우 신중한 태도를 취하고 있다. 그는 내심으로는 사치를 혐오하였으며, 쓸데없는 사치품을 팔면서도 그들 자신은 그런 것을 멀리 하고 있었던 저 퀘이커 교도들을 찬미하였다. 그러나 상업 예찬자인 그로서는 사치스러운 생활을 비난할 수 없었다. 왜냐하면 그는 ― 이 점은 우리에게 중요한 것인데—사치가 증대하고 있는 모든 부의 원천이라는 것을 깨달았기 때문이다. "우리 시대의 지나친 허영심이 상업을, 결과적으로는 가난한 사람들을 먹여 살린다." 디포는 사치와 자본주의의 실제적인 연관에 의해서 많은 점을 시사하였는데, 이에 대해서는 다른 곳에서 논할 것이다.

독일의 저술가들 사이에서도 사치 문제는 많이 논의되었으며, 자본주의 발전에서의 사치의 의의는 인정되어왔다. 예를 들면 슈뢰더Wilhelm Freiherr von Schröder는 다음과 같이 말하고 있다.[8] "오히려 나는 우리 나라에서 사치가 더 많으면 좋겠다. …… 왜냐하면 부자들의 사치는 많은 수공업자와 가난한 사람을 먹여 살리기 때문이다……"

근대 자본주의의 발생을 탐구하는 오늘날의 경제학자들은 이처럼 총명하고 지식이 풍부한 사람들의 관찰을 이용하려고 했을 것이다.

그러나 실제로는 그렇지 못하였다. 사치에 대해서는 많이 말하였고 자본주의 산업에서 시장의 의의에 대해서도 많은 이론화가 시도되었지만, 사치와 시장의 관계에 대해서는 아무도 말할 줄을 몰랐다. 분명히 사치 문제에서건 시장 문제에서건 사람들은 죽은 궤도를 따라갔기 때문이다.

사치 문제에 대해서 사람들은 계속해서 착실하고 분수에 만족하는 [검소한] 부르주아의 윤리적 열정을 갖고서 접근하였으며, 그 문제를 도덕적인 추론을 이용해서 간단하게 논의하였다. 오늘날 사치 문제에 관해 쓴 것 중에서는 아마도 최고일 것이라고 생각되는 로셔의 연구조차도 근본적으로는 무엇이 좋은 사치이고 무엇이 나쁜 사치인가를 논하는 윤리적인 감정에 기초하고 있다. 그리고 보드리야르의 "사치의 역사"를 다룬 저작들은 자료를 모아놓은 것에 불과하다.

그런데 시장과 자본의 생성에서의 그 의의에 대한 학설에서는 마르크스 이후 다음과 같은 불행한 관념이 뿌리를 박았다. 즉 자본주의는 판매망의 지리적인 확대, 특히 16세기의 식민지 개척에 의해서 크게 촉진되었다는 것이다. 또는 국민경제학의 역사학파의 다소 목적론적 경향이 있는 견해(이 견해에 대해서는 그 후 거의 모든 경제'사가들'이 동의하였다), 즉 판로의 공간적인 확대, '해외시장', '수출'이 자본주의적인 조직을 '필요'로 하였다는 견해가 제시되었다. 이러한 견해는 지금부터 한 세대 전의 뛰어난 연구가이며 진실로 생산적인 사상가인 칼 뷔허Karl Bücher의 이론에서 강력한 버팀목을 찾았다. 그의 이론에 의하면, 수공업은 고객의 주문에 의한 생산이며 자본주의는 익명의 고객 집단을 위한 생산이라는 것이다. 달리 말해서 수공업이 국지적인 판매라면, 자본주의는 초超국지적인 판매라는 것이다.

나는 현재의 모든 경제사가들의 사고가 취한 이러한 방향을 지극히 불길하다고 생각한다. 왜냐하면 — 내가 이미 말한 바와 같이 — 그러한 방향을 취하는 연구는 죽은 궤도를 달리기 때문이다. 그것은 자본주의 경제 제도로의 이행의 원인을 완전히 틀린 곳에서 찾는 것이다. 주문 생산과 원거리 판매는 우리가 그것들의 판매 조건을 살펴보면 수공업과 자본주의의 대조를 조금도 나타내지 않는다. 가장 엄밀한 의미에서의 주문 생산을 한 자본주의도 있으며(맞춤옷 재봉업), 또 그 판매망이 사람이 사는 전 세계였음에도 불구하고 자본주의적인 색채가 없는 수많은 수공업이 수백 년 전부터 번성하였다.

다음의 논의는 탈선한 차를 다시 올바른 궤도로 올려놓는 데 도움

사교계의 기분풀이로서의 쇼핑. 세계 최초의 쇼핑몰 팔레 루아얄에 우아하게 차려 입고 나온 쇼핑객들.

을 줄 것이다. 그 논의는 18세기 사상가들이 중단한 곳에서 실마리를 집어 든다. 그 논의는 사치를 초기 자본주의 시대가 끝날 때까지 자본주의 발전의 주요한 원인으로 삼고자 하는 것인데, 이때 그 논의는 다음과 같은 기본적인 사고를 따르고 있다.

사치는 근대 자본주의의 발생에 매우 여러 가지 방법으로 기여하였다. 예를 들면 사치는 봉건적인 부에서 시민계급적인 부(부채!)로의 이행에 있어서 주요한 역할을 하였다. 그렇지만 여기서는 사치의 **시장 형성력**에 대해서만 고찰할 것이다. 그러한 기능은 일반적으로 다음과 같은 방식으로 이해할 수 있다.

자본주의 기업은 잘 알려져 있는 바와 같이 살아남기 위해서는 교환가치의 최소한의 판매를 필요로 한다. 이 판매 규모는 두 개의 다른 사정에 의존하고 있는데, 하나는 상품거래의 빈도수이며 또 하나는 거래된 상품의 교환가치의 크기이다.

거래된 상품의 교환가치의 크기는 또다시 두 가지 요소에 의해 결정되는데, 하나는 개개의 상품의 교환가치의 크기이며 또 하나는 상품의 수량이다.

따라서 최소한의 판로는 비싼 상품의 판매를 통해서 아니면 많은 상품의 판매를 통해서, 즉 [고가품의] 개별 판매를 통해서 아니면 대량판매를 통해서 확보될 수 있다.

한 상품이 고가가 되는 일은 두 가지 방법으로 일어날 수 있는데, 하나는 집합이며 또 하나는 세련화이다. 세련화는 우리가 이미 본 바와 같이 여러 가지 형태를 취할 수 있다. 집합이라는 현상은 우리가 조립된 상품 또는 복합된 상품이라고 부를 수 있는 상품(기관차, 배, 병원 등)에서 일어난다. 그러한 것들은 보통의 상품들의 집합체이다. 그러나 그 상품들은 하나의 통일체로 결합되어 그 가치를 높인다. 이러한 상품의 판매는 (정확하게 말하면) 개별 판매의 형태를 취한 대량판매이다.

우리가 알고 있는 한, 유럽 민족들의 역사에서는 조잡한 수요[필수품에 대한 수요]와 세련된 수요[사치품에 대한 수요]가 나란히 있어왔다. 그 두 수요는 모두 처음에는 그 규모가 얼마 되지 않았기 때문에, 오랫동안 수공업적-농업적인 경제조직 또는 부역 경제적 조직의 틀 속에서 충족될 수 있었다. 더욱이 (일반적으로) 조잡한 수요의 충족은 마을이나 부역 농장, 또는 도시 (그리고 그 주위의 시골) 안에서 행해졌으며, 따라서 지역 경제적인 기반을 토대로 하고 있었다. 반면에 세련된 수요는 그것이 자급 경제의 형태로 영주의 장원에서의 생산을 통해서 충족되지 않거나 또는 원거리 무역이 고가 상품을 조달해주지 못하는 한, 예로부터 초국지적인 시장이나 국제적인 시장을 위해서 일해 온 수공업자들에 의해 충족되었다.

　중세와 그 후의 수 세기 동안에는 경제발전이 다음과 같은 모습을 나타냈다. 즉 조잡한 수요는 본질적으로 변하지 않은 상태로 있었으며, 따라서 자본주의와 관련해서는 거의 중요성이 없었다. 주민 다수의 일용품에 대한 수요와 (도구, 공구, 기계 등의) 작업수단의 수요는 초기 자본주의 시대가 끝날 때까지 자급경제나 수공업에 의해 충족되었다(두 가지 예외가 있는데, 이에 대해서는 곧 말할 것이다). 이러한 현상이 있게 된 이유는 분명하다. 주민의 수가 늘어나지 않았고, 그들이 한곳에 집중되지도 않았으며, 또한 상품의 수송 능력도 높아지지 않았기 때문에, 개개의 일용품에 대한 대량수요가 일어나지 않았다. 그리고 또한 상품을 생산하는 기술도, 그것을 수송하는 기술도 근본적으로 변하지 않았기 때문에, 조립된 상품에 대한 수요가 발생하지 않았으며 또한 자본주의적 생산이나 자본주의적 상품 판매를 위한 시장도 발생하지 않았다.

　내가 앞에서 말한 두 가지 예외, 즉 고도 자본주의 시대의 도래 이전, 따라서 18세기 말 이전에 이미 별로 가치가 없는 많은 상품들의 대량판매나 조합된 상품들의 판매가 발생한 그 두 예외는, 첫째는 자본주의 산업을 위한 시장의 발전에도 확실하게 기여한 식민지이며, 둘째는 무엇보다도 근대적인 군대이다. 나는 자본주의 형성에 있어서 군대의 수요가 대단히 중요한 의의를 지녔다는 것을 본 '연구' [《근대 자본주의의 발전사에 대한 연구Studien zur Entwicklungsgeschichte des modernen

Kapitalismus》]의 제2권[《전쟁과 자본주의Krieg und Kapitalismus》]에서 증명할 것이다. 따라서 여기서는 우선 문제의 다른 측면을 설명하는 것이 중요하기 때문에, 사치의 발전, 따라서 사치수요의 발생이 근대 자본주의의 발생에 얼마나 큰 몫을 차지하였는가를 증명해야 할 것이다.

그런데 내가 성장하는 사치소비가 자본주의 발전과 관련하여 지니고 있는 의의를 증명하겠다고 말하는 것은, 당연히 오늘날의 학문적인 추세에 따라 그 두 현상 복합체 간의 관계에 대해서 역사적-경험적인 증명을 한다는 뜻이다. 물론 이것은 결코 간단하지 않다. 더욱이 맨 처음의 시도에서는 매우 불완전한 결과밖에 얻을 수 없다. 나로서는 달리 할 수 없는 만큼, 자세한 증명이라는 주요한 일은 다음 세대의 경제사가들이 해야 할 것이다.

과제를 이처럼 특히 어렵게 만드는 이유는, 지금까지 학자들이 일반적으로 경제적인 사실에 대해서 되는대로 말해왔기 때문이다. 그들은 '경제 위기', '생산 확대', '판로 확장' 등등에 대해서 말하고 있지만, 독자들은 문제의 경제형태가 수공업인지 자본주의인지 모르고 있다. 달리 말하면 독자들은 아무것도 배우지 못하고 있다. 따라서 다음 절 이하에서 사치와 자본주의의 관계를 분명하게 하기 위해 모은 증거 이상의 것을 현재 이 문제에 관해서 간행된 문헌들로부터는 배울 수 없다.

II. 사치와 상업

1. 도매업

상품거래가 상품생산보다 먼저 자본주의 형태를 취했다는 것은 있을 수 있는 일이다. 비록 나는 중세 때 이탈리아나 남부 프랑스, 또는 스페인이나 남부 독일의 도시들의 대大가문들이 주로 상품거래를 통해서 부자가 되었다는 추측에 대해서는 심각한 의문을 품고 있고, 오히려 수많은 소매업자들 중에서 그 소수를 두드러지게 한 다른 요소들이 여기서는 더 본질적이었다고 생각한다. 그렇지만 나는 단순한 상품거래도 자본주의적인 기업으로 발전했을 가능성은 배제하지 않는다. 그렇지만 그 경우에 ─ 그리고 이것은 현재 우리의 관심을 끌고 있는 것인데 ─ 상품거래를 대사업으로 발전시킨 것은 의심할 바 없이 사치상품의 거래였다.

중세 때에는 (자본주의적인 조직만이 문제가 될 수 있을 정도로) 중요한 상업은 모두 이탈리아를 중심으로 해서 행해졌다. 따라서 그것은 이탈리아 제품의 수출(또는 그 제품들을 만들어내는 데 필요한 원료나 반半제품의 수입)이거나, 아니면 동양이 공급하는 상품의 조달 및 배급이었다.

이탈리아가 북유럽 국가들에서 수입한 것은 주로 양모(이것은 피렌체의 사치산업 때문인데, 이에 대해서는 나중에 자세하게 설명할 것이다), 모피 제품류, 질이 좋은 아마포 제품 등이었다. 이탈리아의 수출품의 대부분은 아마도 현금으로 (특히 독일 은광의 산출물로) 지불되었음에 틀림없을 것이다.

반면에 이탈리아는 북유럽으로 다음과 같은 것들을 수출하였다.

비단과 비단 제품, 최고급 옷감, 최고급 유리 제품, 무명과 면 제품(나중에 보게 되겠지만, 이것들은 근대에 들어와서도 완전히 사치품으로 간주되었다), 와인, 무기.

또한 이탈리아를 거치거나 이탈리아 국내용으로 동양에서 가져온 상품들은 모두 부자들의 사치수요에 쓰였다(향香처럼 교회가 찾는 재화는 예외이다. 이 경우도 재산 집중에 의해 가능해진 사치지출이었지만 말이다). 그런데 이 경우 나는 중세와 심지어는 근대를 거쳐 오늘날의 인도주의적인 대중복지의 시대에 이르기까지 수 세기 동안 있어왔던 외국산 약품에 대한 수요도 사치수요 속에 포함시킨다. 왜냐하면 일반 민중과 시민들은 여전히 그들이 사는 곳의 숲과 들이 제공하는 약초로 병을 치료하였기 때문이다.

빌헬름 헤이트Wilhelm Heyd가 레반트Levant〔오늘날 시리아, 레바논, 이스라엘 등이 위치한 동부 지중해 연안 지역〕무역으로 제시한 상품 목록9은 다음과 같다(사용 목적에 따라 품목별로 정리하였다).

(1) **의약품**: 이것은 또한 음식을 위한 향료로도 쓰였다. 알로에, 침향沈香(그 밖에 향수나 고급 장롱의 재료로도 쓰였다), 향유[진통제], 쑥국화류, 생강과 식물의 뿌리, 몰식자沒食子[지혈제로 쓰이는 몰식자산의 원료], 생강, 장뇌樟腦[방충, 방취제 등의 의약품에 쓰였다], 생강과의 씨앗[향료, 건위제 등에 쓰였다], 아편, 만나 밀蜜[완하제에 쓰였다], 무미아Mumia, 미로발란Myrobalan, 대황大黃[대소변 불통, 어혈 등에 쓰였다], 계피, 사프란(염료로도 쓰였다), 스카모니아Scammonium[메꽃과의 식물로 그것에서 나오는 진은 하제下劑로 쓰였다], 트라간트 고무Traganth(염료로도 쓰였다), 투티아Tutia, 제드바르Zedvar[인도, 스리랑카산 생강과의 약초].

(2) **향료** 등등: 무엇보다도 중요한 것은 후추이다. 그런데 후추는 중세 내내 물론 근대에 들어와서도 사치품으로 간주되었으며, 부자들의 주방에서만 사용되었다. 그리고 군주들은 이 후추를 서로 선물로 주기까지 하였다. 정향丁香(후추보다 두 배 내지 세 배나 비쌌다), 육두구肉荳蔲의 종자, 계피, 설탕(이것은 19세기에 들어와서도 부자들이 좋아하는 것으로 여겨졌다).

(3) **향수, 훈향재**燻香材: 안식향安息香, 유향乳香, 사향, 백단향재白檀香材, 가루향, 호박琥珀(이것으로는 또한 여러 가지 조각물도 만들었다).

(4) **염료**: 명반明礬, 다목[빨간 물감을 채취하는 나무], 꼭두서니[꼭두서니 뿌리에서 뽑아낸 빨간 물감], 쪽[잎이 남빛을 물들이는 물감의 원료로 쓰임], 연지臙脂[암연지 벌레로부터 채취한 홍색 염료], 라카Lacca(이상은 모두 고급 염색을 위한 재료이다), 유향(니스에 쓰인다).

(5) **직물 재료**: 비단과 최상급의 이집트산 아마亞麻.

(6) **장식품**: 보석, 산호 목걸이, 진주, 상아, 자기瓷器, 유리, 금실과 은실.

(7) **의복 재료**: 비단 직물, 수놓은 비단, 우단, 최고급 아마, 보카시노Boccasino, 버크럼Buckeram, 카멜로테Kamelote라고 불리는 양모와 무명. 이것들은 모두 비단처럼 보였으며 비단과 마찬가지로 비쌌다.

이 원료들 중 일부는 동양에서 유럽으로 운송되었지만, 나중에는 이탈리아에서 유럽의 여러 나라로 뿐만이 아니라 동양으로도 운송되었다.

중세에 거래된 상품들이 얼마나 값어치가 있었는가는 그 당시의 관세 수입, 예를 들면 코모Como 세관의 관세 수입에서 대충 추측할 수

있다. 슐테Aloys Schulte의 계산에 따르면,[10] 15세기에 고트하르트Gotthard
를 거쳐 오는 상품들의 가치는 32만 리브라libra에서 51만 8,000리브
라 사이에서 왔다 갔다 하였다(1리브라는 53솔리디solidi이며 1밀라노 플
로린 금화와 가치가 같았다). 이 상품들의 무게는 약 25만 젠트너Zentner
[1젠트너는 100파운드]였다고 하기 때문에, 1젠트너의 가치는 약
50플로린, 1파운드의 가치는 약 2분의 1플로린(오늘날의 통화로는 약
4마르크)이었을 것이다.

15세기의 [지리상의] 대발견 이후에도 통상 교역의 내용은 별로 변
하지 않았다. 왜냐하면 19세기까지는 동서 간에, 또 아메리카대륙
과 유럽 간에 교역된 상품은 주로 비싼 사치품이었기 때문이다. 양만
늘었을 뿐이며, 몇 가지 새로운 품목이 구舊품목에 추가되었다. 특히
4대 기호품인 담배, 커피, 차, 코코아가 추가되었다. 그렇지만 (아마도
담배를 제외하면) 이 기호품들도 초기 자본주의 시대가 끝날 때까지는
여전히 부자들의 식탁에서만 볼 수 있었다. 따라서 우리는 그것들을
완전히 사치품으로 계산하지 않을 수 없다.

다음의 수치는 과거 수 세기 동안의 가장 중요한 기호품들의 소비
증가에 대해서 대체로 옳은 이미지를 준다.

동인도 회사가 영국으로 수입해온 차의 양:

1668년	100파운드
1710년	1,420젠트너
1731년	8,168젠트너
1761년	26,192젠트너

1784년	86,083젠트너

그중의 절반이 영국에서 소비되었다고 가정한다면, 인구 1인당 소비는 다음과 같다(퓐래슨의 조사에 따르면, 인구가 1700년에는 약 500만 명, 1750년에는 약 600만 명, 1800년에는 918만 7,000명이었다).

1700년	0.01파운드
1730년	0.08파운드
1760년	0.2파운드
1784년	0.5파운드

한편 1906년에는 영국에서 2억 7000만 파운드의 차가 소비되었다. 따라서 1인당 6과 2분의 1파운드, 한 가구당 30~35파운드가 소비되었다. 다음의 계산을 보면 그 동안의 사정이 더욱 분명하게 나타난다.

오늘날 영국의 각 가정에서 평균적으로 소비하고 있는 것과 같은 양의 차를 소비한 가구 수:

1668년	3가구
1710년	약 2,000가구
1730년	약 12,000가구
1760년	약 40,000가구
1780년	약 140,000가구

유럽의 커피 소비는 (알렉산더 폰 홈볼트Alexander von Humboldt에 의하면) 1800년에 약 140만 젠트너에 달하였다. 이 당시의 유럽 인구는 (벨로흐에 따르면) 약 1억 2000만 명이었다. 따라서 당시에 이미 유럽인 한 사람이 1년에 약 1파운드의 커피를 소비한 것이 된다. 이러한 사정을 놓고 보면, 이 기호품이 대중의 일용품이 되기 시작하였다고 말할 수 있을 것이다. 1910년에는 독일인 한 사람이 한 해에 약 6파운드의 커피를 소비하였다.

설탕은 (마찬가지로 홈볼트에 의하면) 당시의 유럽에서 450만 젠트너가 소비되었다고 하는데, 이것은 일인당 3~4파운드가 된다. 오늘날 독일에서의 1인당 평균 소비량은 38파운드이다. 설탕이 18세기에 들어와서도 여전히 감미료로서 일반적으로 널리 사용되지 못하였다는 사실은, 꿀이 계속 지니고 있었던 높은 지위로부터 분명하게 알 수 있다. 독일에서는 1750년에도 과일을 달게 하거나 절이기 위해서, 또 맥주를 만들 때 첨가물로서 꿀을 사용하였다. 설탕이 더 이상 부자들만의 특별한 소비품이 되지 않은 것은 부유한 서유럽 국가에서는 18세기 중엽이지만, 그 밖의 유럽에서는 아마도 19세기에 들어가서야 비로소 그렇게 되었을 것이라고 말해도 좋을 것이다.

그런데 사치품의 성격을 지니고 있는 인도로부터의 또 하나의 수입품이 있었다. 그것은 오늘날에는 우체국 서기의 부인 정도만 돼도 누구나 입는 것이지만, 17, 18세기에는 대對인도 무역의 대단히 중요한 요소를 이루고 있었다. 그것은 **면직물**, 아니 보다 정확히 말하면 인도의 염색 목면과 아시아에서 유럽으로 수송된 다른 종류의 목면 제품이었다. 17세기 말에서 18세기 초에는 인도산 무명으로 만든 의복이 부자 계층에서 유행하였으며, 따라서 국내 생산업자들을 위협하였다. 자신의 생존이 위협받고 있다고 생각한 사람들이 고급 옷감과 비단 직물의 제조업자들이었다는 사실은, 부자계급이 그 목면 제품의 구입자였을 것이라는 나의 추측을 확증하고 있다. 국가(예를 들면 프랑스)가 인도산 면직물에 대해서 벌인 싸움도 똑같은 것을 가르쳐주고 있다(인도산 면직물은 퐁파두르 부인에 의해 인가되었지만, 트리아농의 시대에 와서야 비로소 유행의 꽃을 피웠다!). 1700년 이후 국가는 그것의 사용을 금지하였다. 그러나 그 금지령이 성과가 없었다는 것은 말할 필요도 없다. 우아한 귀부인들은 파리에서 그들의 시골 영지로 갈 때에 면으로 된 옷을 입었다. 다음과 같은 재미있는 에피소드가 있다.

드 빌라 궁내대신 부인은 인도의 면직물을 밀수입하였다. 1715년 7월 17일 네슬 후작부인은 "인도산 직물에 인도식으로 비단 꽃을 수놓은 실내 가운"을 입고서 당당하게 튈르리 궁전의 정원에 나타났다. 의복 규제를 담당하고 있던 경찰은 놀라움과 함께 분노를 나타냈다. 경찰국장은 후작의 집에 급히 가서 상황을 보고하였다. 후작은 자기 부인에게 앞으로는 그렇게 하지 못하게 하겠다고 약속하였다.[11] (부부 사이에 그 후 어떤 일이 일어났는지에 대해서는 유감스럽게도 당시의 공식 문서는 전하고 있지 않다.)

이러한 것을 미리 염두에 두면, 당시의 수입 통계를 볼 때 17, 18세기의 해외에서 유럽으로의 수입을 올바르게 해석할 수 있다. 영국, 네덜란드, 프랑스 어디에서나 항상 사정은 똑같다. 동인도회사가 가져오는 것은 다음과 같다. (1) 향료, (2) 의약품, (3) 염료, (4) 비단과 비단 제품, (5) 목면과 목면 제품, (6) 보석과 자기 등등. 그리고 사정에 따라서 (7) 커피, 담배, 설탕, 차, 카카오. 여기서는 그러한 수입품 목록 중 하나만 살펴봐도 충분할 것이다.

1776년 프랑스가 동인도에서 수입한 것은 다음과 같다.[12]

커피	3,248,000
후추와 계피	2,449,000
모슬린	12,000,000
인도산 아마	10,183,000
자기	200,000
비단	1,382,000
차	3,399,000
비단 직물, 조개, 등나무 지팡이,	
질산 등의 잡화	3,380,000

합계 (단위: 프랑) 36,241,000

이러한 상품들은 아메리카의 광산에서 캔 은과 금으로 지불되거나(대부분 은과 금으로 지불되었다), 아니면 국내에서 생산된 상품, 특히 섬유 제품으로 지불되었다. 이러한 섬유 제품 중에는 이미 값싼 대량 생산품들이, 특히 흑인과 말레이인을 위한, 또한 북아메리카에 있는 식민지처럼 유럽인이 정착한 식민지의 중산층을 위한 대량생산품들이 있었다(왜냐하면 식민지에서는 무역을 목적으로 한 제품 생산이 대부분 금지되었기 때문이다). 그러나 이러한 것은 그 당시의 해외무역의 총평

가액에서 보면 사소한 것이었다. 해외무역은 무엇보다도 사치소비의 소산이며, 여전히 부자들만의 사적인 관심사였다. 해외무역은 부유한 사람들의 사치지출에 의해서만 유지되고 있었던 것이다. 왜냐하면 이미 본 바와 같이 수입된 상품들이 사치품인 이상, 수출된 상품은 어떤 종류의 것이든 상관없기 때문이다. 즉 그러한 상품들은 지불을 위한 우연적인 형식에 불과했다. 사치품의 수입이 없다면 무역 자체가 존재하지 않을 것이다. 왜냐하면 그 사치품이 없다면 저쪽에 살고 있는 사람들도 유럽의 상품을 살 수 없었을 것이기 때문이다. (귀금속 산출국들만은 예외이다. 알렉산더 폰 훔볼트가 전하는 무역 통계 보고에 따르면,[13] 1802년 멕시코는 스페인으로부터 2,039만 859피아스터Piaster 어치를 수입한 반면에, 멕시코가 수출한 상품의 금액은 841만 6,930피아스터에 불과하였다. 부족액은 자국산 은으로 지불하였다.)

우리가 특별히 고려해야 하는 국제적인 해외무역의 또 하나의 중요한 분야가 있는데, 그것은 ― 우리가 알고 있는 바와 같이 ― 거의 완전히 자본주의적인 형태로 행해진 노예무역이다. 물론 그 대상 자체가 사치품은 아니었지만(아니, 사치품이었을지도 모르지만), 어쨌든 그것은 사치품을 만들어내는 데 직접적으로 쓰였다. 이에 대해서 좀 더 자세하게 살펴보자.

노예무역의 규모에 대해서는 많은 ― 부분적으로는 서로 차이가 있지만 ― 자료가 있다. 벅스턴Thomas Fowell Buxton이 제공하고 있는 다음의 자료는 가장 유명하며, 또 아마도 가장 믿을 만한 것이다.[14]

해마다 기독교도 노예 상인에 의해서 아프리카에서 배로 실어온 흑인은 약 40만 명이며, 이슬람교도 노예 상인에 의해서 배로 실어온 흑인은 약 10만 명, 모두 합치면 50만 명이다.

　기독교도 노예 상인이 실어온 40만 명 중 28만 명은 붙잡힐 때나 수송 도중에 죽거나 아니면 붙잡힌 지 1년 안에 죽었기 때문에, 결국 12만 명의 노예만이 남는다. 이 수치는 19세기 초의 노예의 총수요에 비춰볼 때 결코 많은 것이 아니며, 또 그 수치의 정확성은 근래에 알려진 공식 문서의 수치에 의해 입증되고 있다. 예를 들면 프랑스령 안틸Antilles〔서인도제도에 있는 마르티니크Martinique, 과들루프Guadeloupe 및 그 속도屬島를 말한다〕에는 1780년에서 1789년까지 매년 평균적으로 3만 명 내지 3만 5,000명의 흑인이 수입되었다. 그 당시 프랑스령 안틸에 수용된 노예의 총수가 24만 명에서 26만 명이었다고 추정하면, 해마다 7분의 1 내지 8분의 1 정도 늘어난 것이 된다. 그러나 전 세계적으로는 600만 내지 700만 명의 노예가 있었기 때문에, 매년 12만 명에서 15만 명의 노예가 보충되었다고 해도 이 숫자는 너무 많다기보다는 오히려 너무 적은 것 같다.

　그러나 거래된 노예 상품의 정확한 숫자를 파악하는 것은 그리 중요하지 않다. 우리의 목적에서는, 해마다 수만 명이, 또 노예 매매가 행해진 시기 전체를 통틀어 수백만 명이 돈벌이의 대상이 되었다는 사실(이것만이 지금 우리의 관심사이다)을 확인하는 것으로 충분하다.

　중세 시대에 어느 정도로 노예 매매가 행해졌는가에 대해서는 신뢰할 만한 자료가 전혀 없다. 그렇지만 당시에도 이미 상당한 수의 사람들이 거래되었다는 것은 아랍인의 노예 매매에 대한 기록과 이 문제에 대해서 우연히 언급한 사람들의 보고에서 추측할 수 있다. 물론 그러한 자료들이 제시하는 숫자가 이상할 정도로 너무 많기는 하지만 말이다. 그 자료들에 따르면, 1310년 시칠리아의 함대는 튀니지의 해안에 있는 아주 평화로운 게르바 섬을 습격해서 1만 2,000명의 부녀자와 아이들을 노예로 삼았으며, 또 1355년 제노바의 한 제독은 어떤 도발도 없었는데도 트리폴리를 기습해서 7,000명의 남녀와 아이들을 노예로 끌고 갔다고 한다.[15]

노예 매매에서 잇달아 지도적인 역할을 한 민족은—그렇다고 해서 다른 민족들을 제외하는 것은 아니지만—유대인,[16] 베네치아인,[17] 제노바인, 포르투갈인, 프랑스인, 영국인이었다. [18세기에] 잇달아서 흑인 노예 매매를 독점한 것은 뒤에 든 네 민족이었다. 노예 매매의 전성기에 각국의 상인들의 몫이 얼마나 되었는가는 다음의 숫자에서 알 수 있다.

1769년 아프리카 해안(블랑코 곶에서 콩고 강까지)에서 각 나라의 상인들이 끌고 간 흑인의 수:[18]

영국	53,100명
프랑스	23,520명
네덜란드	11,300명
영국령 북아메리카	6,300명
포르투갈	1,700명
덴마크	1,200명

브라이언 에드워즈Bryan Edwards에 따르면, 1791년 아프리카의 해안

에는 유럽인의 노예 매매 대리점이 40개가 있었는데, 그중에서 14개
는 영국인의 소유, 3개는 프랑스인의 소유, 15개는 네덜란드인의 소
유, 4개는 포르투갈인의 소유, 또 4개는 덴마크인의 소유였다고 한다.
그러나 그 해에 수출된 노예의 수는 다음과 같다.

영국인에 의해서	38,000명
프랑스인에 의해서	20,000명
포르투갈인에 의해서	10,000명
네덜란드인에 의해서	4,000명
덴마크인에 의해서	2,000명

이 문제에 있어서 가장 중요한 시기인 18세기에 영국이 노예 매매
의 중심지였다는 것은 의심할 바 없는데, 영국 내에서도 중심지는 리
버풀이었다. 1771년 영국에서 192척의 노예선이 출항하였는데,[19] 그
중 리버풀에서 출항한 것이 107척이며, 런던에서는 58척, 브리스틀
에서는 23척, 랭커스터에서는 4척이었다. 포슬스웨이트는 리버풀 상
인들이 소유하고 있는 노예선 전체의 리스트를 제시하였다. 당시에는
이러한 종류의 배가 88척이 있었는데, 어떤 배들은 60명에서 550명
의 노예를 싣지만 대부분은 300명에서 400명의 노예를 실었다고 한
다.[20] 노예 매매는 리버풀에서 급속하게 발달하였다. 이 도시의 상인
들은 1729년에 처음으로 노예 매매용 30톤짜리 슬루프선Schaluppe〔돛
대가 하나 달린 범선의 일종〕를 하나 갖게 되었지만, 1751년에는 이미 모
두 합쳐서 5,334톤을 실을 수 있는 배 53척이 머지 강〔아이리시 海海로

흐르는 강으로, 강어귀에 리버풀이 있다)에서 노예해안을 향해 출항하였다.

17, 18세기에 해외무역과 특히 식민지무역이 상업자본주의를 발전시켰다는 것에는 의심할 여지가 없다. 이에 비해서 유럽 국가 간의 무역과―이보다 훨씬 더―개별 국가 내의 초국지적인 교역은 중요성을 잃었다. 그래도 어쨌든 유럽 국가 간의 무역과 개별 국가 내의 초국지적인 교역에서도 자본주의적인 형태는 여기저기서 형성되었다. 그리고 이때 반드시 알아야 하는 것은 유럽 내부에서의 이 무역도 본질적으로는 사치상품의 무역이었다는 것이다. 사치품의 무역이 아니면서도 대규모로 국제적이며 더욱이 자본주의적인 방식으로 행해진 무역은 내가 아는 한에서는 두 개의 물품밖에 없었다. 그것은 곡물과 구리였다. 본 연구의 제2권에서 증명되고 있는 바와 같이, 곡물과 구리의 무역은 두 경우 모두 근대적인 군대의 수요에 의해서 생겨났다.

17, 18세기에 어떤 상품이 유럽의 한 나라에서 다른 나라로 운반되었는가에 대해서는 (많은 예 중에서 하나를 들면) 프랑스에서 네덜란드로 수송된 상품들의 목록이 가르쳐주고 있다. 이것은 1656년 파리 상공회의소가 작성한 목록인데, 《바타비아 화보Batavia Illustrata》의 유능한 편집자는 당시(18세기 초)에도 그 목록이 많은 점에서는 여전히 타당하다고 말한 바 있다(우리가 나중에 보게 되는 바와 같이, 물론 그 동안에 네덜란드에서도 국내의 사치산업이 발전하였지만 말이다). 그 당시 수 세기에 걸쳐서 강력해져온 자본주의 발전의 전형은 다음과 같다. 즉 전에는 선진 자본주의 국가로부터 무역을 통해 수입한 재화들을, 이제는 한 나라씩 차례차례 스스로 생산하게 되었다는 것이다. 처음에는

이탈리아가, 다음에는 프랑스가 지도적인 공업국가였으며, 그 후에는 영국, 네덜란드, 독일 등등이 그 뒤를 이었다.

앞에서 말한 바 있는 파리 상공회의소의 목록은 다음과 같다.[21]

프랑스가 네덜란드로 수출한 것(이것은 네덜란드 국내에서 소비되는 것뿐만 아니라 네덜란드가 재수출하는 것도 포함한다):

1. 투르산과 리용산의 우단, 플러시[긴털이 있는 일 종의 벨벳], 공단, 금은 장식 천, 호박단과 그 밖 의 은 장식 천 — 600만 프랑 이상

2. 파리, 루앙 및 그 인근 도시에서 만들어진 리본, 비단 레이스와 아마사亞麻絲로 짠 레이스, 단추, 끈 — 200만 프랑

3. 파리와 루앙에서 만들어진 비단 모자 및 그 밖 의 종류의 모자 — 50만 프랑

4. 깃털 장식, 허리띠, 우산, 가면, 머리 장식, 거울, 금도금한 액자, 시계, 그 밖에 프랑스인들이 "장 신구bijoux"라고 부르는 갖가지 자질구레한 것 — 200만 프랑

5. 파리, 클레르몽, 방돔, 루앙에서 만든 장갑 — 150만 프랑

6. 피카르디에서 자아낸 털실 — 50만 프랑

7. 푸아투, 상파뉴, 리무쟁, 오베르뉴, 노르망디에 서 만들어진 각종 종이 — 200만 프랑

8. 파리와 노르망디에서 가공된 바느질 바늘과 그 밖의 바늘, 상아빗, 흑단빗, 회양목빗, 뿔빗 — 50만 프랑

9. 오베르뉴에서 만들어진 쇠와 강철로 된 잡화	50만 프랑
10. 노르망디, 브르타뉴산 범포帆布	500만 프랑 이상
11. 침대, 매트리스, 누비이불, 침대에 까는 천, 술 장식 등 갖가지 종류의 실내 설비	500만 프랑 이상
12. 각지의 와인	900만 프랑 이상
13. 브랜디, 식초, 능금주	200만 프랑 이상
14. 사프란, 비누, 꿀, 아몬드, 올리브, 풍조목風鳥木의 꽃봉우리[초에 절여서 조미료로 씀], 자두와 그 밖의 과일	200만 프랑

합계 3,950만 프랑

10번과 어쩌면 13번도 제외하면 모두 사치품이다. 왜냐하면 브랜디와 능금주는 추측컨대 선원이나 군인용일 수도 있기 때문이다.

모로 드 조네Morreau de Jonnés의 평가에 따르면, 루이 14세 시대의 프랑스의 수입액 중 반 이상을 이탈리아, 영국, 네덜란드 등이 제공한 다음과 같은 품목들이 차지하고 있었다. 비단 제품, 양질의 천, 양탄자, 고급 삼베, 레이스, 식탁용 포크와 나이프, 잡화.[22]

2. 소매업

사치는 도매업에 대해서보다도 소매업의 발전에 대해서 더 깊고 지속적이며 현저한 영향을 미쳐왔다. 초기 자본주의 시대에 자본주의적이면서도 사치품을 다루지 않는 중요한 도매업 분야가 약간 있었지만(16세기에는 구리 무역, 17세기에는 곡물 무역), 19세기 이전에 자본주의적인 색채를 지닌 소매업 중 사치품을 팔려고 내놓지 않은 경우는 하나도 없었다고 나는 생각한다. 이에 반해 부유한 사람들 사이에서 사치스러운 생활을 하는 경향이 갑자기 크게 비약한 시기, 즉 브라질의 금이 파리, 암스테르담, 런던의 투기꾼들의 주머니를 채우기 시작한 1700년경의 수십 년을 살펴보면, 부자의 사치수요를 충족시키려는 상인들의 강렬한 욕망이 그들을 수공업적인 관행에서 벗어나 자본주의적 발전의 길로 나아가게 하였다는 것을 분명하게 알 수 있다.

신뢰성과 풍부함에 있어서 거의 따를 것이 없는 한 자료가 다행스럽게도 보존되지 않았더라면, 우리는 아마도 사치의 발전과 자본주의적 소매업 간의 내적인 인과관계를 매우 명백하게는 파악할 수 없었을 것이다. 이 자료는 우리로 하여금 영국의 비단 제품 상업이 왕정복고 시대[1660~1688]에서 1730년대까지 겪은 변화를 세세한 점에 이르기까지 정확하게 추적할 수 있게 해준다. 이 자료는《완전한 영국 상인》의 저 명석한 저자가 당시의 상황에 대한 그 자신의 경험에 근거해서 말한 것인데,[23] 이 저자는 정당한 자부심을 갖고서―연류으로 보나 경험으로 보나―당시의 이 에피소드에 대해 자기보다 더 잘 보고할 수 있는 자는 어느 누구도 없다고 말할 수 있는 사람이었다.

포목상이라고 불리는 비단 제품 상인은 확실히 저 오만불손한 부의 세기에 사치품 장사의 전형적인 대표자였다. 이 업종은 귀부인이 절대적으로 지배하였다. 모든 거래는 그녀에게 맞춰졌다. 사치수요 중 가장 비싼 재료는 이 업종에서 팔렸다. 왜냐하면 비단 제품의 거래에는 당연히 모든 금은 장식 천, 수놓은 비단, 우단은 물론 레이스도 포함되어 있기 때문이었다.

스튜어트 왕조 말기의 런던에도 있었고, 또 그 후 20~30년 후에도 일반적이었던(가장 큰 변화는 17세기 말경이 되어서야 비로소 일어났다고 나는 생각한다) 구식의 비단 제품 상인들은 도매상과 소매상을 직접 겸하고 있었다. 달리 말하면, 비단 제품에 있어서는 독립된 소매업자, 즉 생산자에게서 옷감을 사서 그것을 고객에게 엘레 치수 단위로도 파는 사람들은 아직 없었다. 예전에는 대상인들 자신이 그러한 일을 하였다. 예를 들면 푸거Fugger 가문은 권력과 부의 절정에 거의 도달했을 때에도 그들이 직접 비단과 우단을 잘라 팔았다. 물론 그들은 왕의 궁정에도 "금빛의 천"(1 엘레당 36플로린)이나 피렌체나 밀라노산의 문직물(1 엘레딩 8~10플로린), 또는 비단 벨벳(1 엘레당 4플로린)을 조달하였다.[24] 어쨌든 그들은 평상시에는 구리 장사를 하였으며 황제들을 상대한 큰 규모의 상인이었다. 그렇지만 오늘날 아르놀드 씨나 프리들랜더 폴트 씨[좀바르트 시대의 독일의 대상인]라면 독일 황제에게 2, 3미터의 리본을 팔고 싶어 하지는 않을 것이다.

[런던의] 대화재[1666] 때나 그로부터 20년 후의 런던의 포목상들은 모두 시티에 있었는데, 그들은 아마도 플랜태저넷Plantagenets 왕가[1154~1485] 이래로 특히 그들을 위해 만든 좁고 우중충한 패터노스터 가에서 장사하였을 것이다. 그들은 그곳의 높고 어두운 둥근 지붕

아래에서 희미한 빛을 받고 있는 상품들을 팔고 있었다. "넓은 가게, 어두운 집, 천장에 낸 채광창, 또 장사를 위해 의도적으로 만든 그 밖의 시설 등은 아직도 볼 수 있다"라는 문장이 《완전한 영국 상인》의 제5판(1745)에 있다. 그들이 사들인 물건은 엄청나게 많았다. 그리고 그들의 선조가 플랜태저넷 왕가 시대에 그랬던 것처럼, 그들은 상품을 팔았다. 궁정을 필두로 해서 최고의 고객들은 이 좁은 패터노스터 가에서 상품을 찾았다. 마차들은 두 줄로 서 있었다. 한쪽으로는 마차가 들어오고, 다른 한쪽으로는 나가는 것이 규칙이었다. 왜냐하면 마차를 돌리기에는 길이 너무 좁기 때문이었다. 포목상들 자신도 질서를 유지하기 위해서 두 명의 경비를 두었다. 큰 규모의 상인들이 장사하는 가게는 약 50개가 있었다. 나머지는 이 자부심이 굉장한 상업에 딸린 일종의 위성衛星 가게였다. 레이스 업자들은 아이브레인의 중앙에 자리 잡고 있었으며, 단추 상인들은 칩사이드에 있는 거리 끝에 자리 잡고 있었고, 자수용 털실 상인들과 술 장식 상인들은 블로블래더 가에 가까이 붙어 있었다.

그렇지만 유쾌한 시대가 시작되면서 사정은 근본적으로 변하였다. (우리의 보고자는 시대를 정확하게 언급하지 않은 채, "대화재가 일어난 지 약 20년 후에, 심지어는 유쾌한 시대가 시작된 때에도 오래된 대大포목상들은 그곳에 살고 있었다"라고 말할 뿐이다. 그러나 여기서 말하고 있는 대화재는 찰스 2세 때 일어난 1666년의 화재일 것이다. 그렇다면 유쾌한 시대라는 표현도 딱 맞는다.) 특히 그때부터 우선 소매 포목상의 숫자가 엄청나게 급증하였다. 그들은 패터노스터 가가 너무 좁기 때문에 런던 주변에 있는 앨드게이트, 롬바드 가, 코번트가든 등으로 이주하기 시작하였으며,

사치시장에서 유행상품을 파는 여자 상인.

그곳들은 곧 유명해졌다. 이 거리들은 넓었기 때문에, 마차로 올 수
밖에 없는 손님들은 새로운 상점에서 사는 것을 더 좋아하였으며, 또
궁정의 사람들도 더 이상 시티로 가지 않았다. 패터노스터 가는 황폐
해졌으며, 2년도 안 되어서 오래된 포목상들도 그들의 둥근 천정의
가게를 버리고 고객의 흐름을 뒤쫓지 않을 수 없게 되었다. 우리의 서
자는 이러한 사태를 바다에서 물고기들이 서식지를 바꾸면 어부도
그 뒤를 쫓아가는 것에 비유하였다. (그렇게 해서 예전부터의 비단 제품
장사를 혁명적으로 바꾸어버린 이 새로운 "변두리 포목상들"은 찰스 2세의 아
내나 오라녜 공과 함께 런던에 온 유대인이었는가? 그렇다고 밖에는 생각되
지 않는다.) 그렇지만 또다시 10년이 지나자 이번에는 코벤트가든에
서도 포목상들이 떠났다. 그들은 마치 벌 떼처럼 새로운 장소를 찾았
으며, 마침내는 지금까지 머물러 있는 러드게이트힐에서 가게를 열
었다. 1663년에는 50~60개에 불과했던 비단 상점의 수가 그 사이에

300~400개로 늘어났다.

포목상들이 수백 년간 대대로 거주하였던 장소를 떠나서 런던의 여러 곳으로 널리 퍼진 것과 거의 동시에, 다른 많은 상인들(그리고 수공업자들)도 그들이 중세 내내 차지하고 있었던 옛 거리를 떠났다. 그들 중 몇몇 부류들, 예를 들면 명백한 사치품 상인인 린네르 상인들도 마찬가지로 놀랄 정도로 증가하였다. 우리가 다른 곳에서 이미 본 바와 같이, 양질의 속옷은 이 무렵 부자와 그가 사랑하는 여성의 사치품이 되었다.

이 이야기가 우리에게 가르쳐주는 것은 바로 다음과 같다. 즉 사치품 상인들은 수요의 급속한 증가 때문에 단기간에 크게 늘어났으며 아울러 그들이 오래전부터 있었던 곳을 떠났다는 것이다. 그렇지만 이렇게 해서 근대적인 상인 정신이 소매업이라는 조용한 공간에 침투할 수 있는 문이 열렸다. 또한 이렇게 해서 중세적인 소매업의 자본주의적인 기업으로의 전환도 단지 시간문제가 되었다. 왜냐하면 상인의 수가 끊임없이 또 갑작스럽게 늘어나고 장소도 바뀌는 변화와 함께, 소매업은 경제적인 이성理性의 토대 위에 놓이게 되었기 때문이다. 아울러 이웃과의 경쟁을 받아들이고 고객을 끌어들이는 데 가장 효과적인 방법을 생각해내서 적용해야 할 필요성도 생겨났기 때문이다. 그리고 이것은 바로 자본주의적인 정신의 등장을 의미하였다. 이 정신이 바로 그다음 세기 중에 대도시(그리고 대도시에서만)의 사치업에 어떻게 깃들게 되었는가는, 우리가 당시의 소매업 조직에 대해서 갖고 있는 얼마 안 되는 기록들을 올바르게 해석하면 정확하게 추적할 수 있다.

오래된 포목상들이 패터노스터 가를 떠난 다음의 수 세기 동안 특히 다음과 같은 일이 일어났다.

　(1) 소매업과 도매업이 **분화되었다**. 300명에서 400명에 이르는 포목상 중 소수만이 여전히 도매상인으로 남아 있을 수 있었다.

　(2) 가게 주인들은 손님을 끌어들이기 위해서, 또는 고객을 구성하고 있는 상류층 사람들에게 쾌적한 분위기를 제공하기 위해서 가게를 보다 더 멋지게 꾸미기 시작하였다. 가게 설비의 이러한 세련화가 장신구 가게에서 시작되었다는 것이 분명하게 입증되고 있는데, 이때 우리가 염두에 두어야 하는 것은 이러한 가게에서 작은 장신구 등 가장 세련된 사치 장식품들이 팔리고 있었다는 점이다. 어떤 의미에서는 시대의 사치가 이 자질구레한 장신구에서 절정에 도달하였다. 이 비싼 자질구레한 것들은 불어로 "비주bijoux"라고 불리었는데, 이것은 당시에 보다 좁은 의미에서의 보석뿐만이 아니라, 장신구, 장난감 및 값비싼 금속과 비싼 수공비를 들여 만든 소품들도 뜻하였다. 이러한 가게에는 상류사회의 사람들, 특히 애인에게 줄 선물을 사러 온 남자들이 드나들었다. 왜냐하면 여기서 그들은 "돈은 받지 않는 품위 있는 여성들에게 줄" "자질구레한 장신구"를 살 수 있기 때문이라고 메르시에는 말한다. 더 나아가서 그는 특히 신년 초에는 "젊은 신사들"이 몰려들어서 수위를 두어야 할 정도로 혼잡했던 당시의 유행상품점 "프티 됭케르크Petit Dunkerque"를 다음과 같이 묘사하였다.[25] 볼테르가 파리에 마지막으로 있었을 때 방문하는 영광을 준 "이 가게보다 더 눈부신 것은 없다." 그리고 메르시에는 다음과 같은 말을 덧붙였다. "그는 사치가 만들어낸 이 모든 것들에 대해서 미소를 지었는데,

그가 이 빛나는 장신구들과 그 자신의 스타일 간의 어떤 유사성을 느꼈을 것이라고 나는 생각한다."

(3) 근대적인 소매업의 형식, 즉 상품이 수요 목적에 따라서 배열되어 있다고 해서 내가 **수요품업**需要品業이라고 이름붙인 것[26]이 예로부터 내려온 전문업에서 형성되기 시작하였다. 어떤 의미에서는 장신구 상인이 이미 이 새로운 원리를 대표하고 있었다. 여성의 화장대에 액세서리를 포함시키는 것도 가게에서의 상품의 재분류의 경향을 나타냈다. 바야흐로 포목상이 의복 상인 역할도 하게 되었다. "포목상은 비단, 우단, 금 장식 천 및 여성의 장식품에 속하는 수많은 비싼 자질구레한 것을 취급하고 있다."[27] 그러나 내가 알고 있는 한에서 최초의 실제적인 수요품업은 모든 것이 이미 모여 있는—물론 집을 장식하는 것 중에서 품질이 가장 좋은 것들로만—가구업이었다. 부분적으로는 실내 장식공들도 이러한 가구 설비상으로 변신한 것 같은데, 이들 가게에서는 그들 자신이 만든 침대, 쿠션, 커튼 및 벽걸이 융단 이외에 탁자, 서랍이 달린 장, 갖가지 종류의 예술적인 가구, 거울, 샹들리에 등등을 볼 수 있었다.[28] 또 부분적으로는 오로지 거래만을 하는 상인들도 있었는데, 그들도 역시 그 물건들을 하나의 가게 안에 늘어놓았다. 그들은 그림, 동판화, 나뭇가지 장식을 단 촛대, 나뭇가지 모양의 촛대, 샹들리에, 청동, 대리석, 나무 및 그 밖의 재료로 만든 조각상, 사발시계, 회중시계, 상자, 장롱, 서랍, 탁자, 나무로 만들어서 금칠한 촛대, 대리석 식탁, 그리고 집을 장식하는 데 쓰는 그 밖의 상품들과 골동품 등등을 팔고 있었다.[29]

당시의 런던에서도 이와 아주 비슷한 상점을 볼 수 있었다. 이곳에는 가게에서 갖가지 종류의 가구를 팔고 있는―그들 자신이 만든 것은 단지 그 일부에 불과하다―사치 가구상이 있었다. 이들 가게 중 많은 곳은 매우 호화롭게 꾸며져 있었기 때문에 오히려 궁전처럼 보였다. 그리고 그곳들의 설비 자본은 엄청나게 컸다.[30] 그 밖에 파리와 마찬가지로 실내 장식공들이 운영하는 장식 가게들도 있었다. 그들 중 많은 이들은 항상 많은 기성품을 쌓아놓고 있는 큰 가게의 소유자였다.[31]

(4) 업자와 고객 간의 관계의 **즉물화**卽物化―이것은 특히 그 이후의 모든 자본주의적 발전을 특징지었다―는 이처럼 큰 사치품업에서 시작되었다. 내가 알고 있는 한에서는, "프티 됭케르크"가 "정가定價"를 적용한 최초의 소매상점이다.[32]

(5) 이 큰 사치품 상점들을 언급하면서 나는 마지막으로 가장 중요한 점에 도달하였다. 앞에서 말한 영업 원리들이 적용됨에 따라서, 그러한 장사들이 토대로 삼고 있는 자본주의적 기초가 특히 명백하게 확대되었다―또 그렇게 될 수밖에 없었다.

특히 비단 제품 거래가 때때로 상당한 비중을 차지하였다고 한다. 18세기 초에 파리의 한 소매점(갈팽Galpin)에서는 단 하루만에 8만 리브르 어치의 옷감이 팔렸다는 이야기가 있다.[33] 1727년도 판《완전한 영국 상인》은 가게에 많은 점원과 일꾼을 고용하고 있는 한 포목상에 대해서 말하고 있다. 포목상 주인이 한 부인을 맞이하였는데, 그녀는 그 가게에서 아무것도 사지 않은 채 고의적으로 두 시간이나 보냈으며, 그가 그녀에게 보여준 상품만도 약 3,000파운드어치나 되었다고 한다.《완전한 영국 상인》은 1년에 4만 파운드의 매상을 올리는 또 다른 포목상에 대해서도 말하고 있다. 18세기 중엽에 비단 제품 가게를 여는 데 드는 자본금은 어떤 증인은 500~2,000파운드라고 말하고, 또 어떤 증인은 1,000~1만 파운드라고 말한다. "1만 파운드도 잘 쓰지 않으면 이 업종에서는 작은 액수에 불과하다."

내가 이러한 진술들을 인용하는 문헌들은 18세기 중엽 런던의 개개의 소매업 부문에서의 자본 집중도를 확인하는 데 있어서 흥미로우면서도 중요한 두 개의 자료이다.[34]

이 문헌들에는 런던에서 행해지고 있는 모든 장사가 알파벳순으로 열거되어 있으며, 각각의 장사에서 개업하는 데 필요한 최소액이 명시되어 있다(이것은 직업을 선택하려고 하는 초보자나 그의 부모를 위한 안내이다).

이것을 보면 본서에서 주장한 견해가 옳다는 것을 확인할 수 있다. 즉 가게를 여는 데 많은 자금, 말하자면 500파운드 이상의 설비 자본을 필요로 하는 것은 거의 사치품 상점밖에 없다. 그 내용은 다음과 같다.

책방	500~5,000파운드
도자기업	500~2,000파운드
약종업	500~2,000파운드
식료품업	500~2,000파운드
레이스업(가장자리 장식, 가는 끈 등등)	500~2,000파운드
내의 가게(편물류, 특히 비단제 트리코)	500~5,000파운드
종묘상(꽃, 관목)	500~1,000파운드

| 실 장사 | 500~1,000파운드 |
| 장신구업 | 2,000파운드 |

직접적으로는 사치품을 거래하지 않으면서도(궁극적으로는 그들 역시 도시의 부자들 덕분에 생계를 유지하지만) 설비 자금이 500파운드가 넘는 상인들은 석탄, 철 및 나무를 파는 상인들밖에 없었다.

사치품업이 대단히 중요한 의의를 갖고 있다는 것은 회사가 보통 비단 제품 업자, 아마 제품 업자, 금세공사, 그리고 은행 등에서만 형성되었다는 사실에서도 분명하게 확인되고 있다.[35]

따라서 사치의 확대를 통해서 자본주의는 소매업에도(아니, 바로 소매업에) 파고 들어갔다. 그 이유는 명백한데, 앞에서 살펴본 내용 속에 이미 암암리에 들어 있다. 여기서는 단지 그것을 다시 한 번 정리해보겠다.

(1) 상품의 특성이 자본주의적인 조직을 요하였다. 그 상품들은 가장 비싼 것이어서 일찍부터 대량으로 거래되었다.

(2) 고객의 특성이 이러한 자본주의로의 발전을 촉진시켰다. 그들은 우아함과 서비스에서 최상의 것을 요구하였으며, 그리고 이 고귀한 고객들은 현금으로 지불하지 않거나, 전혀 지불하지 않았다(이것은 번영하는 시대에는 매우 중시된 것 같다. 왜냐하면 장사 문제에 대한 모든 조언자들이 강조하고 있기 때문이다). 따라서 사치품을 거래하는 상인은—다른 사정이 똑같다고 가정한다면—언제나 많은 자본을 수중에 지니고 있지 않으면 안 되었다. 왜냐하면 그의 [상품의] 회전이 (외상 제도 때문에) 느렸기 때문이다.

III. 사치와 농업

1. 유럽

농업에서 자본주의는 점점 커지고 있는 양모에 대한 수요를 충족하기 위해 전에는 농부가 경작하고 있었던 토지가 양치는 곳으로 바뀌면서, 또 그런 한에서 직접적으로 촉진되었다. 이러한 일은 중세와 그 후에 특히 남부 이탈리아, 스페인 및 영국에서 일어났다. 영국에서는―잘 알려져 있는 바와 같이―튜더 왕조 시대에 영주가 오래된 농민경제를 희생시키면서 양의 사육을 확대하는 일이 매우 널리 또 급속도로 행해졌기 때문에, 토머스 모어Thomas More[1478~1535]가 양이 사람들을 먹어치우고 있다고 말할 정도가 되었다. 그렇지만 나는 사람들이 당시에 이미 '담으로 둘러싸인' 토지, 즉 주로 양치는 곳으로 바뀐 토지의 면적을 과대평가하였다고 생각한다. 그렇지만 어쨌든 농업에서 자본주의적 대기업의 방향으로의 움직임은 존재하였으며 18세기까지 멈추지 않았다. 그리고 이러한 움직임은 근대 자본주의의 발생에 있어서 이중적으로 의의가 있다. 첫째, 그것은 자본주의적인 조직 형태를 만들어냈다. 둘째, 그것은 농촌에 있는 소규모 자작농의 생계유지 공간을 감소시킴으로써 자본주의적인 공업의 형성을 촉진시켰다.

그런데 이러한 움직임 전체는 또다시 사치의 소산이다. 왜냐하면 새로 세워진 양치는 곳에서 나오는 양모는―나중에 보게 되는 바와 같이―플랑드르, 브라반트 및 피렌체 등에 있는 고도로 발달된 직물 공장에서 부자들이 소비하는 최상의 직물을 만들어내기 위한 원료를 제공하였기 때문이다.

그 밖에 농업에 대한 사치의 영향은 그 덕분에 농업생산이 향상되고 개량되었다는 것이다. 이것은 또다시 수익을 증대시켰으며, 아울러 지가를 높였다. 이것이 비록 지주들로 하여금 자본주의적인 토지 관리를 하게 하지는 못하였지만, 봉건적인 농업의 낡은 형식을 타파하고, 간접적으로는 또다시 일반적인 자본주의 발전에의 길을 연 자본주의 정신을 농업에도 스며들게 하였다(나는 이것을 나의《근대 자본주의》에서 서술하려고 하였다).

19세기에 이르기까지 유럽 농업에서 대부분의 기술적 및 경제적 혁신은 이런 의미에서 부자들의 점점 늘어나는 사치수요에 의해서 일어났다. 농업에 대한 사치수요의 이러한 영향에 비하면, 대량수요(즉 곡물 수요)의 영향은 의심할 바 없이 부차적인 것이었다. 본 연구의 제2권에서 증명한 바와 같이, 대량수요는 16세기 이후 거대한 수요를 지닌 군대가 갑자기 나타난 곳에서만 혁명적으로 발생하였다. 이것을 제외하면, 점차적으로 늘어나는 도시 주민을 위한 곡물 생산은 중세적-봉건적인 농업의 틀 속에서 행해졌다. 그러나 나의 이러한 견해에 반대하면서 농업에 보다 큰 자극을 준 것은 런던, 파리, 암스테르담, 밀라노, 베니스 등과 같은 세계적인 대도시의 거대한 곡물 소비였다고 주장하고 싶은 사람이 있다면, 나는 사실 이러한 도시들이 전체적으로 사치의 소산이었다고 지적함으로써 반론할 것이다. 그렇지만 나는 농업이 18세기까지 겪은 변화가 주로 사치 때문이라는 것을 보여주기 위해서 장황하게 서술할 필요는 없다고 생각한다.

중세 말기에 이탈리아의 지방자치 단체들이 급속도로 발전하였기 때문에, 이탈리아의 거의 전역에서는 농업이 근대적인 특색을 지니게 되었다. "자본이 풍부하였기 때문에 시골은 관개, 배수, 개간을 크게 발전시킬 수 있을 뿐만 아니라, 그 밖의 점에서도 많은 개량을 할 수 있게 되었다. 주민의 모든 계층에 골고루 퍼진 복지는 …… 농산물의 수확을 향상시키고 품질도 높였다. 섬유산업이 번영하였기 때문에 직물을 만드는 데 쓰이는 식물의 재배가 상당히 확대될 가능성도 생겨났다……" 이탈리아 농업사에 대해서 가장 잘 알고 있는 사람 중 한 사람은 자신의 연구 결과를 이처럼 요약하였다.[36] 그리고 당시 이탈리아의 경작지와 포도원에서 불고 있는 것이 자본주의 정신이었다는 것을 대부분의 도시법 연구들이 가르쳐주고 있는데, 이 연구들은 거의 언제나 농업도 다루고 있다. 왜냐하면 그 도시법들의 목적은 소작인이나 자유 소작농민의 기만 및 나태함으로부터 토지 소유자를 보호하고, 전담 관리인 제도(살타리saltari)를 만들며, 농삭물을 훔친 자에게 벌을 주는 것 등등이었기 때문이다.

이탈리아에서 일어나고 있었던 것과 비슷한 현상들이 이미 중세에 벨기에에서 일어났으며, 또한 당연히 독일, 프랑스, 영국 등의 각지에서도 일어났다. 그렇지만 이들 나라에서는 도시의 자본주의적 발전의 영향이 중세의 농업 상태를 변화시키기에 충분할 정도로 오래 지속되지는 않았다.

이에 반해 스페인만은 자본주의적 농업을 유일하게 꽃피웠는데, 이 시기는 16세기였다고 말할 수 있다. 스페인에서 자본주의적 농업이 꽃을 피우게 된 것은 특히 갑자기 부자가 된 정복자들Conquistadores〔16세기에 멕시코, 페루를 정복한 사람들을 가리킨다〕뿐만 아니라, 또한 스페인

도시의 상인 및 금융업자 들로부터의 급속도로 늘어나는 수요 때문이었다. 스페인 남부에서는 포도 재배가 대규모로 행해지게 되었다. 카디스와 세비야에서만 14만 젠트너의 와인을 아메리카로 수출하였다. "당시에 세비야의 상인 중 큰 규모의 상인들은 가장 수요가 많은 상품의 재배에 직접 손을 대 자신의 장사를 더욱 비약적으로 발전시킬 생각을 하였다. 그들에게는 거대한 자본이 있기 때문에, 단지 원하기만 하면 되었다. 따라서 마치 요술 지팡이에 맞은 것처럼, 시에라 모레나 산맥에 이르기까지 과달키비르 계곡이 큰 물결을 치며 흐르는 전답, 울창한 과수원 및 올리브 밭, 그리고 포도원으로 뒤덮였으며, 여기서 수확되는 것만으로도 배를 가득 채웠다."[37]

스페인 국회는 16세기에 포도 재배가 수익이 더 좋기 때문에 포도가 토지에서 빵을 빼앗아가고 있다고 불평을 늘어놓았다. 따라서 전답이 포도로 인해서 줄어드는 것을 막으려는 시도가 행해졌다.[38]

그렇지만 '농업의 번창'과 증대되는 사치수요의 연관은 17세기와 특히 18세기의 영국에서 분명하게 추적될 수 있다. 영국에서 농업을 혁명적으로 변화시킨 것은 확실히 사치소비의 중심지로서 런던의 중요성의 증대였다. 우리가 근대의 합리적인 농업의 시작을 영국에서 찾아야 한다면, 그 근거는 콜루멜라Columella와 그의 동료들이 기술한 바와 같은 옛 로마에 비유할 만한 런던의 독특한 지위에 있었다.

18세기의 마지막 25년간의 영국의 농촌에 대해서 쓴 저술가들, 1788년에 출간된 디포의 저작[39] 제8판의 편집자인 아서 영Arthur Young[40]과 또한 이든Frederick M. Eden[41]은 영국의 농업이 새로운 길을 따르는 것은 전적으로 런던으로부터 자극을 받았기 때문이라는 인상을 우리에게 남기고 있다. 또한 18세기 말경에 상공회의소의 권유로 작성된 백작령伯爵領에 관한 보고서에서도, 수도 런던은 모든 지방에 빛을 비추는 태양처럼 묘사되었다. 런던을 위해서 생산하는 곳은 어디에서나 농업이 진보하였다. 이론적으로 말하면, '도시' 주위에는 한결같이 집약적인 농업의 원圓이 생겨났다. '농업 향상'이 특히 뛰어난 곳으로 평판이 있는 백작령은 에식스("시골의 전체 모습이 정원 같다"),[42] 서식스,[43] 켄트,[44] 서리,[45] 허트포트,[46] 노퍽,[47] 서퍽[48] 등이었다. 한 여행자는 런던에서 상당히 멀리 떨어진 곳에서 집약적인 농업경영이 행해지고 있는 것을 보고는, "런던에서 매우 먼 곳에" 그와 같은 것이 있다는 것에 놀랐다.[49] 그렇지만 그는 반대로 수도 근처에 있는 지역이 그 위치의 이점을 조금도 얻지 못한 채 조방농업의 구태에서 벗어나지 못한 것을 보고는 격분하였다.[50]

대부분의 농산물 가격은 주변 지방에서 런던으로 가까이 갈수록 규칙적으로 올라갔다.[51] 지방에 사는 사람들은 거의 방사상으로 런던에서 지방으로 뻗어 있는 국도[52]가 생활비를 올리고 있다거나,[53] 아니면 런던 사람들이 가장 좋은 식료품을 빼앗아가도 자기들은 바라만 보고 있을 수밖에 없다는 올바른 관찰을 하였다.[54]

그러나 여기서 어떻게 해서 런던이 농산물 가격의 변동과 농업경영의 상태에 이처럼 큰 영향을 미칠 수 있었는가를 묻는다면, 혁명적으로 영향을 미친 것은 실제로 인구 증가가 아니었다고 답해야 한다. 왜냐하면 인구의 증가는 18세기에는 결코 매우 엄청날 정도로 크지 않았기 때문이다. 페티William Petty와 킹의 계산을 신뢰한다면, 런던의 인구는 이미 1680년대에 약 70만 명이었지만,[55] 그 후 100년 동안에는 거의 늘지 않았다.[56] 그 후 십 년 동안 매우 이상할 정도로 인구 유입이 일어난 19세기 초, 즉 1801년에는 인구가 86만 4,845명에 이르렀다.

농산물 수요의 매우 주목할 만한 증가를 초래한 것은 오히려 그 대부분이 부유한 주민들의 **소비의 세련화**이었음에 틀림없다. 18세기의 여러 농산물의 가격 변동을 관찰해도, 우리는 똑같은 결론에 도달한다. 즉 영국에서는 곡물 가격이 적어도 18세기의 전반기에는 결코 상승하는 경향을 나타내지 않았는데 반해서, 대부분의 다른 산물들의 가격, 특히 육류 가격은 오른 것이다.[57] 그리고 소비가 실제로 어떻게 행해졌는가에 관해서 우리에게 알려져 있는 사실들도 이러한 가설을 철저하게 입증하고 있다. 무엇보다도 런던에서의 **육류 소비량**은 18세기에 절대적으로도 매우 상당하였을 뿐만 아니라, 또한 특히 이 시기에 두드러지게 증가하였다. 예를 들면 이든이 제시한 수치[58]에 대해서는 결코 너무 큰 의의를 부여해서는 안 된다고 하더라도―이든에 의하면, 18세기 말경의 육류 소비량(돼지고기와 송아지 고기는 제외)이 주민 1인당 90파운드나 된다. 즉 오늘날의 대도시들도 결코 도달하지 못하는 수준이다. 뿐만 아니라 인구가 약 10만 명이 늘어났다고 가정한다면, 1인당 소비량은 60년 동안 50퍼센트나 증가하였다―어쨌든 대단히 많은 육류가 소비되었다는 것은 의심할 바없다. 예를 들면, 우리는 이것을 지상 최대의 규모로 일주일에 두 번열리는 유명한 스미스필드의 가축 시장[59]과, 스페인의 어느 외교사절이 "스페인 국민 모두에게 1년 동안 공급할 수 있을 정도의 많은 고기가 여기서는 한 달 사이에 팔리고 있다"[60]라고 말했던 마찬가지로 유명한 레든홀의 육류 시장에 관한 기록에서 알 수 있다.

18세기 중엽 런던에는 시장에서 보다 멀리 떨어져 있는 곳에 사는 가구들을 위한 "많은 길거리 고깃간 이외에도", 새와 야생동물의 고기를 포함한 "갖가지 종류의 좋은 고기"를 파는 "거대한 육류 시장"이 17군데나 있었다고 한다.[61]

또한 우리는 이것을 광대한 지역에서 행해졌고, 또 일부는 고도로 발전한 18세기 영국의 목축에 대해서 전하는 보고서들로부터도 추론해낼 수 있다. 그 보고서들은 노퍽, 에식스, 서머싯뿐만 아니라 켄트에서도 농업 발전이 무엇보다도 목초지 건설과 집약적인 가축 사육을 목적으로 이루어졌다고 말하는 점에서 모두 일치하고 있다. 때로는 이미 상당한 정도의 목축 전문화가 당연히 목양과 목우 사이에서 일어났을 뿐만 아니라, 그 전문화는 데번셔 같은 산악지대는 본래의 목축을 떠맡고 서머셋셔 같은 비옥한 저지대는 살찌게 하는 것을 책임지는 식으로 상당히 진척되었다.[62]

가축 사육 기술의 신속한 개선은 가축 한 마리 한 마리의 평균적인 무게의 놀라운 증가를 불러왔다. 스미스필드 가축 시장에서의 그 평균적인 무게는 다음과 같았다.

	소	송아지	양	새끼양
1710년	370파운드	50파운드	28파운드	18파운드
1785년	800파운드	148파운드	80파운드	50파운드

농업의 생산 기술을 향상시킬 뿐만 아니라 소비도 세련화하는 바

로 이 전문화 경향은 다른 농산물에서도 관찰할 수 있다. 디포가 농촌을 묘사한 글들을 훑어보면, 로마의 농업 저술가들의 기술이 아주 생생하게 떠오른다. 디포의 글을 보면, 보리나 엿기름으로 만든 음료를 전문적으로 만들어내는 지역이 있었는가 하면,[63] 또 그 음료를 만드는 데 필요한 호프를 생산해내는 지역이 있었다.[64] 여기에서는 귀리가,[65] 저기에서는 감자가 주로 재배되는 산물이었다.[66] 가장 좋은 닭고기는 도킹 근교(서리)에서,[67] 가장 좋은 치즈는 옥스퍼드셔와 글로스터셔에서,[68] 가장 좋은 베이컨은 윌트셔와 햄프셔[69]에서 각각 생산되었다. 한편 템스 강변의 지역은 모범적인 목재 공급지였으며,[70] 또 런던에서 가장 가까운 근교에서는 야채가 원예적인 방식으로 생산되었다.

채소밭은 그레이브젠드까지 계속 이어졌는데, 그곳에서는 가장 좋은 아스파라거스를 재배하고 있었다.[71]

2. 식민지

유럽에서의 사치수요의 증대는 식민지의 농업에는 아주 다른 영향을 미쳤다. 즉 식민지에서는 대규모의 자본주의적인 기업―아마도 그런 종류로는 최초일 것이다―을 직접적으로 탄생시켰다.

우선 먼저 식민지 무역의 대상을 살펴보면, 유럽 국가의 거의 모든 식민지에서의 생산물이 비싼 사치품이었다는 것을 알 수 있다. 왜냐하면 이러한 사치품은 그 대부분이 해외 농업에서 생산되었기 때문이다. 여기서 특히 우리의 관심을 끌고 있는 품목인 설탕, 코코아, 목면(18세기 중엽까지는 사치품이었다), 커피는 모두 아메리카 식민지에서 생산되었다. 그리고 향료는 동아시아 식민지의 주된 산물이었다. 그렇지만 나는 담배는 제외한다. 왜냐하면 그것은 하층민 사이에도 널리 보급된 기호품이었기 때문이다(고급품은 예외이다). 18세기 초에 한 저술가가 완전히 사실 그대로 판단한 바와 같이, "식민지에서는 오직 사치 무역을 위해서만 일을 한다."[72]

네덜란드의 향료 식민지에서 행해졌으며 복잡한 원주민 강제 생산 조직에서 절정에 달한 노동 제도를 예외로 한다면, 유럽 식민지에서 앞서 말한 사치품들은 모두 철저하게 자본주의적인 성격을 지닌 대규모 식민농장에서 생산되었다. 사람들은 유럽 문화의 전통에서 멀리 떨어진 이곳에서 처음으로 순수하게 자본주의적인 구조가 발전하였다고 말해왔는데, 이는 아마도 옳을 것이다. 물론 이 경우 자본주의라는 개념을 보다 넓게 받아들이지 않으면 안 된다. 즉 적어도 그 노동이 돈을 주고 산 노예에 의해 행해질 경우, 부자유한 노동에 기초하는 조직도 자본주의적이라고 부르지 않으면 안 된다는 것이다. 왜냐하면 유럽의 식민지에서의 경영이 노예노동에 기초를 두고 있었다는 것은 잘 알려져 있는 사실이기 때문이다. 그렇지만 자본주의적인 기업에 속하는 그 밖의 모든 필요조건들은 확실히 존재하였다. 영리 원칙의 지배, 경제적 합리주의의 지배, 규모, 생산을 감독하는 자와 노동자계급의 사회적 구별. 크납Knapp은 다음과 같이 말하였다 "그 이외에 아무것도 아닌 육체 노동자계급은 여기 식민지에서는 완전히 벌거벗은 검은 니그로의 노예 신분 형태로 나타났다."

244

중세 시대에 에게 해의 이탈리아 도시들의 식민농장들은 이미 대자본주의적인 성격을 지니고 있었다. 비옥한 섬들(크레타, 키오스, 키프로스)은 와인, 목면, 인디고 염료, 유향, 올리브, 뽕나무, 무화과 열매, 아편의 수지樹脂, 콜로신드오이Koloquinte, 카루베Karube[콩의 일종], 그리고 무엇보다도 사탕수수를 재배하였다. 예를 들면 리미소Limisso 지방에서는 지스텔레Ghistele가 "키프로스 섬 전체의 창고"라고 이름붙인 광활한 사탕수수 농장을 코르나로Cornaro 가문이 소유하고 있었다. 이탈리아인 카솔라Casola가 1494년에 그 지역을 방문했을 때, 그곳에 고용되어 있는 사람이 400명이나 되었다.

아메리카 대륙의 식민지에서는 모든 것이 거대한 규모로 커졌다. 여기서는 인디언 노예들이 짧은 기간 동안 사용된 다음에 흑인 노예들에게 자리를 내주었다.

노예 경제의 최고 이론가의 한 사람인 케언스John E. Cairnes는 흑인 노예제도와 대규모 생산이 언제나 나란히 진행된 이유를 서술한 바 있는데, 그러한 상황은 영국령 서인도제도, 쿠바, 브라질 및 북아메리카 남부의 여러 주 등에서는 어디서나 일어났다. 클레이 씨에 따르면, 부유한 농장 소유자가 자기보다 가난한 이웃들의 토지를 사서 그들의 농장과 노예의 수를 늘렸다. 그리고 이윤율이 낮아져도 견딜 수 있는 소수의 부자들은 그들의 땅에 불을 지른 후 약간의 휴식기를 두어 많은 자작농들을 그곳으로부터 몰아내었다.[73]

우리가 각각의 농장의 확대에 대해서 갖고 있는 수치들은 이러한 일반적인 판단이 옳다는 것을 증명하고 있다.

뛰어난 관찰자인 라바Jean-Baptiste Labat에 의하면, 1700년경 프랑스령 안틸 제도에 있는 한 식민농장은 35만에서 40만 프랑의 가치가 있는 것으로 평가되었다.[74] 알렉산더 폰 홈볼트가 전하는[75] 한 사탕수수 농장의 면적은 650헥타르를 넘었으며, 300명의 흑인을 고용하고 있었다. 그리고 투자한 자본은 200만 프랑이나 되었다. 220명의 노예가 일하고 있는 또 다른 사탕수수 농장의 가치는 3만 5,000파운드로 평가되었다.[76] 1791년에는 프랑스령 아이티 섬에 792개의 식민농장이 있었는데, 그중에서 341개는 평균적으로 18만 프랑, 나머지 451개는 23만 프랑으로 평가되었다. 이들 식민농장은 최소한 매년 1억 프랑 이상의 가치를 지닌 75만 미터젠트너Meterzentner[1미터젠트너는 100킬로그램]의 사탕수수를 수출하였다. 아이티 섬 전체가 대人주민이라고 불리는 소수의 식민농장 소유주들의 수중에 있었으며, 이들은 결속력이 강한 지배계급을 이루었다.[77]

식민농장의 확대와 그 집단적인 의미에 대한 올바른 이해를 가장 빨리 얻을 수 있는 방법은 그곳에서 일하는 노예의 수를 아는 것이다. 이것은 별로 어렵지 않다. 왜냐하면 적어도 19세기와 부분적으로는 18세기의 노예 인구에 대해서 꽤 정확한 통계가 있기 때문이다. 강제로 노동하고 있는 노예의 수가 최고조에 달한 것은 노예제도가 폐지되기 직전이었다. 즉 사치품 생산이 더 이상 식민농장의 주요 생산물이 아니었고, 또 특히 목화 재배를 하는 노예들이 이미 유럽인의 소비를 위해서 방사 원료를 만들고 있을 때였다. 그러나 노예의 수를 필요한 만큼 줄이는 것은 어려운 일이 아니었다.

영국령 서인도제도에는 1778년 66만 3,899명의 흑인 노예들이 있

었다.[78]

보다 정확한 숫자가 남아 있는 몇몇 식민지에서는[79] 노예제도의 발달이 다음과 같이 진행되었다(나는 최초로 신뢰할 수 있는 수와 최고조에 달했을 때의 수를 제시한다).

마르티니크 섬	1700년 :	14,566
	1831년 :	86,299
과들루프	1700년 :	6,725
	1831년 :	99,039
프랑스령 기아나	1695년 :	1,047
	1831년 :	19,102
부르봉	1776년 :	26,175
	1834년 :	70,425
자메이카	1658년 :	1,400
	1817년 :	343,145
바베이도스	1822년 :	69,870
	1829년 :	81,500
안티과	1774년 :	37,808(최고점)
모리셔스	1776년 :	25,154
	1826년 :	63,432
쿠바	1774년 :	44,333
	1827년 :	286,942
푸에르토리코	1778년 :	6,530
	1836년 :	41,818

노예가 있는 모두 나라의 노예의 총수는 1830년대에 682만 2,759명에 달하였다. 파리와 런던의 귀여운 아가씨들이 그들의 기분을 만족시키기 위해서 이 거대한 흑인 군단을 동원하였다는 생각을 하면, 호기심이 일어나지 않을 수 없다.

IV. 사치와 산업

1. 사치산업의 의의

공업생산의 영역이야말로 사치의 영향이 매우 확실하게 느껴지는 분야이다. 이 분야에서는 가장 우둔한 사람이라도 사치수요의 발전과 자본주의의 발전 간의 연관을 분명하게 파악할 수 있다.

우리는 거리낌 없이 아주 피상적인 경험에 근거해서도 수많은 산업은 사치수요를 충족하기 위해 생겨났으며, 따라서 많은 산업이 '사치산업'이라고 불려야 한다는 것을 밝혀낼 수 있다. 하지만 그렇다 하더라도 좀 더 자세하게 들어가면, **사치산업이라는 개념**이 매우 불명확한 것은 아닌지, 또 그 개념의 의미가 무엇인지를 제일 먼저 설명해야 되는 것은 아닌지라는 의문이 떠오른다.

사람들은 사치산업이란 사치품 즉 비싼 의복, 우아한 가구, 장식품 등등을 만들어내는 산업이라고 말할 것이다. 그렇지만 우리가 좀 더 주의 깊게 생각해보면, 도대체 사치품이란 무엇인가? 예를 들면 앞에서 언급한 것들은 다음과 같은 공통점을 갖고 있다. 즉 그것들은 사치수요에 직접 쓰이고 있고 개인적인 소비재이며 일차적인 재화라는 것이다. 따라서 우리는 그러한 재화를 만들어내는 기업들을 주저 없이 사치산업이라고 불러도 될 것이다. 그러나 금 장식 천이나 벨벳을 만드는 공장도 역시 사치산업이 아닌가? 그 공장은 개인의 소비재는 만들어내지 않지만 생산수단—의복의 재료—즉 2차적인 재화는 만들어낸다. 그런데 비단 직물업이 사치산업이라고 한다면(만약 그렇게 부르지 않는다면, 그것은 언어의 관용을 왜곡하는 것이며, 또 연관되어 있는 것을 분리시키는 것이다), 비단 방적업도 사치산업이 아닌가? 왜냐하면 비단 방적업은 비단 직물의 원료—이것도 하나의 재화, 말하자면 3차적인 사치재이다—를 공급하고 있기 때문이다.

그러면 비단을 짜는 베틀도 사치품이며, 또 비단 짜는 베틀을 만들어내는 것도 사치산업이라고 불러야 하는가?

아니, 그것은 노동수단이기 때문이라고 생각한다면 사정이 달라지는가? 예술 가구의 제조를 위해서 목재를 만드는 제재소는—목재가 사치품인 예술 가구를 만드는 과정에서의 2차적인 재화인 이상—사치산업이라고 불러야 하는가?

나는 그렇게 생각하지 않는다. 나로서는 베르사유 궁전의 분수의 철관을 생기게 한—따라서 이 유명한 사치 설비를 만들어내는 데 없어서는 안 되는 재료를 공급한—제철공장은 결코 사치산업이라고 부를 수 없다고 생각한다.

물론 이러한 종류의 산업과 사치의 발전 사이에는 이미 어떤 관계가 있었다. 그리고 이 문화 현상의 의의 전체를 평가하고자 한다면, 그 현상이 미친 영향의 범위도 함께 고려하지 않으면 안 된다. 왜냐하면 사치가 이 세상에 없었다면, 사치수요의 충족에 다소간 멀리 떨어져서 관여하는 그 모든 공업들도 이 세상에 없었을 것이기 때문이다. 그리고 초기 자본주의 산업의 매우 많은 부분은 이처럼 사치라는 우회로를 통해서 발생하였다. 이 우회로는 때로는 매우 길었다. 유리 공업과 그 밖의 사치산업이 숲속의 나무를 다 써버렸기 때문에, 석탄이 점점 더 그 수요가 늘어나는 연료가 되었으며, 그리고 이 연료에 대한 수요는 사치에 의해 지탱되는 대도시에 점점 더 많은 사람들이 거주하면서 더욱더 늘어났다. 초기 자본주의 시대의 가장 큰 산업 중의 하나인 뉴캐슬의 석탄 산업은 이렇게 해서 생겨났다.

그러나 나는 공업생산에 대한 사치의 영향에 대해서 말할 때, 아마도 간접적인 사치산업이라고 부를 수 있는, 즉 이처럼 간접적으로 사치에 의해 발생된 산업을 가리키고 있는 것이 결코 아니다. 오히려 나는 '본래의' 의미에서의 사치산업, 즉 적어도 우리의 감정으로는 산업의 한 특수한 범주로서 다른 것들과 분명하게 구별되는 사치산업을 염두에 두고 있다. 그러나 소위 직접적이며 **진정한** 사치산업이라는 개념을 가령 일차적인 사치품을 만들어내는 공업에만 한정하는 것은 적절하지 않다. 왜냐하면 앞에서 지적한 바와 같이, 만일 그렇게 한정한다면 금 장식 천 직물공업이나 금 레이스를 만드는 공업처럼 분명히 누구나 인정할 법한 '사치산업'을 제외하지 않으면 안 되기 때문이다.

나는 사치산업의 개념을 본질적으로 규정하는 것은 제조된 상품의 성질이라고 생각한다. 즉 문제의 상품이 비싼 것인지 아닌지가 그 상품을 생산한 공업이 사치산업인지 아닌지를 결정한다는 것이다. 따라서 비단 방적 공장은 비록 3차적인 사치품을 만들어내고는 있지만 사치산업이며, 이에 반해 2차적인 사치품을 만들어내는 제재소는 사치산업이 아니다. 저가 상품, 따라서 실질적인 가치가 낮은 상품을 만들어내는 산업에서도 사치에 의해서 자본주의가 발생한다면, 그것을 가능하게 한 것은 언제나 대량판매이다. 물론 이 대량판매도 사치수요 덕분에 가능한 것이다.

따라서 이제부터는 진정한 사치산업만을 추적해보자. 그러나 우리가 이것에만 주목한다 하더라도, 사치가 영향을 미친 범위와 자본주의 경제체제의 형성에 대한 사치의 의의는 대단히 크다.

그렇지만 유감스럽게도 우리는 그 의의를 양적으로 보여주는 것을 포기해야 하며, 또 특히 공업생산에서 자본주의적인 조직으로의 이행에 있어서 사치가 행한 몫을 수치상으로 확인하는 것도 포기할 수밖에 없다. 그러한 일은 고도로 발달한 직업 통계와 기업 통계가 있는 오늘날에도 할 수 없을 것이다. 왜냐하면 옛날이나 지금이나 사치산업 또는 고급산업의 범주가 수나 양에 기초해서 평가되지 않기 때문이다. '직물공업'의 범주가 있지만, 이 세상의 어떤 통계도 관련된 것이 최고급의 옷감인지 아니면 아주 나쁜 옷감인지는 구별하지 않는다. 이것은 많은 예 중의 하나이다. 따라서 많은 공업의 경우에 그 규모에 대해서 단지 전체적인 수치만을 표시하기 때문에, 그러한 수치 내에서 사치산업에 의해 생산되는 사치품의 양이 얼마나 되는지는 확인할 수 없다. 반면에 그 밖의 종류의 공업, 즉 고블랭 천, 금 레이스, 금세공 등등을 만들어내는 순수한 사치산업의 경우에는 확인할 수 있다. 이러한 '순수한' 사치 공업과는 달리, 조악품과 우량품을 모두 만드는 그 밖의 공업들은 '혼합된' 공업이라고 부를 수 있을 것이다.

따라서 오늘날에도 예를 들면 독일에서 공업 노동자 중 몇 퍼센트가 사치산업에서 일하고 있는지를 말할 수 없다면, 일반적인 산업통계가 전혀 없는 지난 수 세기에 대해서 그러한 수치상의 비율을 정하는 것은 훨씬 더 불가능할 것이다.

그럼에도 불구하고 산업 자본주의의 발전에 있어서의 사치수요의 의의를 평가하고자 한다면, 이와 유사한 모든 경우에서와 마찬가지로 특수 부문에 한정된 귀납적인 방법이라는 우회로를 통해서 평가하지 않으면 안 된다. 무엇보다도 우리는 자본주의적인 사치산업으로 인식되고 인정된 산업 생활의 현상이 지닌 근본적인 특징들을 찾아내지 않으면 안 된다.

그러면 우리는 다음과 같은 것을 증명할 수 있을 것이다.

(1) 몇몇 사치산업은 절대적으로 크게 확대되었는데, 그 의의는 여러 가지의 비교를 통해서 파악할 수 있다.

(2) 명백한 사치산업은 특히 일찍부터 자본주의에 속하였다.

(3) 동종의 산업군에서는 사치품을 만들어내는 산업 부문이 일반적으로 다른 부문보다 먼저 자본주의의 세례를 받았다.

(4) 대大자본주의적이며 대기업적인 조직은 사치산업에서 맨 먼저 형성되었다.

순수한 사치산업과 혼합된 산업에 대한 논의를 따로 분리시켜 제시하면, 이해하기가 더 쉬울 것이다.

2. 순수한 사치산업

(1) **비단 직물 산업**: 비단 직물 산업이 초기 자본주의 시대에 유럽 국가들의 경제생활에서 대단히 큰 의의를 지녔다는 것은 우리의 '역사가들'도 알고 있다. 이것은 말하자면 역사적으로 잘 알려져 있는 사실이기 때문에 길게 증명할 필요가 없다. 여기서 두 개의 수치를 들어보자. 1770년에서 1784년까지 (《분류 백과사전Encyclopédie méthodique》에 있는 통계에 따르면) 리옹의 비단 직물 생산액은 매년 약 6,000만 프랑에 달하였다. 1779년에서 1781년까지 프랑스의 총수입액은 각각 2억 800만 프랑, 2억 1,600만 프랑, 2억 6,900만 프랑이었으며, 반면에 총수출액은 각각 2억 3,500만 프랑, 2억 3,600만 프랑, 2억 6,000만 프랑이었다. 결국 대외무역의 총액은 각각 4억 4,300만 프랑, 4억 5,200만 프랑, 5억 2,900만 프랑이었다. 따라서 리옹에서 생산된 비단 직물만으로도 이 총액의 7분의 1에서 8분의 1을 차지하고 있다. 1911년에 독일 국경을 넘은 상품이 191억 6,100만 마르크이기 때문에, 6,000만 프랑의 생산액은 오늘날로 치면 24억에서 27억 마르크에 상당할 것이다. 다음과 비교해보자. 독일 내무부의 생산 조사에 따르면, 독일에서 생산된 선철의 총액(1908)은 6억 5,715만 2,000마르크에 달하였으며, 무명실의 총액은 6억 4,446만 4,000마르크, 채굴된 석탄의 총액(1910)은 15억 3,525만 8,000마르크에 달하였다. 따라서 선철, 무명실, 석탄 이 세 가지를 합친 것이 오늘날의 한 문화국가의 국민경제에서 차지하는 비중이, 리옹의 비단 직물 산업이 18세기 프랑스의 국민경제에서 차지하는 비중과 대충 비슷하다. 이때 우리가

고려해야 할 점은, 130년 전에는 대외무역이 한 나라의 경제생활에서 오늘날보다 훨씬 더 큰 역할을 하였다는 것이다.

그리고 베를린의 공장 및 제조소에서 만들어진 모든 생산물의 총액이 약 600만 탈러(1783년 니콜라이Nicolai의 보고에 따르면 609만 8,226탈러)에 달했을 때, 베를린의 비단 직물 산업은 300만에서 400만 탈러어치의 상품을 생산하고 있었다.

여기서 우리의 관심을 끄는 것은 당시의 이 기간산업이 자본주의적인 조직을 받아들인 최초의 공업 중의 하나였다는 것인데, 이때 우리는 그것이 산업 자본주의의 역사에서 신기원을 이루었다고 말해도 좋을 것이다. 더욱이 자본주의의 모든 형태에 대해서 매우 이른 시기의 비단 직물 산업은 특징적인 예를 제시하고 있다. 또한 산업에서 아마도 최초의 가내공업적 경영 방식이 발전한 것처럼, 대규모의 수공업과 큰 공장도 역시 비단 직물 산업의 영역에서 최초로 완전한 형태를 취하게 되었다. 즉 14세기의 비단 방적 공장은 말하자면 회사 조직이 큰 기업의 오래된 표본이다.

이탈리아인, 즉 베니스인과 제노바인이 레반트의 식민지에서 대규모로 행한 비단 직물 공업이 어떻게 운영되었는지는 모른다. 여기서는 아마도 노예제도나 농노제도가 경영조직의 기초를 이루고 있었을 것이다.

이에 반해 유럽 국가들에서 자본주의적인 비단 직물 산업(방적업과 직조업)은 일반적으로 **가내공업**에서 최초로, 그것도—내가 이미 말한 바와 같이—매우 일찍이 착수되었다.

파리에서는 이미 14세기 초에—1324년 3월 27일자의 법령이 보여주는 바와 같이 — 생사生絲를 잣거나 꼬는 '방적녀filaresse'라고 불린 여공들이 그들의 고용주 즉 포목상에 대해서 임금노동자의 위치에 있었는데, 이 포목상은 생사를 사서 그것을 잣거나 꼬고 마무른 다음, 바느질 실, 자수품 또는 천을 만들어 팔았다.[80]

비단 직물 산업, 특히 비단 방직업은 이미 베니스에서는 14세기에,[81] 그리고 제노바에서는 15세기에(1432년의 법령)[82] 선대제도先貸制度로 조직되어 있었으며, 이탈리아 비단 직물 산업의 다른 중심지인 루카, 피렌체, 밀라노에서도 같은 방식으로 작업이 행해지고 있었다. 비단 직물 수공업이 16세기에 리옹에서 시작되었을 때에는 말하자면 가내공업의 형태로 등장하였다. 이미 1554년의 첫 번째 법령에는 원료의 횡령에 대한 긴 규정이 들어 있으며,[83] 1554년 1월 28일자의 칙령은 "그 자신이 하루 종일 방직기 앞에 앉아 있지 않으면서 사업을 관리하는 상인"에 대해서 말하고 있다.[84]

그 후 다른 나라에서도 비단 직물 산업의 경영에 있어서는 가내공업적인 조직이 통례적이었다는 것은 잘 알려져 있다. 그러나 비단 직물 산업에서는 선대제도 이외에도, 이미 매우 일찍부터 매뉴팩처[공장제 수공업] 또는 (무엇보다도) 공장 형태의 폐쇄적인 대규모 기업이 발달하였다. 아마도 중세 유럽에서 자본주의적인 기반에 근거한 공장의 첫 번째 확실한 예는 비단 직물 공업에서 나타났을 것이다. 물론 공업적인 기업에 대한 수 세기 전의 기록들을 해석하고자 할 때에는 매우 신중하지 않으면 안 된다. 왜냐하면 대부분의 경우, 매뉴팩처가 문제이건 공장이 문제이건 간에, 그 기록들은 경영 형식을 가리키지 않고 오히려 단지 공업 자체만을 가리키고 있기 때문이다. 어떤 사람이 500명을 고용하는 비단 직물 공장을 세웠다고 하더라도, 그것이 대규모 산업 조직인지 아니면 가내공업적인 조직인지는 분명하지 않다.

어쨌든 비단 직물 산업에서 훨씬 이전부터 대규모 기업의 형태를 취해온 예들이 있다. 그러나 비단 방직업에 관해서는, 이것은 16세기 이전에는 적용되지 않을 것이다. 내가 아는 한에서 맨 먼저 생겨난 매뉴팩처 경영은 46대의 직기織機를 집에 모아놓은 리옹 비단 직물 산업의 창시자의 한 사람인 라울레 비아르Raoulet Viard였다. 반면에 공장 형태를 띤 대기업은 그 전에 비단 방적 공업에서 나타났다. 알리도시Giovanni Alidosi는 4,000스핀들spindle[실의 길이 단위]에 달하는 생사를 수차의 힘으로 잣는 기계를 갖춘 시설이 14세기 전반기에 있었다고 말한다. 왜냐하면 1341년 6월 23일 볼로냐 시는 루카 출신의 볼로니노 디 바르게사노Bolognino di Barghesano라는 사람에게 "기계 하나로 4,000명의 여자 방적공의 일을 행한다"는 기계를 이용하는 비단 방적 공장의 건설을 인가하였기 때문이다. 이러한 사실을 보고하는 문헌의 주요 부분은 다음과 같다.[85]

큰 기계가 몇 대 있는데, 그 기계 하나하나는 — 레노 강으로부터 작은 수로를 통해 끌어들이는 물로 움직이는데 — 매우 빠른 속도로 4,000스핀들의 비단실을 감거나 잣고 또 꼴 수 있다. 같은 시간 안에 이러한 일을 하려면 4,000명의 여자 방적공을 투입하지 않으면 안 될 것이다. 그리고 끌어들인 물은 생사를 유연하게 한다. 그 기계들은 수확량에 따라 변화가 있기는 하지만, 매년 18만 파운드 이상의 생사, 즉 외국산 10만 파운드와 국내산 약 8만 파운드를 가공하고 있다. 이 시설에 대해서 내가 찾아낸 가장 오래된 기록은 1341년 6월 23일자의 것이다. 이 기록에 의하면, 시 정부는. 루카 출신으로 당시에 볼로냐의 카펠라 디 산타루치아에 살고 있는 볼로니노 디 바르게사노에게 시의 성벽 근처의 호濠 위에 비단 방적 공장을 세우는 것을 허가하였다. 또 1345년에는 조반니 오레토 델라 카펠라 디 산타 콜롬바노는 폴레치노에 있는 비단 방적 공장을 위해 물을 끌어들여도 좋다는 법령이 공포되었다.

1371년에는 그 전부가 지방자치 단체의 것으로서 사업가에게 임대되어 있는 13개 비단 방적 공장의 이름을 제시하고 있다(38쪽).

생사를 감기도 하고 꼬기도 하는 볼로냐의 이 기계는 유명하였다. 베허Johann Joachim Becher는 그것에 대해서 다음과 같이 말하였다.[86] "이탈리아의 볼로냐에서 생사를 감기도 하고 꼬기도 하는 방적기계가 발명되었다. 그렇지만 이 기계는 매우 크고 비싸며 다루기 힘들다. 부품이 수천 개나 되며 톱니바퀴와 종종 변속을 위한 기어도 있다. 이탈리아인들은 이 기계를 대단히 높게 평가하고 있으며, 또한 사람들에게 함부로 보여주면 교수형에 처한다고 할 정도로 그 기계를 비밀에 부치고 있다. 나는 이탈리아인들이 만든 이 기계의 모조품을 뮌헨에서 본 적이 있다. 그러나 매우 비싸고 복잡하기 때문에 나는 그것을 별로 높게 평가하지 않았다."

이러한 말에 따르면, 이 거대한 비단 방적기계가 이탈리아 밖으로 전파되었는지는 의심스럽다. 아마도 다른 나라에서의 대규모 비단 방적 공업은 앞서 말한 베허의 발명품이 실제로 이용된 17세기에 들어서야 비로소 발전하기 시작했을 것이다. 그는 자신의 기계가 하렘Harlem 시가 비단 방적을 목적으로 세운 한 공장에서 사용되었다고 말하고 있다. 이 공장은 길이가 300피트나 되었으며 4만 플로린의 비용이 들었다. 베허는 1676년 네덜란드에 갔었는데, 1680년대에 위트레흐트에 거대한 "비단 직물 공장"이 세워져서 500명의 노동자가 빵을 얻었다는 이야기가 있다. 이 비단 직물 공장이라는 것이 아마도 비단 방적 공장이었을 것이다. 게다가 베허의 발명품은 공장[동력으로 움직이는 기계에 의한 제품 생산]에서 매뉴팩처[손으로 움직이는 기계에 의한 제품 생산]로의 복귀를 의미하였다. 왜냐하면 그의 "기계는 변속이 안 되지만 쉽게 조작할 수 있었기 때문이다. 따라서 노동자 한 사람이 한 번에 1,000가닥의 실을 감을 수 있었다. 이에 반해 볼로냐의 기계는 수력으로 움직이지 않으면 안 된다."

요컨대, 이탈리아에서는 14세기 이후, 그리고 그 밖의 북쪽 나라들에서는 17세기 이후 대규모 비단 방적 공장들이 존재해왔었다. 영국에서는 그러한 공장들이 실크 밀Silk-Mills이라고 불리었다(그렇다면 동력이 수력이었다는 것인가?). 디포[87]는 방랑 중에 셰필드에서 그러한 비단실 공장을 보게 되었는데, 이것은 스톡포트에 있는 공장을 본떠서 세운 것으로, 5층으로 되어 있고 길이가 90야드나 되었으며 200명의 노동자가 일하고 있었다고 한다.

(2) **레이스 산업**: 이 사치산업은 몇몇 나라와 지역에서는 커다란 의의를 지니고 있었다. 1669년 프랑스에서는 17만 3,000명의 노동자와 여공이 레이스 산업에서 일하고 있었다.[88] 18세기의 작센 왕국에서는

주민 모두가 레이스를 짜는 것으로 생계를 이어나갔다. 하노버 출신의 농업 관리인인 지글러C. L. Ziegler가 슈네베르크에 가기 위해서 1775년 6월 18일 켐니츠에서 즈뵈니츠로 이동하면서, 친구인 괴팅겐대학 경제학 정교수 요한 베크만에게 이 여행에서 얻은 인상을 편지로 전한 것은 우리로서는 행운이다.[89] 왜냐하면 이 편지를 통해서 우리는 적어도 당시의 에르츠 산맥에서 레이스를 짜는 일이 어떻게 행해졌는가를 알 수 있으며, 또한 집집마다 "여자 수만큼 레이스를 뜨는 대가 탁자에 있었다"는 것도 알 수 있기 때문이다. 다음과 같은 이야기도 전하고 있다. 다섯 살짜리 어린이들도 "이미 두 개의 보빈bobbin[방직 용구의 하나로 실을 감는 통 또는 막대]을 이용해 레이스를 짜기 시작하였으며, 세 살짜리 여자아이의 장난감은 네 개의 보빈이 달려 있는 레이스를 짜는 대이다."

이렇게 뜬 레이스는 이미 18세기에는 더 이상 부자들만 구입할 수 있는 사치품은 아니었지만, 그래도 브라반트Brabant[벨기에의 지방 이름]와 특히 콜베르Jean-Baptiste Colbert[1619~1683. 프랑스의 성직가] 이후 프랑스에서 만들어진 곱고 손으로 짠 레이스는 여전히 사회의 상류층에 속하는 사람들만이 살 수 있었다.

조직은 어느 경우에서나 똑같았다. 레이스를 만드는 노동자는 "(에르츠 산맥에서는) 레이스의 주인이라고 불리는" 상인에게 고용되어 있었다. 그리고 때때로 (프랑스에서는) 이러한 주인 밑에 여자 중간상인들이 있었으며, 이들은 또다시 각각 4명 내지 5명의 여공을 고용하고 있었다.

그렇지만 레이스 산업에서는 다른 산업에서는 결코 찾아볼 수 없는 매우 독특한 공장조직이 발달하였다. (프랑스에서는) 여공들이 숙식하면서 교육도 받는 공식적인 기숙학교가 세워졌다. 이러한 시설에 대해서는 일련의 예산 일람표를 통하여 알 수 있다.[90]

1699년 클레망 드 구프르빌이라는 사람은 생 드니에 세울 레이스 공장에 대해서 다음과 같은 견적을 제시하였다.

연간 실의 비용	6,000
여교사들을 위한 침대 20개	1,000
견습생과 노동자를 위한 침대 200개	6,000
이들 침대에 필요한 각각 2개씩의 시트,	
즉 총 400개의 시트	1,600
교사들의 침대에 필요한 각각 2개씩의 시트,	
즉 총 40개의 시트	400
다기 세트	500
상보와 냅킨류	500
1인당 200리브르의 여교사 봉급	400
1인당 100리브르의 견습생 급식비	20,000
그외	

총계 (단위: 리브르) 96,300

(3) **거울 제조**: 이것은 완전히 대자본주의적인 기반에서 운영되었다. 프랑스에서는 1704년 두 개의 회사가 경쟁하고 있었다. 각각 투

금세공사 엘리스 갬블의 상점 간판
윌리엄 호가의 1723년 작품.

르 라 빌과 파리에 있는 동브 사와 생 고뱅 사였다. 생 고뱅 사는 2년 전 부유한 파리 사람인 앙투안 다쟁쿠르가 99만 리브르를 주고 매입하였다.[91] 포부르 생 앙투안에 있는 거울 공장은 500명의 노동자를 고용하고 있었다. 메르시에는 하나의 연마장에서 400명의 노동자가 일하고 있는 이 공장의 설비에 대해서 기술하고 있다.[92]

(4) **도자기 산업**: 이것은 18세기에 특히 두드러진 사치산업이었다. 다소간 국가의 통제하에 있는 도자기 공장은 다음과 같은 도시에 설립되었다. 1709년 마이센, 1718년 빈, 1720년 회히스트, 1740년 뱅센, 1756년 이후 세브르, 1743년 나폴리 근교의 카포 디 몬테, 1744년 퓌르스텐베르크, 1750년 베를린, 1755년 프랑켄탈, 1758년 님펜부르크와 루드비히스부르크, 1772년 코펜하겐. 그러나 이것들 이외에도

사기업들이 많이 있었다.[93]

도자기 공장들은 곧 대기업으로 성장하였는데, 이러한 예는 당시의 다른 산업에서는 별로 없었다.

베를린의 도자기 공장은 1798년에 이미 400명의 노동자를 고용하고 있었다.[94] 마이센의 공장에서 일하는 노동자의 수는 다음과 같이 늘어났다.[95] 1719년 26명, 1730년 49명, 1740년 218명, 1745년 337명, 1750년 378명.

(5) **그 밖의 산업**: 지금까지 예로 든 앞서 말한 순수한 사치산업에 대해서처럼 그 밖의 순수한 사치산업에 대해서도 비슷한 분석을 행하는 것은 별로 의미가 없다. 독자는 지루해할 것이다. 왜냐하면 사정은 항상 똑같기 때문이다. 곧바로 자본주의적인 또는 대기업적인 기초 위에 세워지지는 않았다 하더라도(이것이 대부분의 경우이지만), 늦어도 18세기 안에 자본주의적이며 또 종종 대기업적인 형태로 이행되지 않은 실제적인 사치산업은 하나도 없었다. 유리 산업(이탈리아 무라노 섬에서의 유리 제조 이후)도, 설탕 산업도 그러하였다. 캠든Cambden은 18세기 런던의 "과자 제조인"의 자본을 1,000파운드에서 5,000파운드로 평가하였다. 금세공업 등 금을 다루는 업종에서도 사정은 마찬가지였다. 1748년 아버지의 뒤를 이어서 루브르 궁에 들어간 유명한 금세공사 프랑수아 토마 제르맹은 300만 프랑어치를 팔았지만, 240만 프랑의 빚을 지고 파산하였다. 런던의 금세공사들은 최소한 500파운드에서 3,000파운드의 자본을 갖고 있었다. 18세기에 베를린에서 가장 큰 기업은 몰Tresse〔인조 비단실이나 금실, 은실 따위를 가느다란 철사 두개에 촘촘히 끼워 비틀어서 만든 장식용 끈〕 장식 띠, 장식

용 술 등등을 만드는 금은세공 공장이었다. 이들 공장은 1784년에는 813명, 1799년에는 1,013명, 1801년에는 1,151명을 고용하였다. 자수업의 경우도 마찬가지이다. 1774년 한 프랑스인은 77명의 노동자가 일하고 "신사숙녀의 장식에 쓰는 비단 등의 고가품"을 대량으로 만드는 공장을 베를린에 세웠다. 조화 제조도 마찬가지이다. 이러한 종류의 최초의 공장이 1776년 베를린에 세워졌다. 이 공장은 1784년 2만 4,000탈러어치의 상품을 생산하였으며 140명의 "여편네들"을 고용하고 있다.

3. 혼합산업

대부분의 경우 사치산업은 ― 우리가 본 바와 같이 ― 자본주의에 의해, 또한 종종 대기업들에 의해 지배되고 있다. 이 대기업들은 우리가 고찰한 경우에는 예전부터의 수공업과 **나란히** 발전하였다. 그러나 사치산업과 자본주의가 얼마나 밀접하게 연관되어 있는가, 또 사치수요의 증대가 자본주의의 발전에 얼마나 중요한 의의를 지녔는가는, 우리가 오랜 수공업의 틀 속에서 나타났으면서도 그것으로부터 분화된 사치산업을 검토할 때야 비로소 완전하게 평가할 수 있다. 이때 우리는 자본주의에 속하게 된 수공업의 분야가 언제나 사치수요를 위한 생산 활동을 행해왔다는 것을 알아차릴 수 있다 ― 이것은 우리가 이 기회에 획득할 수 있는 경제사적으로 가장 중요한 인식이다. 달리 말하면, 대부분의 수공업은 이미 초기 자본주의 시대에 분화 과정을 겪었다. 즉 예술적이며 질이 우수한 노동은 보통의 거친 노동과 분리되어 독자적인 공업으로 독립하였다. 이러한 공업은 그렇게 해서 자본주의적인 성격을 취한 데 반해서, 거친 노동은 (현대에 들어와서야 비로소) 자본주의적인 조직으로의 변화를 겪을 때까지는 오랫동안 수공업의 단계에 머물러 있었다. **수공업과 사치산업은 동시대의 사람들의 의식에서도 서로 배제하는 하나의 대조를 이루고 있었다.** 메르시에의 아름답고 특징적인 다음과 같은 구절들이 그것을 분명하게 인식시켜 주고 있다.[96]

장인들은 가장 행복한 사람들인 것 같다. 부지런함과 솜씨를 통해서 그들은 자신의 위치를 지키고 있다. 이것은 현명한 일인 동시에 대단히 드문 일이다. 그들은 야심도 허영심도 없다. 단지 자신의 생계와 즐거움(!)을 위해서 일할 뿐이다. 그들은 정직하며 모든 사람들에게 공손하다. 왜냐하면 그들은 모든 계층의 사람들을 필요로 하기 때문이다. 장인들의 생활은 질서가 있다. 그들은 사치 기술의 직업보다 더 유용한 직업에 헌신하기 때문에 평화로운 마음과 조용한 생활로 보답 받고 있다고 말할 수 있을 것이다. 목수는 에나멜을 칠하는 자가 결코 갖고 있지 않은 성실함을 지니고 있다.

나는 이러한 산업을 순수한 사치산업과 대조되는 의미에서 '혼합산업'이라고 부르고자 한다. 왜냐하면 그러한 산업은 고급품 수요를 위해서 뿐만 아니라 저급품 수요를 위해서도 일하기 때문이다.

물론 여기에서도 문제의 모든 산업에 대해서 완전한 조감도를 만들 수는 없다. 나의 생각이 옳다는 것을 증명하는 데에는 그중 가장 중요한 산업들만으로도 충분하다.

(1) **모직물 산업**: 모직물 산업이 비단 직물 산업과 나란히 초기 자본주의 시대의 가장 중요한 공업이었다는 것은 말할 필요가 없다. 모직물 산업에서 가난한 사람들을 위한 직물과 부자들을 위한 직물이 모두 만들어졌다는 것은 당연한 일이다. 그러나 우리가 한 나라와 그 도시의 자부심이면서 그들의 부의 원인이 되는 '번성하는 모직물 산업'과 마주치는 경우, 그것은 언제나 비싼 고급 직물을 만들어내는 공업, 즉 '사치산업'이었다. 이 공업은 일찍부터 자본주의적으로, 혹은 대기업 방식으로 조직되어 있었다(군대 수요에 대한 조달이 대량생산을 가능하게 하는 매우 자본주의적인 직물 공장을 생기게 할 때까지는).

달리 표현하면, 모직물 공업이 근대 자본주의의 형성에 관여한 한에서는, 그것은 하나의 사치산업이다.

아마도 가장 일찍이 엄격하게 자본주의적으로 조직된 대규모 산업은 피렌체의 모직물 산업일 것이다. 이 산업이 비단 직물 산업과 함께 피렌체의 영광과 권력을 확립시켰다는 것(피렌체의 영광과 권력이 순수한 금융 산업에 의지하지 않은 한에서는)은 잘 알려져 있다. 피렌체의 모직물 공업이 실로 매우 일찍부터, 즉 이미 13세기 때부터 자본주의적인 토대에 근거하였다는 것을, 알프레드 도렌Alfred Doren의 뛰어난 연구는 의심할 여지가 없게끔 분명하게 밝혔다.[97] 1300년의 칼리말라Calimala의 최초의 동업자조합 정관조차도 가내공업적인 경영이 확고하게 뿌리박았다는 것을 보여주고 있다.

그러나 이 가내공업은 의심할 바 없이 엄밀한 의미에서는 사치산업이기도 하였다. 칼리말라 동업자조합(우리가 알고 있는 바와 같이, 정제 공장을 경영하고 있었던)의 역사는 잘 알려져 있지 않다. 그렇지만 확실한 것은 피렌체의 무역이 일련의 정제 과정(염색 및 마무리)을 통해 북쪽 국가들의 조악한 제품들을 개선하고 세련되게 만드는 데 성공함으로 말미암아 크게 번영하였으며, 아울러 그로 인해서 그들이 동양과 서양의 점점 높아지는 사치 요구를 충족시킬 수 있었다는 것이다. 그들은 이슬람권의 수요와 요구를 잘 알고 있었다. 그들은 술탄의 영토인 알가르바Algarva에서도 최상품 천을 수입하였다. 따라서 그들은 기술적으로 뛰어난 사치품 제조의 비밀을 점차 캐낼 수 있었으며, 또한 북쪽 나라들이 생산해낸 거친 천에 고운 윤기와 빛나는 색채를 주는 법도 배울 수 있었다. 그리고 이 고운 윤기와 빛나는 색채는 그때부터 피렌체 산 제품을 다른 모든 곳의 제품들과 구별 짓는 특징이 되었다.[98] 15세기 중엽 고로 다티Goro Dati는 다음과 같이 말하였다. "피렌체에서는 다량의 최상품 천을 다른 곳에서보다 더 잘 만들어낼 수 있다."

따라서 피렌체의 모직물 산업은 전체적으로 뛰어난 품질의 제품을 생산함으로써 다른 나라와 도시의 모직물 산업과는 대조를 이루고 있었다. 피렌체 시 안에서도 마찬가지로 거친 천과 고운 천이 구분되어 있었다. 왜냐하면 모직물 산업 전체의 제품 중에는 품질이 좋지 않은 값싼 물건도 있기 마련이기 때문이었다. 14세기에는 조악한 제품과 고급품이 공간적으로도 분리되었다. 이것은 가르보 지구와 산타 마르티노 지구 간의 대조에서 찾아볼 수 있다. 그런데 특히 흥미로운 것은 조악한 대량생산품이 만들어진 가르보 지구에서는 조합으로 조직된 소규모의 수공업적 색채가 짙은 장인들이 살고 있었는데 반해

서, 본래의 사치산업이 자리잡고 있었던 산타 마르티노에서는 상인
답게 자본주의적으로 사리만을 추구하는 사람들이 다수를 차지하고
있었다. 적어도 이것은 내가 가르보 지구와 산타 마르티노 지구 간의
끊임없는 싸움에서 알게 된 것이다.[99]

스페인의 모직물 산업에 대해서는 잘 알려져 있지 않다. 보통의 기
록들은 스페인의 모직물 산업이 16세기에 "번영하였다"라고 말하고
있다. 그러나 스페인의 모직물 산업이 (a) ('번영한' 한에서는) 사치산업
이었으며, 또 (b) (사치품을 생산하는 한에서는) 자본주의적으로 조직되
어 있었다는 것을 인정하는 한도 내에서는, 우리는 사정이 어떠하였
는가를 짐작할 수 있다.

귀차르디니Francesco Guicciardini는 단지 이렇게 말했다.[100] "오늘날에는
도처에서 이 산업에 몰두하기 시작하였다. 따라서 예를 들면 발렌시
아, 톨레도, 세비야 등과 같은 스페인의 여러 지방에서는 모직물, 비
단 직물, 금실을 짜 넣은 제품 등이 생산되었다." 그리고 16세기 세고
비아의 한 축제 행렬에 대한 기록에는 다음과 같은 시사하는 바가 많
은 구절이 있다.[101] "일반 서민들이 상인이라고 틀리게 부르는 모직물
업자와 직조업자 들이 두 번째로 왔다. 그들은 사실상 그들의 집 안
에서뿐만이 아니라 집 밖에서도 많은 사람들을 고용하고 있는 대가
족의 아버지와 같다. 어떤 사람들은 200명이나 고용하고 있으며, 또
300명을 고용하고 있는 사람들도 있다. 그들은 고용된 노동을 통해
서 최상품의 직물을 대량으로 생산하고 있다……"

프랑스에서는 고급 직물업이 17세기를 통해 특히 루앙, 스당, 엘
뵈프, 랭스 등의 도시와 그 주위에서 발달하였다.[102] 그러나 이미 17,

18세기에 자본주의적인 조직이 이상할 정도로까지 고도로 형성된 곳도 바로 이 분야였다. 물론 스당의 매뉴팩처는 단지 중간 크기의 선대제도 형태를 취했을 뿐이지만, 특권을 지닌 "공장기업가들 네 명 중 두 명은 각각 104대의 직기를, 또 한 명은 65대의 직기를, 그리고 나머지 또 한 명은 50대의 직기를 갖고 있었다. 그리고 특권을 지니지 않은 공장기업가 스물한 명 중 한 명은 40대 이상을, 네 명은 30대 이상의 직기를 갖고 있었다, 등등.[103] 그런데 이때 생각나는 것은 규모가 매우 큰 대기업의 모습을 한 반 로베van Robais 형제의 시설이다. 우리가 이 공장에 대해서 갖고 있는 정확한 통계는 그 조직의 세세한 점까지도 알게 해준다.[104] 여기에서 양모가 제품이 될 때까지의 공정은 22개의 부분으로 되어 있었으며, 하나의 시설에서는 1,692명이나 되는 노동자들이 일하였다. 이들 중 822명은 물레바퀴의 방적공이었으며 200명은 100대의 직기에서 일하는 직공이었다. 이러한 사치산업 이외에도, 보통의 제품을 생산하는 노동 집약적인 모직물 수공업도 존재하였다.

18세기에 가장 유명한 모직물 산업국가는 영국이었다. "영국의 안녕은 양모에 근거하고 있다"라는 통속적인 말이 있을 정도였다. "양모는 바로 영국인의 부의 기초이다"(차일드J. Child). 1735년에는 영국에서 150만 명에 이르는 사람들이 양모를 가공하는 일에 종사하고 있었다고 한다. 물론 이 숫자는 오류이다. 그렇지만 어쨌든 1700년에 수출된 모직물 상품의 액수는 이미 300만 파운드에 달하였으며, 1815년에는 938만 1,426파운드로 늘어났다.[105]

이 모직물에도 당연히 조악품과 고급품이 있었다. 영국의 모직물 산업 전체가 사치산업이 아니었던 것은 확실하다. 나중에는, 특히 아메리카가 영국의 모직물 제품의 강력한 소비지가 되었을 때에는 (1815년에는 900만 파운드어치의 제품 중 400만 파운드가 미국으로 수출되었다), 중산층과 대중 대상의 조악품이 압도적으로 많았을 것이다. 그렇지만 영국의 모직물 산업은 또한 사치산업이기도 하였다. 그것도 매우 현저한 정도로 그러하였다. 영국제의 고급 모직물은 비싼 영국제의 화려한 직물들과 마찬가지로 특히 18세기에는 전 세계의 부자들이 찾는 대상이었다. 하나의 예만을 들면, 18세기에 북부 독일, 폴란드, 러시아에서는 상류계급이 영국제의 모직물을 입는 것을 선호하였다. "이들 나라 모두에서 귀족, 상류사회 및 일급의 시민들은 영국제의 천, 반견반모半絹反毛의 직물, 서지serge, 나사羅紗 등등으로 된 옷을 입고 있었으며, 그것도 대량으로 소비하고 있었다."[106] 특히 러시아에서는 차르 자신을 포함해서 궁정인 모두, 그리고 페테르부르크에서 모스크바를 거쳐 아스트라한에 이르기까지의 모든 귀족이 "최근 2, 3년 사이에"(《완전한 영국 상인》에는 1745년으로 되어 있다) "그들 모두는 영국제의 모직물을 입었으며, 이로 인해 우리의 대 러시아 무역은 무한히 증가하였다."

그런데 우리의 마음속에 떠오르는 의문이 있는데, 그것은 바로 다음과 같다. 영국의 모직물 산업에서의 조악한 직물과 고급스러운 직물의 구별은 관리 형식과 작업 형태의 차이에 의해 생겨난 것인가? 내가 알고 있는 한에서는 이러한 물음이 지금까지는 아직 제기되지 않았다. 그렇지만 이 물음은 전체적으로 중요한 문제들 중에서도 가장 중요한 문제의 하나인 것 같다.

내가 현재의 자료에 근거해서, 이 물음에 감히 그렇다고 말한다면, 그건 조건부 대답이다. 우리가 판단의 근거로 삼아야 하는 사실은 다음과 같다. 초기 자본주의 시대의 말기에 영국의 모직물 산업에는 잘 알려져 있는 바와 같이 두 개의 조직체계, 즉 자본주의적인 가내공업과 수공업이 공존하고 있었다.[107] 서西영국체계라고도 불리는 전자는 잉글랜드 서부에서 지배적이었을 뿐만 아니라, 잉글랜드 동부의 대大직물 공장지대인 노퍽 등과 잉글랜드 남부에도 있었다.

그렇지만 수공업은 북부 지방, 즉 요크셔에 거의 본래의 모습 그대로 남아 있었다. 북부 지방과 그 밖의 지방은 우선 무엇보다도 방모사紡毛絲 지방과 소모사梳毛絲 지방으로 구분되었다. 그런데 플란넬 등등의 매우 고운 직물은 소모사로 만들어졌다. 그렇다면 조악하고 값싼 상품은 수공업에 맡겨져 있었던 데 반해서, 자본주의적인 조직이 행해진 지역에서 생산된 제품은 비싼 상품, 즉 사치품이었는가?

또한 16세기에 이미 매뉴팩처 방식으로 조직된 직조업을 상기해도 괜찮을 것이다.

크고 긴 홀에 있는 200대의 직기!

이 문구는 뉴베리의 잭의 기업을 묘사한 것인데,[108] 대기업의 형태를 취한 이러한 종류의 예는 당시에 결코 드물지 않았다. 이처럼 대기업 방식으로 조직된 모직물 산업이 사치산업이었다는 것은 분명하다. 뉴베리의 잭이라는 별명으로 불리었던 존 윈치콤John Winchcombe의 제품은 유럽 전역에서 명성을 얻고 있었다. 자본주의가 뿌리를 박은 잉글랜드 서부에도 이런 유형의 기업들이 있었다. 예를 들면, 스텀프라는 부유한 직물업자가 직기를 설치하기 위해 빌린 뉴베리에 있는 맘스베리 수도원, 상당히 큰 표백 공장이 세워진 사이런세스터, 또 앞서 말한 스텀프가 빌리려고 한 옥스퍼드 근교의 오스니 대大수도원, 이것들은 모두 잉글랜드 서부의 모직물 산업 지대에 있었다. 또한 노리치에서는 16세기에 부유한 선대업자들에 의해서 그때까지는 이탈리아에서 수입하고 있었던 직물, 즉 비싼 사치품이 대량으로 생산되었다고 전해지고 있다.[109]

(2) **아마**亞麻 **산업**: 이 산업은 상당한 의심의 여지가 있다. 이 산업이 광범위한 지역에서, 즉 슐레지엔, 베스트팔렌, 아일랜드 등에서 사치산업이었다는 것은 의심할 여지가 없다. 아마 산업은 18세기 런던의 미녀들에게 1엘레당 10실링 내지 12실링하는 고급 내의를 제공하였으며, 비싸고 얇은 평직의 삼베와 성기고 얇은 천도 제공하였다. 또한 오늘날에도 사람들이 박물관에서 보고 경탄하는 화려한 식탁보도 제공하였다. 그렇지만 이 산업은 흑인용 옷감도 대량으로 제공하였다. 특히 아일랜드에서는 매우 싼 아마 제품이 생산되었다. 아일랜드의 아마국亞麻局이 1747~1748년에 상을 준 아마는 야드Yard당 6펜스에서 10펜스 정도였다!

그러나 제품의 품질과 관리 및 작업의 형태가 서로 어떤 관계에 있는지는 나로서는 말할 수 없다. 대규모로 수출하는 아마 산업에서는 수공업과 가내공업이 공존하고 있었다는 것은 잘 알려져 있다. 그런데 이 아마 산업은 사치품의 제조와 대중품의 제조를 어떻게 분담하였는가? 이 문제는 박사학위 논문으로 쓸 만큼 중요하다.

(3) **재단업**: 18세기에 재단업에서는 몇몇 공장이 대두하였는데, 이것들은 자본주의적인 기업으로 변형되었다. 고급 고객, 즉 지급 능력이 있는 고객을 위해 일하는 이들 기업에서는 사치품도 만들었다.

기이하게도 신사복 재단업의 분야에서는 제일 먼저 기성복의 재단업이 이처럼 자본주의적인 방향으로 재조직되었다—이것은 오늘날에는 더 이상 통례적인 것이 아니다. 사치스러운 기성복의 생산이 18세기에 완전히 금지된 것 같지는 않다. 영국에도 프랑스에도 사치스러운 기성복이 있었다는 것은 증명할 수 있다. 사치스러운 기성복이 18세기에 존재하였다는 것을 보여주는 한 구절이 《상인계급의 일반적인 보고寶庫, Allgemeine Schatzkammer der Kauffmannschaft》에 있는데, 그것은 다음과 같다.[110]

오늘날에는 의복이 독일에서 필요로 하는 것 이상으로 일반 시장에 나오고 있다. 독일의 신사들은 **비싼** …… 의복 때문에 프랑스로 송금하고 있을 뿐만 아니라, 프랑스인들 스스로가 상자와 통 속에 의복을 가득 담아서 우리 나라의 시장에 보내고 있다……

다른 자료도 있다. 이것은 다르티갈롱그Dartigalongue라는 사람이 1770년 4월 4일자의 《게시, 광고 및 잡보》에 실은 광고이다.

파리에 있는 양복점의 주인이자 상인인 다르티갈롱그 씨는 대소大小를 불문하고 최근에 유행하는 모든 종류의 기성복 판매를 위한 가게를 얼마 전에 열었습니다. 이 가게의 옷들이 빨리 입고 싶어 하는 분들의 취향에 맞지 않을 때에도, 주인은 많은 종업원들의 도움으로 손님들을 즉시 만족시켜 줄 수 있습니다. 또 이 가게는 모든 제복을 가능한 한 싸게 공급하고 있습니다. 또 지방뿐만 아니라 외국에도 보내주고 있습니다. 그러나 이 가게로 편지를 보내고 싶은 분들은 편지에 우표를 동봉하기를 바랍니다.

여기에서는 '상류층' 고객이 문제가 되고 있다는 것을 광고의 내용에서 분명하게 알 수 있다. 또한 당시의 제복은 비싼 의류에 속하였다는 것도 의심할 여지가 없다.

그렇지만 이 광고를 발굴한 프랭클린Alfred Franklin이 다르티갈롱그 씨가 이름이 알려진 첫 번째 기성복 장수라고 하지 않고 "최초의 기성복 장수"라고 말한다면, 그것은 틀린 것이다.[111] 기성복 장사는 훨씬 전에도 있었으며, 또 조금 전에 언급한 공시도 이미 1741년 이전에 발표된 것이다.

런던에서는 이미 17세기에 시내의 상류층이 사는 구역에서 기성복을 팔고 있는 재단사들이 있었다. 이러한 풍속은 17세기 중엽, 즉 아마도 비단 직물 상인들이 마치 "벌 떼처럼" 도시로 몰려든 저 격동의 시대에 생겨났음에 틀림없을 것이다. 왜냐하면 1681년의 한 문서는 이러한 변화에 대해서 탄식하고 있기 때문이다.[112] "많은 사람들은 런던에 기성복을 판매하는 가게가 없었던 시절을 아직도 회상하고 있다." 주문을 받아 일하는 재단사들은 "옷 장수들"(즉 "재단사가 판매원이 되는 것")에 대해 반대하였다. 이 "옷 장수들"은 유행에 민감한 구역에서 비싼 임대료를 내면서, 귀족 고객들에게 장기적인 외상을 주었으며(이들은 이렇게 해서 사치스러운 의복을 팔았다!), 또 그들의 작업장에서는 각각 12명 내지 심지어는 20명의 노동자를 고용하고 있었다.

그러나 자본주의적인 재단업이 발전될 수 있었던 주요 무대는 (오늘날과 마찬가지로) 고급 주문을 맡아서 하는 일이었다.

캠벨Robert Campbell이 런던의 맞춤옷 재단사의 영업에 대해서 쓴 기술[113]은 오늘날의 같은 종류의 영업에 대해서도 그대로 들어맞을 것이다. 즉 대부분 외상으로 사는 매우 까다로운 고객, 노임보다 더 많은 비용이 드는 비싼 옷감 및 의복의 부속품[안감, 단추 따위]을 위한 많은 지출, 높은 수준의 재단 작업과 전문화된 바느질 작업으로의 노동의 분화 등이 그것이다. 재단사는 수입이 많았다. 왜냐하면 그는 떼어먹은 천과 손님이 가봉하러 올 때 주곤 하는 팁 이외에 일주일에 1기니의 수입이 있었기 때문이다. 따라서 훌륭한 재단사는 수요가 많았다. 그렇지만 그 밖의 재단사들은 "메뚜기처럼 많았으며", 대체로 "쥐처럼 가난하였다." 그들은 1년에 서너 달은 일거리가 없었으며, 따라서 완전히 프롤레타리아적인 생활을 하였다. 재단사 노동조합이 우리가 알고 있는 노동조합 중에서는 처음 생겼다는 사실을 상기해도 좋을 것이다.[114]

고급 여성복 재단업과 장신구 제조업은 이미 18세기에 완전히 대기업의 형태를 취하였다. 이미 종종 언급한 바 있는 마리 앙투아네트의 여자 재단사는 300만 프랑의 부채를 안고 파산하였다.[115]

(4) **피혁업**: 재단업에서와 마찬가지로 제화업에서도 고급 주문을 맡아서 하는 일이 제일 먼저 고도로 조직화된 형태를 취하였다. 칸터Hugo Kanter가 브레슬라우 Breslau 지역에 대해 말하면서 묘사한 바와

같은, 오로지 상류층 고객만을 위해 일하는 "가게 주인"은 파리에서는 18세기에 등장하였다.[116] "이 제화공은 검은 상의를 입었고, 분을 잘 바른 가발을 쓰고 있었다. 또 비단 조끼를 걸쳤다. 마치 등기소의 기록원 같은 모습이었다." 그래도 그는 백작부인의 구두의 치수를 직접 쟀다. "그의 동료들은 손재주가 없다. 그들은 찌그러진 가발을 썼고, 더러운 내의를 입고 있었다. 그러나(!) 그들은 서민을 위해 일하고 있지, 아름다운 후작부인의 작은 발에 맞는 구두를 만들고 있지는 않다."[117]

사치스러운 마구를 만드는 마구사는 "실제로 중요하며 유익한 업자"였다. 그는 많은 현금을 갖고 있어야 했다. "왜냐하면 마구사가 취급하는 재료는 비쌌으며, 또 고객인 상류층 사람들은 다른 상인보다 먼저 마구사에게 지불하지 않는 것이 습관처럼 되어 있기 때문이다."[118] 18세기 당시에 마구사들은 매뉴팩처의 길을 걷고 있었다. 즉 그들은 미처 '자립하지' 못한 많은 수공업자들을 고용하고 있었다.

18세기 초 프랑스에서는 제혁업 내부에서도 다음과 같은 종류의 가죽을 다루는 "매뉴팩처"가 존재하였으며, 이것들은 그 후에 자본주의적인 기업이 되었다. 헝가리산 가죽, 영국산 송아지 가죽, 모로코산 가죽, 물소 가죽, 알프스 영양의 가죽.[119]

18세기 베를린에서도 사정은 비슷하였다.[120] "모로코산 가죽, 코르도바 가죽, 덴마크산 가죽 등과 같은 고급 가죽의 생산은 18세기 중엽 프랑스인 이주자들에 의해 베를린에 수입되었는데, 그들의 일부는 때때로 가죽의 가공('덴마크풍의 장갑')도 자신의 활동 속에 포함시킨 대기업의 형태를 취하였다."

18세기에 널리 유행하던 모자로, 차양을 접어 올려 아름다운 장신구로 고정시켰다. 신분이 높은 사람과 부유한 사람들은 멋진 모자를 쓰고자 했다.

(4) **모사 세소업**: "봉지자부터 농민에게 이르기까지 모든 남자는 모자를 필요로 한다. 이러한 사정이 모자 제조업자를 한 나라에 없어서는 안 되는 수공업자가 되게 하고 있다. 그렇지만 대부분의 모자 제조업자, 특히 소도시에 있는 업자들은 대체로 최하층의 사람들을 위한 값싸고 질이 나쁜 모자를 만들고 있을 뿐이다. 그러나 신분이 높은 사람과 국가의 관료, 부유한 사람들은 그러한 모자를 경멸하면서 멋진 모자를 쓰고자 한다. 따라서 지방에서도 멋진 모자가 만들어지고 있는 것을 볼 수 있다……"[121]

이렇게 해서 '멋진 모자 제조'의 기초가 형성되었다. 이를 위한 시설들이 파리, 마르세유, 리옹, 루앙, 캉드벡 등등의 프랑스 도시에서 제일 먼저 설립되었다. 이미 17세기 말에는 루앙에서 19명의 조수들을 고용하고 있었으며, 그중 12명을 로테르담까지 데리고 간 유명한 모자 제조업자가 있었다고 한다.[122] 그 후 영국에서도 그러한 공장이 생겨났는데, 예를 들면 추기경들의 모자는 모두 그곳에서 만들었다(모자 한 개에 5~6기니나 하였다!). 마지막으로 독일, 즉 에를랑겐과 베를린에서도 공장이 생겨났다. 베를린에서는 모자 제조업이 18세기 말까지 일반적으로 수공업적인 특징을 지니고 있었으며, 19세기 중엽까지는 값싼 모자의 제조도 이루어지고 있었다. 그런데 1782년에는 모자 공장 하나가 세워졌는데, 그곳에는 37명의 노동자가 고용되어 있었으며, 바로 그해에 2만 1,800탈러어치의 "최고급 모자"를 생산하였다(한편 133명으로 구성된 모자 제조 조합 전체는 같은 해에 4만 5,240탈러어치의 모자를 생산하였을 뿐이다).[123]

(5) **건축업**: 이미 르네상스기 교황들의 시대부터 큰 궁전과 교회의 건축은 완전히 자본주의적인 틀 속에서 행해졌다. 니콜라스 5세 시대의 건축업자인 바레세 출신의 코마스케 벨트라모 디 마르티노Comaske Beltramo di Martino를 예로 들면, 그는 노동자 대군단을 거느리고 있었으며, 로마에 큰 벽돌 공장과 석회를 굽는 가마를 소유하고 있었다. 로마교황청의 금고에 대한 그의 청구액은 매년 약 3만 두카텐에 달하였다. 너무 바쁜 건축 청부업자들은 동시에 진행시키고 있는 공사 모두를 직접 감독할 수 없었기 때문에, 현장 감독자나 대변인을 대리인으로 파견하는 일도 있었다. 필라레테Filarete는 그의 논문에서 85명의 미장이마다 한 명의 감독자가 있었음에 틀림없다고 계산하였다.[124]

따라서 17세기 프랑스 왕궁의 건축에서 우리가 이미 상당한 자본력을 갖춘 기업가들을 보게 되는 것은 결코 놀라운 일이 아니다. 내가 이미 그 의의를 지적한 바 있으며 또 여기에서야 비로소 그 가치가 완전히 드러나는 건축 계산서를 보면, 우리는 건축에 참가한 건축업자들의 수와 그들이 업무의 대가로 받은 금액을 정확하게 알 수 있다. 이러한 사실들로부터 그들의 업무 범위, 여러 해 동안의 업무의 전개 등등에 대해서 알아내는 일은 물론 쉽다. 이러한 자료에 입각해서 17세기 말, 18세기 초의 파리의 건축업에 대해서 얻은 그림은 대략 다음과 같다.

미장이 일과 목수 일은 (물론 언제나 대규모의 기념비적인 건물을 세우는 한에서지만) 모두 이미 대자본주의적으로 조직되어 있었다.

이 두 업종에서는 대부분의 경우 두 명의 협력자에 의해 대표되며, 분명하게 "루브르 궁전 신축을 위한 건설 회사" 또는 "루브르 궁전 건설의 실내 작업 회사" 등등으로 불리는 회사들을 언제나 볼 수 있다. 1664년에 자크 마지에르와 피에르 베르제롱Jacques Mazières & Pierre Bergeron이라는 큰 건설 회사는 루브르 궁전의 건설 당시에 한 해에는 86만 1,330리브르, 다른 해에는 61만 600리브르를 받았으며, 베르사유 궁전의 미장이 일에 대해서는 20만 965리브르 3수를 받았다. 퐁슬레 클리캥과 폴 샤르팡티에Poncelet Cliquin & Paul Charpentier 회사는 10만에서 15만 프랑을 받았는데, 그 후 시간이 지나면서 이들 회사 외에 6개 회사가 추가되었다.

미장이 일과 목수 일에 이어서, 기와장이 일도 이미 자본주의적인 조직으로 상당히 변형되고 있었다. 이봉Ch. Yvon이라는 업자가 있었는데, 그는 1664년 루브르, 생 제르맹, 베르사유에서 일을 하고는 4만 9,900리브르를 받았다. 장 피야르와 클로드 프레스노Jean Pillart et Claude

Fresneau 회사도 같은 업종에 속하는 회사인데, 이들은 스스로를 "기와 장이, 기와 일과 배관 공사의 청부업자"라고 부르고 있었다.

그 밖의 건축 업종, 즉 소목업小木業, 자물쇠업, 유리 가게 등등은 우리가 문제 삼고 있는 시대의 초기에는 수공업적인 상태에 있었다. 6명의 도제와 견습생을 데리고 있는 부유한 장인들이 분명히 있었으며, 때로는 한 공사에 10명 내지 20명을 동시에 데리고 있는 장인도 있었는데, 이들은 연간 2,000리브르 내지 3, 000리브르에서 최고(소목장이의 경우이지만) 2만 700리브르를 받았다. 그리고 1666년에 6만 3,000리브르를 받은 소목장이가 4명이 있었으며, 또 각각 5만 9,000리브르와 1만 6,317리브르를 받은 소목장이가 4명씩 있었지만, 이들이 모두 하나의 회사를 구성하였을 것이라고는 생각되지 않는다. 이에 반해 두세 명의 자물쇠 업자들은 특히 나중에 소규모의 자본주의적인 기업가로 성장하였다. '집중'은 17세기 중엽에서 18세기 초에 (아마도 왕과 귀족의 활발한 건축 활동의 영향을 받아) 행해진 것 같다. 1715년 프랑수아 카팽이라는 자물쇠 업사는 5만 1,578리브르 11수어치의 납품을 하였다. 이것은 여기에 기록된 수입액이 단 한 번의 납품 대금이었다 하더라도, 카팽의 사업이 12명에서 15명 또는 그 이상의 도제로 이루어져 있는 하나의 기업이었다는 것을 추측케 한다.

메르시에가 18세기 말 파리에서의 건축업 조직에 대해서 기술한 것을 보면, 큰 사치 건축의 경우에서는 완전히 대자본주의적인 특징들이 나타나고 있다.[125] 메르시에는 그들이 사치스러운 건축을 행한 업자라고 문제의 구절에서 분명하게 언급하고 있지는 않지만, 메르시에라는 당시 상황의 증인이 이전에 행한 보고들을 종합해보면, 당시 파리의 건축 역사에서는 부유한 재산가들의 화려한 건축이 지배적이었다는 것을 알 수 있다.

(7) **수레 목수일, 실내 장식업** 및 **마구업**: 이들은 초기 자본주의 시대에 그들의 활동의 일부를 포기하고서는, 서로 결합해서 자본주의적으로 경영되는 새로운 사치산업 즉 **마차 제조업**을 형성하였다. 마차 제조업은 18세기 중엽에 완전한 매뉴팩처로의 길을 반쯤 나아갔다. 마차 제조업은 (런던에서) 최고로 발달한 형태를 취하였다.[126] 이 업종은 자신의 작업장에서는 피혁 제품의 부속품 및 쿠션이 붙은 의자를 포함한 마차의 차체를 만들었으며, 작업장 밖에서는 목조가木彫家, 수레를 만드는 목수, (쇠 장식 등등을 위한) 주물공, 피혁공, 대장장이, 마구사 등을 고용하고 있었다.

그러나 이러한 소위 반제품 같은 형태를 취하고 있었다 하더라도, 당시의 마차업자는 더구나 상류층 고객에게는 허용해주지 않으면 안 되는 장기적인 외상 때문에라도 '많은 양의 현금', 즉 상당한 자본을 필요로 하였다. 왜냐하면 마차 제조업자는 귀족과 상류 인사들만을 상대하는데, 이들 중에는 돈을 전혀 주지 않는 사람들도 종종 있었기 때문이다.

덧붙여 말하면, 영국에서는 마차 산업이 "귀족과 신사 들이 스스로 마차를 직접 모는 것을 자랑으로 삼고 있었을" 때에 비약적으로 발전하였다.[127] 한 세대 전에는 마차 제조업자가 20~30명밖에 없었지만 (시티에 10명 내지 12명이 있었을 뿐, 런던의 그 밖의 지구에는 그만큼도 없었다), 이제는 하나의 조합을 이룬 그들이 길의 통로 전체를 차지하고 있다.[128]

〈고블랭 왕립제조소를 방문한 루이 14세〉(1663～1675년, 파리 고블랭미술관). 고블랭
왕립제조소의 모범에 따라 사치 가구 소비의 중심지인 곳에서는 어디서나 자본주의적인
가구업이 탄생하였다.

(8) **가구업**: 가구업은 예전부터 사치품을 만들자마자 수공업의
경계를 부수는 경향을 갖고 있었다. 따라서 일찍부터 — 예를 들면
16세기의 아우크스부르크에서는 — "고상한 일"을 하는 사치 가구
업은 "천한 수공업"과 어느 정도 대조를 이루고 있었다. 천한 수공업
의 장인은 보통 한 명의 도제만을 — 1549년 이후에는 두 명의 도제
를 — 고용하는 것이 허용되었지만, 보다 큰 "고상한 일"을 해야 하는
경우에는 이러한 제한에서의 특별한 면제를 간청하였다.[129]

17세기에는 사치 가구업이 대기업 형태를 취하기 시작하였다. 그
렇지만 그것은 처음에는 자본주의적인 틀 속에서 발전하지 않고, 왕
국이나 국가로부터 보호받았다. 오늘날의 한곳에 모인 작업장에 이
르기까지 모든 예술 가구 제조의 모범이 된 곳은 잘 알려져 있는 바
와 같이 콜베르가 번영시킨 고블랭 왕립제조소Manufacture royale des Gobelins

이다.[130] 그곳에서는 왕궁에서 사용되는 모든 것이 생산되었다. 즉 흑단黑檀[감나무과의 상록교목], 자라의 등딱지, 조각과 상감세공을 한 다색多色의 나무 등으로 만든 가구뿐만 아니라 벽걸이 융단, 융단, 광택이 나는 모직물, 청동 및 크리스털로 된 샹들리에, 보석으로 장식된 은제품 및 금제품 등등도 만들어냈다.

나는 이러한 작업장에서 유명한 예술가들의 지휘하에 — 르브룅은 오랫동안 감독자로 있었으며, 보도냉 이바르, 반 데르 묄렌, 밥티스트 모노와이에 등등은 화가로서, 앙기에 형제, 쿠와보즈, 튀비는 조각가로서, 오드랑, 루슬레, 레크레르는 동판조각가로서 활동하였다 — 엄청나게 많은 노동자들에 의해(양탄자 부문에서만도 250명이 일하고 있었다) 루이 14세 양식의 놀라운 작품들이 만들어졌다는 것을 말하고자 하는 것이 아니다. (그럼에도 불구하고 공예품 생산 조직의 역사는 재능이 있는 사람들에게는 매우 보람 있는 연구 과제가 될 것이다.) 여기서는 최대의 사치소비 중의 하나가, 또한 나중에 근대 자본주의의 발전에 큰 의의를 지니게 되는 산업 조직의 최대 변화 중의 하나를 초래하였다는 점을 말하는 것으로 충분하다. 왜냐하면 고블랭 왕립제조소의 모범에 따라서, 사치 가구 소비의 중심지인 곳에서는 어디에서나 자본주의적인 가구업이 탄생하였기 때문이다. 프랑스에서는 샤를 불Charles Boule의 유명한 기업이 아마도 완전한 예술 가구 공장의 첫 번째 예일 것이다. 네 명의 아들과 함께 작업을 조직한 불은 처음에는 궁정만을 위해서 만들었고 나중에는 궁정 이외의 상류사회를 위해서도 만들었는데, 시계 상자, 사무용 책상, 서랍이 달린 장, 찬장, 샹들리에, 트렁크, 촛대 등의 청동과 나무로 만든 갖가지 종류의 가구를 제작하였다. 그의 작품은 1672년에서 1732년까지 유행하였다. 1720년(남해포 말사건!)에는 (루브르에 있는) 그의 작업장에 있었던 부품들이 8만 리브르어치나 되었다.[131]

영국의 유명한 예술 가구사들인 셰러턴Sheraton과 치펀데일Chippendale 은 그들의 기업을 대규모로 운영하였다.[132]

독일에서도 사치 가구업은 이미 18세기에 자본주의적으로, 또 대 기업 형태로 조직되었다(단지 이 업종만이 그러하였다. 왜냐하면 일반적인 가구업의 수공업적인 성격은 19세기까지 보존되었기 때문이다). 매우 일찍 부터 자본주의적이었던 가구 기업이 마인츠에 있었는데, 이 기업은 사치를 좋아하는 선제후의 궁정과 결탁해서 사치 가구 업체로 발전 하였다.[133]

그 밖의 수많은 수공업의 발전도 마찬가지로 이루어졌다.

베를린의 레이스 제조업은 18세기 말에는 번영한 수공업이었다. 259명의 장인이 248명의 도제와 170명의 견습생을 고용하고 있었 다. "그러나 금선金線과 은선銀線을 사용하는 사치스러운 작업은 선대 제도로서의 금은 가공업자와 이들의 가내노동자인 레이스 제조업자 들에 의해 행해졌다."[134]

보통의 포마드Pomade는 18세기에 이발사들에 의해 만들어졌다. 이 에 반해 화장품과 "머리를 자라게 하는 포마드"를 만드는 공장은 두 개가 있었다.[135]

비누 제조업자들은 어느 화창한 날 사치 비누가 발명될 때까지는 유유자적한 날을 보내고 있었다. "공장조직은 사치 비누의 등장과 함 께 시작되었다." 18세기에는 수공업과 자본주의적인 기업 간의 생산

영역이 확연하게 구분되었다. 전자는 보통의 비누를 만들어냈으며, 후자는 마르세유 비누와 같은 고급품을 생산하였다.[136] 1760년에는 사치 비누 제조의 하나의 중심지인 마르세유에만 170개의 큰 솥과 1,000명의 노동자를 거느린 38개의 비누공장이 있었다.[137]

런던에서 번듯한 "비누 제조업자"가 되는 데에는 2,000파운드에서 3,000파운드의 창업 자본이 필요하였다.[138]

나는 실례는 충분히 들었다고 생각한다. 이상과 같은 관찰의 결론으로서, 이제는 산업생산의 이 폭넓은 발전의 원인들을 추적하는 편이 더 나을 것이다.

4. 사치소비의 혁명적인 힘

기술이 충분히 발전하기 이전에, 공업을 자본주의 속으로 몰아넣은 것은 무엇인가? 어떤 경우에는 수공업이 유지되었고, 또 어떤 경우에는 그것이 자본주의적인 조직으로 대체된 이유는 무엇인가?

내가 이미 앞에서 지적한 바와 같이, 지배적인 견해의 대표자들은 다음과 같이 대답하고 있다. 판로의 지리적인 확대 덕분에 자본주의는 산업 활동을 지배하게 되었다. 그러나 나는 이에 대해서 다음과 같은 반론을 제기한다. 강력한 사치소비의 형성이 산업생산의 조직에 대해서 미친 영향이 훨씬 더 중요하다. 매우 많은 경우(모든 경우는 아니지만!) 자본주의에 문을 열어준 것은 강력한 사치소비의 형성이었으며, 그 결과 자본주의는 수공업으로 철저히 둘러싸여 있던 도시에 진입하였다. 지금까지 내가 서술한 것은 나의 견해가 옳다는 것을 증명한다고 생각한다.

그렇지만 나에게 다음과 같은 반론을 제기하고 싶은 이도 있을 것이다. 당신은 잘못 생각하고 있다. 당신이 사치산업이라고 올바르게 이름 붙였으며 또 실제로 가장 먼저 자본주의에 붙잡힌 그 공업들은, 그것이 사치산업이기 때문이 아니라 수출산업이기 때문에 일찍부터 자본주의의 지배를 받은 것이다. 왜냐하면 그 공업들은 모두 수출산업이라는 특성을 갖고 있기 때문이다.

그러면 나는 다음과 같이 대답할 것이다. 친구여, 자네가 틀렸네. 그것도 이중적으로 틀렸네.

(1) 자본주의적으로 조직된 사치산업이 모두 수출산업이었던 것은 결코 아니다. 나는 가구, 마차, 융단 등의 제조업과 사치 재단업, 제화업을 상기시키고 싶다. 이것들은 모두 '국지적인' 생산이며, 심지어 대부분의 경우는 확실한 의미에서의 '주문 생산'이다.

(2) 수출공업 모두가 자본주의적이었던 것은 결코 아니다. 중세시대 내내 초국지적 및 국제적인 판로를 지닌 수공업은 수없이 많았다. 그리고 그러한 수출 수공업은 근대에 들어와서도 유지되어왔다. 19세기 초에도 요크셔의 모직물업과 슐레지엔의 아마포업은 둘 다 모두 세계시장을 위해 일하였지만, 철저하게 수공업적으로 조직되어 있었다.

따라서 판로의 지리적인 확대는 다른 공업에서도 자본주의의 지배를 가져오는 결정적인 요인이 될 수 없다.

그 결정적인 요인은 사치소비의 확대이며, 따라서 앞에서 거명된 산업들은 그것이 사치산업이기 때문에 자본주의에 속하게 되었다는 나의 견해를 나는 다음과 같이 변호한다.

사치산업이 자본주의적인 조직에 보다 더 적합하게 된 이유는,

(1) **생산과정의 성질**에 있다. 대부분의 경우 사치품은 종종 먼 곳에서 얻지 않으면 안 되는 비싼 원료를 필요로 한다.

그 결과 보다 부유하며 상인 기질이 있는 사람에게 이익이 있었다. 이미 13세기에 파리의 '방적업자'는 시내에서 판매하고 있었던 포목상에게 보수를 받고서 생사를 자아 주었는데, 아마와 면은 수 세기가 지나서도 농부들이 "그 자신의 관리하에" 가공하는 단계에 머물러 있었다. 따라서 포목상만이 비싼 원료를 입수하는 전자의 경우와는 달리, 후자의 가내공업 조직은 다른 기반을 갖고 있었다.

그렇지만 사치품이 만들어지는 방식도 보통의 제품을 만드는 방식보다 비용이 더 들었다. 이것은 그 당시에 그러하였다는 것이며, 오늘날에는 물론 적용되지 않는다! 초기의 섬유 산업(염색업! 마무리업!), 유리 및 도기의 제조, 양탄자 제조나 직물업, 거울 제조, 간단히 말해서 사치산업의 대부분의 과정을 생각해보면 좋다. 이것은 또다시 '자본력이 있는' 사람에게 이익이 된다. 그러나 사치품을 만드는 방식은 비용이 더 많이 들 뿐만 아니라, 대부분의 경우보다 더 예술적이며 복잡하다. 아울러 보다 많은 지식과 통찰, 처리 재능을 필요로 한다. 따라서 가장 유능한 자, (그러한 의미에서) 최고인 자가 대중의 눈에 뜨이며, 그러한 재능을 갖고 있는 자만이 지도력과 조직 능력을 필요로 하는 새로운 경제 주체의 지위에 오를 수 있다. 그러나 사치품의 우수한 성질은 노동과정이 협업과 전문화에 의해서 높은 단계에 오를 때에야 비로소 획득되는 경우가 종종 있다. 예를 들면, 자본주의적인

맞춤옷 재단업은 재능 있는 재단사의 값비싼 노동을 보통의 많은 재단사들도 이용할 수 있게 해주기 때문에 양질의 제품을 제공한다. 그러나 뛰어난 가치를 지닌 작업의 분화는 자본주의적인 기업에 의해 생겨난 경영조직만이 만들어내는 보다 폭넓은 생산 기반 위에서만 가능하다.

(2) 사치산업을 다른 것들보다 먼저 자본주의로 몰고 간 이유는 **판매의 성질**에 있다. 나는 우리가 이미 본 바 있으며 구체제하에서는 널리 퍼져 있었던 견해, 즉 귀족은 돈을 지불하는 데에는 열의가 없었기 때문에 사치품 생산자는 종종 손해를 입었으며, 따라서 사치품 생산자는 다른 경우보다 더 많은 자본을 필요로 하였다는 견해를 강조하고 싶지 않다.

오히려 나의 생각으로는, 사치품의 판매가 대중의 일용품의 판매보다 경기변동의 영향을 더 많이 받는다는 사정이 중요한 것 같다. 모든 사치산업의 역사는 다음과 같은 것을 가르쳐주고 있다. 초기 자본주의 시대에는 '유행'이 부자들의 취향을 지배하기 시작하였는데, 이 부자들의 변덕이 대단히 심하였다는 것이다. 그리고 이러한 기분의 급변이 한편으로는 종종 불경기를 초래하였으며, 또 한편으로는— 생산자가 그의 생산을 항상 새로운 요구에 맞게 행하고자 한다면— 생산자에게 매우 상당한 정신적인 융통성[책략]을 요구하였다. 그런데 불황을 잘 견디고 또 호경기를 이용하는 데에는 자본주의적인 조직이 수공업보다 훨씬 더 유리하였다. 이처럼 '사물의 성질상' 당연한 일반적인 이유들 이외에,

(3) 유럽의 중세 시대에 모든 사치산업이 왕후나 사업욕이 있는 외

국인들에 의해 **인위적으로** 만들어졌다는 역사적인 이유가 있다. 외국인은 근대산업의 발생에 있어서 결정적인 역할을 하였다(이 문제는 다른 곳에서 자세하게 서술할 것이다). 피렌체에서 직물 산업을 일으킨 후밀리아티Humiliati에서 베를린의 산업의 원조인 프랑스 이주민들에 이르기까지, 산업가들의 이주와 그들에 의해 외국에 세워진 산업체의 끊임없는 연쇄가 있었다. 그러나 그들이 세운 것은 거의 언제나 사치산업이었으며, 이 사치산업의 발전은 또한 군주들의 커다란 관심사이기도 하였다.

그런데 의식적으로 외국인에 의해서 생겨난 이 모든 산업은 맨 처음부터 합리적인 색채를 지녔다. 그 산업들은 대부분 오랜 조합의 한계 밖에서 생겨났으며, 또 때로는 국지적인 수공업자의 뿌리 깊은 이익과 대립하였다. 그리고 창업자들은 그 어떤 것도 고려하지 않고 오로지 합복적인 태도만을 나타냈다. 따라서 무엇보다도 그 산업들은 또한 새로우면서도 경제적으로 한 단계 더 높은 경제 제도가 처음으로 펼쳐지는 기반이 되었다.

그러나 이 경제 제도가 존속하기 위해서 충족되지 않으면 안 되는 가장 중요한 선행 조건은 그 경제 제도의 성질에 어울리는 판매였다.

(4) (이것이 마지막 원인이다!) 그 밖의 대량판매의 가능성, 즉 값싼 상품의 대량판매나 크고 조합된 상품의 판매는 대부분의 경우 훨씬 나중에 가서야 비로소 나타났기 때문에, 자본으로의 전환을 노리는 재산에게는 사치산업에의 투자 이외에 다른 길이 없었다.

이렇게 해서 그 자신이 — 이미 우리가 본 바와 같이 — 비합법적인 사랑의 합법적인 자식인 사치가 자본주의를 낳은 것이다.

제1장 새로운 사회

1 Heinrich Laube, *Französische Königsschlösser*, 1, 1840, p. 128.

2 David Starkey, "England in the Reign of Henry VIII", William Denton, *England in the Fifteenth Century*, London, 1888, p. 259.

3 이 견적서는 골드슈타인Josef Goldstein의《직업 구성과 부*Berufsgliederung und Reichtum*》(1897)에 실려 있으며, 또한 상세한 주석이 달려 있다.

4 Malachy Postlethwayt, *The Universal Dictionary of Trade and Commerce*, 1758, 2², pp. 746~747에 있는 일람표를 보라.

5 William Harrison, *The Description of England*, B. III, Ch. IV, ed. 1577; 다음에서 인용하였다. Henry de Beltgens Gibbins, *Industry in England*, London, 1906, p. 323. 엘리자베스 시대의 젠트리의 발생에 대한 설명은 분명하지 않다. 캠던William Camden도《브리타니아 *Britannia*》(ed. 1590)의 p. 106에서 매우 일반적으로 말하고 있을 뿐이다. "귀족(또는 신사)은 태어나면서부터 또는 그 자신의 능력이나 행운에 의해서 더러움으로부터 벗어났다."

6 Daniel Defoe, *The Complete English Tradesman*, 2. ed. 1727, p. 310 ; 같은 책, 5. ed. 1745, 1, p. 322.(이 구절은 두 판版 모두에서 똑같다.)

7   Daniel Defoe, 같은 책, I. c. 5. ed. 1, p. 224 이하.

8   Daniel Defoe, 같은 책, I. c. 2. ed. p. 313 ; 같은 책, 5. ed. 1, p. 324.

9   Malachy Postlethwayt, *Dict, of Comm. Art. Commerce*; Guy Miege & Solomon Bolton, *The Present State of Great Britain*, 10. ed. 1745, p. 156.

10 Charles R. Dodd, *A Manual of Dignities*, 1843, p. 251.

11 Daniel Defoe, 같은 책, I. c., 2. ed., p. 311 ; 같은 책, 5. ed., 1, pp. 323, 24.

12 레키William Lecky는 《잡록 *Miscellanea*》에서의 이 인용문을 그의 《영국사 *Geschichte Englands*》(제2권, 제2장 ; 독역판 1, p. 208)에 싣고 있다. 내가 갖고 있는 *Miscellanea*(Vol. I, 1680 ; Vol. II, 1690)에는 이 인용문이 없다.

13 Daniel Defoe, 같은 책, I. c., im XXIV. Kapitel der 5. Auflage(제2판에는 이 장이 없다).

14 Barthélemy de Laffemas, *VIIe traicté du commerce de la vie du loyal marchand*, 1601; Gustave Fagniez, *L'économie sociale de la France sous Henry IV*, 1897, p. 253.

15 다음을 보라. Jacob Strieder, *Zur Genesis des modernen Kapitals*, Bonn, 1903, p. 40 과 참고문헌. 또 다음도 보라. Rudolf Häpke, "Die Entstehung der großen bürgerlichen Vermögen im Mittelalter", *Schmollers jahrbuch*, 29, p. 245 이하.

16 다음을 보라. Heinrich Sieveking, "Die kapitalistische Entwicklung in den italienischen Städten des Mittelalters", *Vierteljahrschrift für Sozial-und Wirtschaftsgeschichte*, 7, p. 73.

17 Ranks 6 in Benjamin Thorpe, *Ancient Laws and Institutions of England*, 1, 1840, p. 193. (편집자의 주: "아마도 여기서의 'craft'는 오늘날에는 배를 의미할 것이다.")

18 다음에 있는 많은 예를 보라. Henri Pigeonneau, *Histoire du commerce de la France*, 1, 1885, p. 397 이하. ; 그리고 Georges D'Avenel, *Histoire économique de la propriété etc.*, 1, 1894, p. 144 이하.

19 다음에 있는 예들을 보라. Emile Levasseur, *Histoire des classes ouvrières*, 2², 1900, pp. 175, 200.

20 Charles Normand, *La bourgeoisie française au XVII siécle*, 1908, pp. 9 이하, 21 이하, 64 이하.

21 Georges D'Avenel, 같은 책, I. c. 1, pp. 144 이하, 208 이하.

22 Duc de Sully, *Mémoires*, s. a., 1601; éd. 1752, 4, pp. 12 이하.

23 Louis-Sébastien Mercier, *Tableau de Paris*, 2, 201, Ch. CLXXII.

제2장 대도시

1 이 수치들은 벨로흐 F. Beloch의 주의 깊은 연구 "유럽에서의 대도시의 발전 Die Entwicklung der Großstädte in Europa", *Comptes rendus du VIIIe Congrès International d'Hyg. et de Dem*, 1894, p. 55 이하에서 얻었다. 도시명 앞에 *표를 붙인 곳의 숫자 는 《국가학 사전 *Handwörterbuch der Staatwissenschaften*》(3판)에 있는 이나마 슈테르네 크 Inama-Sternegg의 논문에서 차용한 것이다. 더블린의 인구수는 다음에서 찾아냈다. Alexandre Moreau de Jonnès, *Statistique de la Grande Bretagne*, 1, 1837, p. 88. 런 던의 마지막 수치는 1801년의 관청 인구조사의 수치이며, 베를린의 수치는 노르 만 Normann의 조사에 따른 것으로, 이것은 미라보 Honoré-Gabriel de Riquetti Mirabeau의 《프러시아 왕국에 대해 *De la Monarchie prussienne*》, 1, 1788, p. 395 이하에 인용되어 있 다.

2 칙령은 다음에 인용되어 있다. Thomas Rymer, *Foedera*, 16, p. 448.

3 Daniel Defoe, *A Tour Through the Whole Islands of Great Britain*, 초판은 1724년. 내가 인용한 것은 8판, 4 Vol, 1778, 2, p. 253.

4 Honoré-Gabriel de Riquetti Mirabeau, 같은 책, I. c.

5 예를 들면 다음을 보라. Willem E. J. Berg, *De Réfugiés in de Nederlanden*, 1, 1845, p. 269 이하.

6 Ernst Gerland, "Kreta als venetianische Kolonie(1204~1669)", *Historisches jahrbuch*, 20, 1899, p. 22.

7 다음에 있는 베니스에 대한 묘사를 보라. Henry Simonsfeld, *Der Fondaco dei Tedeschi in Venedig*, 2, 1887, p. 265 이하.

8 Ferdinand Gregorovius, *Geschichte der Stadt Rom im Mittelalter*, 7^5, p. 236.

9 Ferdinand Gregorovius, 같은 책, 8^4, p. 287.

10 Ludwig von Pastor, *Geschichte der Päpste*, $1^{3,4}$, 1901, p. 78 이하.

11 *Conservacion de monarquias y discursos*, Discurso XIV. 다음에서 인용하였다.

Leopold von Ranke, *Fürsten und Völker von Südeuropas*, 1³, p. 458. 다음을 참조하라. Konrad Häbler, Die *Wirtschaftliche Blüte Spaniens*, 1888, pp. 53, 153, 155 및 여러 곳.

12 (올바른 문헌에 따라서) 황금시대의 마드리드에 대해 훌륭하게 기술한 다음을 보라. Alexander von Gleichen-Rußwurm, *Das galante Europa*, 1910, p. 19.

13 다음의 운치 있는 묘사를 보라. Eberhard Gothein, *Kulturentwicklung Süditaliens*, 1886, pp. 317 이하, 342 이하. 다음도 참조하라. Jacob Burckhardt, *Die Kultur der Renaissance in Italien*, 2³, 1878, pp. 106, 166; Hippolyt à Collibus, *Incrementa urbium sive de causis magnitudinis urbium liber unus*, 1665, p. 207.

14 Antoine Lavoisier, "Essai sur la population de la ville de Paris sur sa richesses et ses consommations", *Mélanges d'école politique*, ed. Daire, 1, 1847, p. 601 이하.

15 Victor de Requeti, Marquis de Mirabeau, *L'Ami des Hommes*, p. 2, p. 215.

16 François Quesnay, "Fermiers", *Encyclopédie*, ed. Oncken, p. 189. 파리의 "뇌수종론Wasserkopftheorie"은 16세기부터 시작되었다. Marquis de Mirabeau, 같은 책, 2, p. 215. 런던의 경우는 17세기부터 시작되었다. 그런트는 "런던은 …… 아마도 몸에 비해서 너무 크고 또 너무 강한 머리일 것이다"라고 생각하였다. Johannes Graunt, *Anmerkungen über die Totenzettel der Stadt London usw*, 1662; 1702년 독일어판의 헌정사.

17 Marquis de Mirabeau, 같은 책, 2, p. 232.

18 Marquis de Mirabeau, 같은 책, 2, p. 217. 교회귀족과 세속귀족의 엄청나게 많은 수입에 대한 보고는 다음을 보라. Hippolyte Taine, *Les origines de la France contemporaine*, 1¹⁴, 1885, p. 52. 프랑스의 영주들이 영지를 떠나 파리로 몰려든 것에 관해서 텐이 의지하는 주된 소식통은 기이하게도 아서 영Arthur Young이다. 영은 프랑스의 사정에 대해 이야기하면서, 영국에서는 사정이 다르다고 말한다.

19 Louis-Sébastien Mercier, *Tableau de Paris*, 1, 1783, pp. 67/68.

20 Edward Chamberlayne, *Angliae Notitia : The Present State of England*, 13. ed., 1687, p. 200.

21 David Hume, *Essays*, 2, p. 114.

22 *Artificial Fire*, 1644, Ms. in British Museum. 다음에서 인용하였다. William

292

Cunningham, *The Growth of English Industry and Commerce*, 2⁴, 1905, p. 319.

23 Guy Miege & Solomon Bolton, *The Present State of Great Britain and Ireland*, 10. ed., 1745, p. 101.

24 Daniel Defoe, *A Tour Through the Islands of Great Britain*, 2, pp. 135/136.

제3장 사랑의 세속화

1 *I poeti del primo secolo*, 2 Vol., 1816.

2 Alwin Schultz, *Das höfische Leben zur Zeit der Minnesänger*, 2, 1889, p. 423.

3 다음의 흥미로운 요약을 보라. Josef Kirchner, *Die Darstellung des ersten Menschenpaares in der bildenden Kunst*, 1903.

4 Laurentius Valla, *Opera*, ed. Basel, 1590, 905 De Vol., lib. I, c. XXII.

5 Agnolo Firenzuola, *Discorso delle bellezze delle donne*, 1542, 신판 1886. 다음의 문헌들에 발췌문(독일어)이 있다. Jacob Burckhardt, *Die Kultur der Renaissance in Italien*, 1886, IV장 VII절 ; Reinhold Günther, *Kulturgeschichte der Liebe*, 1899, p. 298 이하. 기이하게도 부르크하르트는 다음과 같이 쓰고 있다(a. a. O. S. 63). "15세기가 그 당시의 미의 이상에 대해서 문서 기록을 남겨놓았는지는 나는 말할 수 없다." 그가 발라에게서 인용한 구절을 순간적으로 잊었다는 것은 분명하다.

6 Laurentius Valla, 같은 책, p. 668.

7 Pietro Bembo, *Gli Asolani*, ed. 1575, p. 134.

8 Pietro Bembo, 같은 책, pp. 189/190.

9 Laurentius Valla, 같은 책, De Vol., Lib. 1, cap. 38.

10 Ferdinand Gregorovius, *Lucrezia Borgia*, 1³, 1875, p. 96.

11 이 문장들은《에세이Essais》의 유명한 제3권 5장(몽테뉴, 손우성 옮김,《몽테뉴 수상록》제2판, 문예출판사, 2007, 162~163쪽)에 있다. 이와 같은 견해가 이미 이전부터 지배적이었는가? 아니 보다 정확하게 말해서, 그러한 견해는 이미 이전에 하나의 체계로까지 되어 있었는가? (왜냐하면 사람들은 연애가인 시대부터 그러한 견해에 따라서 살아왔기 때문이다.) 노스트라다무스Nostradamus와 "사랑의 법정Minnehöfe"의 많은 판결을 읽으

면, 완전히 그러하였던 것으로 추측할 수 있을 것이다. 다음을 참조하라. Karl Weinhold, *Die deutschen Frauen in dem Mittelalter*, 3 Aufl. 1897.

12 잡지 *Gli Studi in Italia*, 1882,에서 발췌. Ferdinand Gregorovius, a. a. O. 7[5], p. 722.

13 Edmond J. F. Barbier, *Journal historique et anecdotique du règne de Louis XV*, 4, p. 496. 다음에서 인용하였다. Reinhold Günther, *Kulturgeschichte der Liebe*, 1899, p. 397.

14 다음에 있는 징세청부인의 정부들의 목록을 보라. Paul Ginisty, *Mlle Duthé et son temps*, s. a., p. 11.

제4장 사치의 전개

1 Louis-Sébastien Mercier, *Tableau de Paris*, 1783, Ch. 573.

2 Daniel Defoe, *The Complete English Tradesman*, 5. ed., 1745, Ch. L.

3 원로원 의원 스테판 가르친스키 Stephan Garczynski가 1751년 출간된 그의 저서 《폴란드 공화국의 해부 Anatomie der Republik Polen》에 실린 말. 다음에 인용되어 있다. Roepell, *Polen um die Mitte des 18. Jahrhunderts*, 1876, 17. Acta Boruss, Getr. Hand. Pol. 1, p. 386.

4 다음에서 인용하였다. Jean F. André, *Histoire de la papauté à Avignon*, 2. ed. 1887, p. 300.

5 *I due sontuosissimi Conviti fatti à Papa Clemente V nel 1308 descritti da Anonimo fiorentino, testimone di veduta*, ed. 1868.

6 Eugène Müntz, "L'argent et le luxe à la cour pontificale d'Avignon", *Revue des questions historiques*, t. LXVI, 1899, pp. 5~44 그리고 378~406; Eugène Müntz et Maurice Faucon, "Inventaire des objets précieux vendus à Avignon en 1358", *Revue archéologique*, 1882, pp. 217~225. 또한 다음을 참조하라. Thomas Okey, *The Story of Avignon*, 1911(참고문헌과 함께). Charles Martin, *Le Château et les Papes d'Avignon*, 1899. 내가 아는 한, 아비뇽 궁정에서의 세속적인 생활에 대한 신뢰할 만하며 상세한 기록은 지금까지는 없다.

7 Leo König, *Die päpstliche Kammer unter Clemens V. und Johann XXII*, 1894, p. 56 이하.

8 다음에 있는 축제에 대한 묘사를 보라. Ferdinand Gregorovius, *Geschichte der Stadt Rom im Mittelater*, 7⁵, p. 238 이하.

9 Matth. Palmieri, "De temporib. suisad A. 1478", ebenda S. 242.

10 Johann Burcardus, *Diarum sive Rerum Urban arum Commentarii*.

11 Ferdinand Gregorovius, a. a. O. 8⁴, p. 173 이하.

12 다음에 약간의 발췌문이 있다. William Roscoe, *The Life and Pontificate of Leo X*, 1806, 1, p. 238 이하, 그리고 부록 XXIX.

13 이 자료는 다음에 있다. Ferdinand Gregorovius, a. a. O. 7⁵, p. 342 이하. 1592년의 에스테 공국의 예산 수입은 69만 993리브르 19수 8드니에에 달하였다. Pietro Sitta, *Saggio sulle istituzioni finanziarie del Ducato estense nei secoli XV e XVI*, 1891, p. 126.

14 Niccolo Tommaseo, "Relations des ambassadeurs vénitiens sur les affaires de France au XVI siècle", *Collection de documents inédits sur l'histoire de France*, Series III, Paris, 1838, I, p. 285. 옛 발루아 가의 사치지출에 대해서는 다음을 보라. Henri Baudrillart, *Histoire du luxe privé et public depuis l'antiquité jusqu'à nos jours*, III, p. 273.

15 Niccolo Tommaseo, a. a. O. 2, p. 529 ; I. c. p. 58.

16 다음에 있는 마테오 단돌로Matteo Dandolo의 보고. Eugenio Alberi, *Relazioni degli ambasciatori Veneti al senato*, 4, pp. 42/43.

17 François de Forbonnais, *Recherches et considérations sur les finances de France depuis l'année 1595 jusqu'à l'année 1721*, 1, 1758, p. 119 이하.

18 François de Forbonnais, 같은 책, 2, p. 101.

19 Jules Guiffrey, "Comptes des bâtiments du roi sous le règne de Louis XIV", 5 Vol., 1881~1896, *Colletcion de documents inédits*, Series III.

20 Jules Guiffrey, *Inventaire général du mobilier de la couronne sous Louis XIV (1663~1715)*, 2 Vol., 1885.

21 의복 사치에 대한 설명은 *Le Mercure galant*(1697, 12월)에 있는데, 이것은 다음에

인용되어 있다. Alfred Franklin, *Les magasins de nouveautés*, 1894, p. 227 이하.

22 Jules Guiffrey, *Comptes des bâtiments*, l. c.

23 Marc' Antonio Giustiniani, *Diarium Europaeum*, c. 24. 10, 1666. 다음에서 인용하였다. Leopold von Ranke, *Französische Geschichte*, 3³, p. 214.

24 Archives Nationales, O¹, 3793~3794. 매우 유익한 다음의 책에 인용되어 있다. Emile Langlade, *La marchande de modes de Marie Antoinette Rose Bertin*, s. a., 29, p. 122.

25 Jules Guiffrey, *Comptes des bâtiments du roi etc.*, 1881, XLII.

26 *État des dépenses de Mme la Marquise de Pompadour du 9 septembre 1745 au 15 avril 1769, jour de sa mort.* M. Luc Leroy에 의해 출간. 다음에서 인용하였다. Henri Baudrillart, 같은 책, IV. p. 327.

27 *Collection de documents inédits sur l'histoire de France*, t. IV, pp. 545~561. 다음에서 인용하였다. Mᵐᵉ B. Carey, *La Cour et la ville de Madrid etc.*, 1876, 부록 Note C.

28 오라녜 가문의 윌리엄이 아직 왕이 되기도 전의 사치스러운 궁정생활에 대한 흥미로운 묘사는 다음에 있다. Willem E. J. Berg, *De Réfugiés in de Nederlanden*, 1, p. 269 이하.

29 영국 왕들의 지출에 관한 숫자는 모두 다음에서 인용하였다. John Sinclair, *The History of the Public Revenue of the British Empire*, 3 ed. 1803, Vol. I과 II.

30 Willy Doenges, *Meißner Porzellan*, 1907, p. 76 이하, p. 126.

31 Dante, *Inferno*, Canto XIII, pp. 118~122. 또 다음도 참조하라. Anton von Kostanecki, *Dantes Philosophie des Eigentums*, 1912, p. 8 이하.

32 Louis XIV, *Mémoires*. 다음에서 인용하였다. Henri Baudrillart, *Histoire du luxe privé et public depuis l'antiquité jusqu'à nos jours*, 4, p. 68.

33 이 매혹적인 표현은 다음에 있다. William Camden, *Britannia*, 1590, p. 106.

34 Pierre César de Cadenet de Charleval, *Livre de Raison*. 이 책은 1728년에 쓰이기 시작되어서, 프랑수아 드 샤를르발François de Charleval에 의해 계속 쓰이다가, 그의 아들에 의해 끝이 맺어졌다. 이 책은 다음에 인용되어 있다. Charles de Ribbe, *Les familles*, 2², 1874, p. 144. 워싱턴의 스미스소니언 박물관은 1650년에서 1750년까지의 영국의 가계家計에 대한 대단히 가치 있는 자료의 모음집을 보관하고 있다.

이 자료의 소유자인 할리웰J. A. Halliwell은 그가 편집해서 스미스소니언 박물관에 기증한 자료 중 약간을 발췌해서 그의 저서 *Some Account of a Collection of Several Thousand Bills, Accounts and Inventories, etc.*(1852)에서 제시하고 있다.

35 Duc de Sully, *Mémoires*, 4, 1752, p. 12 이하(s. a. 1601).

36 Bassompière, *Mémoires*, 2ᵉ sér., tome VI, p. 56 der Coll. Michaud; Honoré-Antoine Frégier, *Police de Paris*, 2, p. 34.

37 Henri Thirion, *Vie privée*, p. 292; *Vie privée de Louis XV*, 1785; Humbert de Gallier, *Les moeurs*, 1911, p. 85 이하(풍부한 자료가 담겨 있다).

38 Hippolyte Taine, *Les origines de la France contemporaine*, 1, p. 168 이하.

39 Emile Langlade, *La marchande de modes de Marie Antoinette, Rose Bertin*, p. 263 이하.

40 Polifilo, *La guardaroba di Lucrezia Borgia. Dall' Archivio di stato di Modena*, 1903.

41 맹트농Maintenon 부인이 그녀의 남자 형제에게 보낸 편지(1679년 9월 25일자). 다음을 참조하라. Aimé Houze de L'Aulnoit, *La finance d'un bourgeois de Lille au 17. siècle*, 1889, pp. 51, 116.

42 Daniel Defoe, *The Complete English Tradesman*, 2, 1745, p. 328.

43 Daniel Defoe, *The Complete English Tradesman*, 1727, pp. 115, 116, 141.

44 Johann Wilhelm von Archenholtz, *England und Italien*, 3, p. 141 이하.

45 Charles de Ribbe, *Une grande dame*, p. 137.

46 Mᵐᵉ de Sévigné, *Lettres*.

47 Du Hautchamp: Oscar de Vallée, *Les manieurs d'argent*, 1858, p. 121.

48 Louis-Sébastien Mercier, *Tableau de Paris*, 2, p. 199 이하.

49 Henri Thirion, *Vie privée*, p. 124.

50 많은 숫자들이 다음에 인용되어 있다. Humbert de Gallier, I. c. p. 96 이하. 가장 중요한 자료는 다음의 것이다. Pierre Manuel, *La police de Paris dévoilée*, 1794.

51 Wilhelm Lübke, *Geschichte der Renaissance Frankreichs*, 1868, p. 287.

52 Pierre Clément (éd.), *Lettres, instructions et mémoires de Colbert*, 1868, in *Coll. des doc. inédits*, IIIᵉ série, t. 8, p. XLV.

53 Edmund O. von Lippman, *Geschichte des Zuckers, seine Darstellung und*

Verwendung seit den ältesten Zeiten bis zum Beginne der Rübenzuckerfabrikation, 1890.

54 Jacob Burckhardt, *Kultur der Renaissance*, 2, p. 117.

55 Ferdinand Gregorovius, *Geschichte der Stadt Rom im Mittelalter*, 8⁴, pp. 290, 291.

56 Kazimierz Chłedowski, *Rom*, 1912, p. 377. 이 책에는 이러한 집에 대한 묘사가 더 많이 있다.

57 Regnier Desmarets. 다음에서 인용하였다. Édouard Fournier, *Le vieux neuf*, 2, p. 147.

58 *Lettres de Mme. de Sévigné*, 26. Novbr. 1694.

59 Evelyn, *Memorials*, 1, p. 562. 다음에서 인용하였다. Albert Savine, *La Cour galante de Charles II*, I. c. 160.

60 Edmond et Jules de Goncourt, *La Du Barry*, 1909, p. 133.

61 다음에 있는 침실에 대한 묘사를 보라. Henri Thirion, 같은 책, pp. 348 이하, 352 이하.

62 William Watts, *The Seats of the Nobility and Gentry in a Collection of the Most Interesting and Picturesque Views Engraved*, 1779.

63 다음에 있는 흥미로운 구절을 보라. Montesquieu, *De l'Esprit des Lois*, liv. VII. ch. I.

64 Charles de *Ribbe, Une grande dame dans son menage au temps de Louis XIV. d'après le journal de la comtesse de Rochefort*, 1689(Paris, 1889), p. 167.

65 Antoine de Léris, *Dictionnaire ...... des Théatres*, 1763, p. XX 이하. 다음을 참조하라. Albert du Casse, *Histoire anecdotique de l'ancien théatre en France*, 2 Vol., 1862~1864(주로 문학사적인 내용을 담고 있다).

66 17세기의 영국에 대해서는 다음을 보라. *The Character of a Town Gallant*. 발췌한 인용문은 다음에 있다. Albert Savine, *La cour galante de Charles II*, p. 130 이하.

67 Daniel Defoe-Samuel Richardson, *A Tour through the Islands of Great Britain etc.*, 8ᵗʰ ed. 2, 1778, pp. 92, 93.

68 Johann Wilhelm von Archenholtz, *England und Italien*, 2, p. 230.

69 Henri d'Almáras, *Les plaisirs du Palais Royal*, I. c. p. 11.

70 Daniel Defoe, *The Complete English Tradesman*, 2. ed., 1727.

71 Johann Wilhelm von Archenholtz, *England und Italien*, 2, 1787, p. 231 이하.

72 Louis-Sébastien Mercier, *Tableau de Paris*, 3, p. 109 이하.

73 Paul Ginistry (ed.), *Mademoiselle Duthé et son temps*, Paris, 1909, p. 40.

제5장 사치에서의 자본주의의 탄생

1 다음에 정확한 진술이 있다. Adam Anderson, *The Origin of Commerce*, II, Dublin, 1790, p. 387.

2 《백과사전*Encyclopédie*》에 있는 〈사치 단속령Lois somtuaires〉 항목이 가장 잘 보고하고 있다.

3 Montesquieu, *De l'Esprit des Lois*, 1, VII. ch. IV.

4 Abbé Coyer, *Développement et défense du système de la noblesse commerçante*, 1, 1757, p. 52.

5 Nicholas Barbon, *A Discourse of Trade*, 62, 1690, bei William Cunningham, *The Growth of English Industry and Commerce*, 2, p. 392 여기에는 이와 관련된 내용이 더 있다.

6 David Hume, "Of refinement in the arts" in *Essays*, ed. 1793, 2, p. 19 이하.

7 Bernard Mandeville, *The Fable of the Bees: or Private Vices, Publick Benefits*, 6. ed. 1732, p. 10(주석 1-N) [버나드 맨더빌 지음, 최윤재 옮김, 《꿀벌의 우화》, 문예출판사, 2010, 105~106쪽].

8 Wilhelm Freiherr von Schröder, *Fürstliche Schatz-und Rent-Kammer nebst seinem nothwendigen Unterricht vom Goldmachen*, Leipzig, 1774, p. 172.

9 Wilhelm Heyd, *Geschichte des Levantehandels im Mittelalter*, 2, 1879, p. 550 이하.

10 Aloys Schulte, *Geschichte des mittelalterlichen Handels und Verkehrs zwischen Westdeutschland und Italien mit Ausschluß von Venedig*, 1900, p. 720 이하.

11 Germain Martin, *La Grande industrie sous le règne de Louis XIV*, p. 288 이하.

12 이 목록은 다음에 있다. Jean A. Chaptal de Chanteloup, *De l'Industrie française*, 1, p. 130.

13 Alexander von Humboldt, *Essai politique sur le royaume de la Nouvelle Espagne*, 4, 1811, p. 366 이하.

14 Thomas Fowell Buxton, *The African Slave Trade*, 1840.

15 Otto Langer, *Sklaverei in Europa*, p. 16.

16 Ignacy Schipper, *Anfänge des Kapitalismus bei den abendländischen Juden im frühen Mittelater*, 1907, p. 19 이하. Georg Caro, *Sozial-und Wirtschaftsgeschichte der Juden im Mittelalter und der Neuzeit*, 1, p. 137 이하. 다음을 참조하라. Wilhelm Heyd, a. a. O. 2, p. 542 이하.

17 증거가 되는 구절은 다음에 있다. Reinhard Heynen, *Zur Entstehung des kapitalismus in Venedig*, 1905, p. 32 이하.

18 Adam Anderson, a. a. O. 4, p. 130(어느 한 "프랑스인 저자"에 따르면).

19 Bryan Edwards, *The History Civil and Commercial of the British Colonies in the West Indies*, 2, p. 65.

20 Malachy Postlethwayt, *Dictionnary of Commerce*, 1, p. 709 이하. "영국"이라는 제목이 붙은 장을 보라.

21 Onslow Burrish, *Batavia Illustrata or a View of the Policy and Commerce of the United Provinces: Particularly of Holland*, 1728, p. 354 이하.

22 Alexandre Moreau de Jonnès, *État économique et social de la France*, 1867, p. 349.

23 Daniel Defoe, *The Complete English Tradesman*, 5. ed. 1745, Ch. Ll. 나는 이 5판 이외에 1724년에 출간된 2판만을 갖고 있다. 이 2판에는 내가 언급하고 있는 장이 아직은 없다. 문제의 추가 부분이 3판에 있는지 아니면 4판에 있는지는 독일에서는 확인할 수 없다.

24 *Zeitschrift des Historischen Vereins für Schwaben und Neuburg*, 6, pp. 38, 39.

25 Louis-Sébastien Mercier, *Tableau de Paris*, 1783, Ch. DLV.

26 이러한 서술 전체와 관련해서는, 근대적인 소매업의 발전 경향을 설명한 나의《근대 자본주의*Der Moderne Kapitalismus*》를 참조할 수 있을 것이다.

27 Robert Campbell, *The London Tradesman*, 1745, p. 47.

28 *Encyclopédie méthodique*, 2, Paris, 1791, p. 219 이하에 있는 항목 〈실내 장식업자Tapissier〉.

29 Jacques Savary, *Dictionnaire du Commerce*, 2, p. 714.

30 *A General Description of all Trades*, 1747, p. 49.

31 Idem., p. 215.

32 Louis-Sébastien Mercier, *Tableau de Paris*, 7, p. 73.

33 *Correspondance du marquis de Balleroy*, publ. par le Comte E. de Barthélemy bei Humbert de Gallier.

34 (1) *A General Description of all Trades etc.*, 1747. (2) Robert Campbell, *The London Tradesman, being a compendious view of all the Trades, Professions, Arts etc.*, 1747.

35 Daniel Defoe, *The Complete English Tradesman*, 1, 1745, p. 215.

36 Carlo Bertagnolli, *Delle vicende dell'agricoltura in Italia*, 1881, p. 266 이하.

37 Konrad Häbler, *Die wirtschaftliche Blüte Spaniens im 16. Jahrhundert*, 1888, S. 35.

38 이에 대한 증거는 다음에 있다. Moritz J. Bonn, *Spaniens Niedergang*, 1896, p. 113.

39 Daniel Defoe, *A Tour Through the Whole Islands of Great Britain*.

40 영Arthur Young의 저작 중 그의 남부 여행기는 우리의 목적에 특히 중요하다. *A Six Weeks Tour through the Southern Countries of England and Wales*. 나는 1769년에 출간된 2판에 따라 인용하였다.

41 Sir Frederick M. Eden, *State of the Poor or an History of the laboring Classes in England from the Conquest to the Present Period etc.*, 3 Vols., 1797.

42 Daniel Defoe, 같은 책, 1, p. 101.

43 Arthur Young, 같은 책, p. 78 이하.

44 Daniel Defoe, 같은 책, 1, pp. 139. 160.

45 Daniel Defoe, 같은 책, 1, pp. 199. 206.

46 Daniel Defoe, 같은 책, 2, p. 137.

47 Daniel Defoe, 같은 책, 1, p. 65 ; Arthur Young, 같은 책, p. 21 이하.

48 Arthur Young, 같은 책, p. 49 이하.

49 Daniel Defoe, 같은 책, 3, p. 10(링컨셔를 의미한다).

50 Arthur Young, 같은 책, p. 200 이하(솔즈베리의 주변 지역을 의미한다).

51 Arthur Young, 같은 책, p. 308 이하.

52 Arthur Young, 같은 책, p. 317.

53 Wilhelm Hasbach, *Die englischen Landarbeiter in den letzten hundert Jahren und die Einhegungen*, 1894, S.11 (Schriften des Vereins für Sozialpolitik, Band 59).

54 Daniel Defoe, 같은 책, 1, p. 182.

55 페티William Petty에 따르면 67만 명. 1699년판《에세이Essay》1권을 참조하라.

56 Daniel Defoe, 같은 책, 3, p. 265.

57 Wilhelm Hasbach, 같은 책, pp. 116 이하.

58 Frederick M. Eden, 같은 책, I. c. 1, p. 334.

59 Daniel Defoe, 같은 책, 2, p. 111.

60 Daniel Defoe, 같은 책, 2, p. 112.

61 Guy Miege & Solomon Bolton, *The Present State of Great Britain and Ireland*, 10. ed., 1745, p. 102.

62 Daniel Defoe, 같은 책, 1, p. 324.

63 서리Surrey, 벅스Berks, 옥스퍼드Oxford, 특히 노스 윌트셔North Wiltshire. 이런 곳들에서 런던 시장을 위해 시골에서 생산된 보리가—퀸히스Queenhith에는 엿기름을 위한 특별시장이 있었다—애빙던Abingdon, 파링던Faringdon 등의 도시에서 엿기름으로 가공되었다. Daniel Defoe, 같은 책, 2, p. 113.

64 서퍽Suffolk의 헤닝험Henningham 근처. Arthur Young, 같은 책, p. 69. 그러나 서리의 파넘Farnham에서는 한때 번창했던 곡물 재배가 완전히 호프(재배)에 굴복하지 않을 수 없었다. Daniel Defoe, 같은 책, 1, p. 196 ; Arthur Young, 같은 책, p. 217.

65 서리의 크로이든Croyden은 런던의 가장 큰 귀리 시장이었다. Daniel Defoe, 같은 책, 1, p. 217.

66 에식스Essex의 일부 지역. Arthur Young, 같은 책, p. 266.

67 Daniel Defoe, 같은 책, 1, p. 209.

68 Daniel Defoe, 같은 책, 2, pp. 32, 181.

69 Daniel Defoe, 같은 책, 2, p. 32.

70 특히 버크셔Berkshire와 버킹엄셔Buckinghamshire의 삼림이 울창한 지역. Daniel Defoe, 같은 책, 2, pp. 32, 55.

71 Daniel Defoe, 같은 책, 1, p. 120.

72 Jean François Melon, *Essai politique sur le commerce*, 1734, Coll. des Ec., p. 696.

73 John E. Cairnes, *The Slave Power*, 1863, p. 76.

74 Jean-Baptiste Labat, *Nouveau Voyage aux isles de l'Amérique*, 1742.

75 Alexander von Humboldt, *Essai politique sur le royaume de la Nouvelle Espagne*, 3, p. 179.

76 Albrecht Hüne, *Darstellung aller Veränderungen des Sklavenhandels*, 1820.

77 Heinrich Handelmann, *Geschichte der Insel Hayti*, 1860, p. 28.

78 Adam Anderson, *Origin of Commerce*, 4, p. 690.

79 Alexandre Moreau de Jonnès, *Recherches statistiques sur l'esclavage colonial*, 1842.

80 Ernest Pariset, *Histoire de la Fabrique lyonnaise*, 1901, p. 15.

81 Romolo Broglio d'Ajano, *Die venetianische Seidenindustrie*, 1893, p. 2.

82 H. Sieveking, "Die genuesische Seidenindustrie", in *Schmollers Jahrbuch*, 21, 1897, pp. 101 이하, 103.

83 Ernest Pariset, 같은 책, I. c. p. 35.

84 Justin Godart, *L'ouvrier en soie*, 1899, p. 89.

85 Giovanni Niccolò Pasquali Alidosi, *Instruttione delle cose notabili della città di Bologna*, 1621, p. 37.

86 Johann Joachim Becher, *Närrische Weisheit*, 1686, p. 19 이하, p. 234.

87 Daniel Defoe, *A Tour Through the Islands of Great Britain*, 3^8, 1778, p. 104.

88 Alexandre Moreau de Jonnès, *État économique et social de la France*, p. 337.

89 Johann Beckmann, *Beyträge zur Oekonomie, Technologie, Polizei und Cameralwissenschaft*, 1, 1779, p. 108 이하.

90 마르탱Germain Martin의 《루이 14세 치하에서의 대산업 *La Grande industrie sous le règne de Louis XIV*》, 1899, pp. 240/241에 있는 국립 문서.

91 Germain Martin, 같은 책, I. c, p. 301.

92 Louis-Sébastien Mercier, *Tableau de Paris*, 9, p. 312 이하.

93 Germain Martin, 같은 책, I. c. 150 이하.

94 Otto Wiedfeldt, *Entwicklungsgeschichte der Berliner Industrie*, 1898, p. 322.

95 Viktor Böhmers, "Urkundliche Geschichte und Statistik der Meißner Porzellanmanufaktur vom 1710 bis 1880, mit besonderer Rücksicht auf die

Betriebs-, Lohn- und Kassenverhältnisse", in *Zeitschrift des Königlich Sächsis chen Statistischen Bureaus*, 26, 1880, p. 44 이하.

96 Louis-Sébastien Mercier, *Tableau de Paris*, 11, 1788, pp. 41/42.

97 Alfred Doren, *Die Florentiner Wollentuchindustrie*, 1901, p. 23.

98 Alfred Doren, a. a. O. S. 22.

99 Alfred Doren, a. a. O. S. 86 이하.

100 Francesco Guicciardini, *Opere*, 6, pp. 275/276. 다음에서 인용하였다. Konrad Häbler, *Die wirtschaftliche Blüte Spaniens*, 1888, p. 47.

101 Diego de Colmenares, *Historia de la insigne ciudad de Segovia, compendio de la historia de Castilla*, 1640, p. 547. 다음에서 인용. Moritz J. Bonn, *Spaniens Niedergang*, 1896, p. 120.

102 Germain Martin, *La Grande industrie sous le règne de Louis XIV*, p. 17.

103 "Manufacture", *Encyclopédie méthodique*, 1, p. 337.

104 원본의 기록은 대부분 다음에 재수록되어 있다. Emile Levasseur, *Histoire des classes ouvrières*, 2, 1904, p. 421 이하.

105 George Richardson Porter, *The Progress of the Nations*, 3. ed., 1851, p. 169.

106 Daniel Defoe, *The Complete English Tradesman*, 2, p. 290.

107 후세의 연구가들이 모두 의존하고 있는 주요 자료는 다음의 것이다. *Report form the Committee of the House of Commons on the Woollen Manufacture of England*, 1806.

108 자료는 다음에 있다. W. J. Ashley, *Englische Wirtschaftsgeschichte*, 2, p. 270.

109 1. u, 2. Phil, and Mar. c. 14. 다음에서 인용. William Cunningham, *The Growth of English Industry and Cummerce*, 1⁴, p. 525.

110 *Allgemeine Schatzkammer der Kauffmannschaft*, 1741, pp. 1213/1214.

111 Alfred Franklin, *Les magasins de nouveautés*, 1894, p. 265.

112 *The Trade of England Revived*, 1681, p. 36; 다음에서 인용하였다. Sidney and Beatrice Webb, *The History of Trade Unionism*, 1894, p. 26.

113 Robert Campbell, *The London Tradesman*, p. 192.

114 Sidney and Beatrice Webb, 같은 책, I. c. p. 26.

115 Emile Langlade, *La marchande de modes de Marie Antoinette*, s. a.

116 Hugo Kanter, "Die Schuhmacherei in Breslau", in *Schriften des Vereins für Sozial-Politik*, 65, 1895, p. 26.

117 Louis-Sébastien Mercier, *Tableau de Paris*, 11, 1788, p. 19.

118 Robert Campbell, *The London Tradesman*, p. 233 이하.

119 Jacques Savary, *Dictionnaire du Commerce*, 2, p. 631.

120 Otto Wiedfeldt, *Entwicklungsgeschichte der Berliner Industrie*, p. 364.

121 Bergius, *Com. Magaz.*, 3, p. 236.

122 *Négociations du Comte d'Avaux*, 5, p. 267. 다음에서 인용. Charles Weiß, *Histoire des réfugiés protestants de France*, 2, p. 131.

123 Otto Wiedfeldt, 같은 책, p. 209.

124 Eugène Müntz, *Les arts à la cour des papes*, 1, pp. 104, 84 n 3. 다음을 참조하라. Jacob Burckhardt, *Geschichte der Renaissance*, 3판, 1891, pp. 19, 20.

125 Louis-Sébastien Mercier, *Tableau de Paris*, Ch. 636. 8, p. 166 이하.

126 Robert Campbell, *The London Tradesman*, p. 229 이하.

127 *A General Description of All Trades*, p. 65.

128 Daniel Defoe, *The Complete English Tradesman*, 2, p. 237.

129 Arthur Cohen, "Das Schreinergewerbe in Augsburg", in *Schriften des Vereins für Social Politik*, 64, 1895, p. 500.

130 원본 문서에 기초해서 고블랭 제조소를 정확하게 기술한 것은 다음에 있다. Emile Levasseur, *Histoire des classes ouvrières*, 2, p. 242 이하.

131 Emile Levasseur, *Histoire des classes ouvrières*, 2, p. 310.

132 R. S. Clouston, *English Furniture and Furniture Makers of the XVIII Century*, 1906(그렇지만 이 책은 유감스럽게도 조직 문제에 대해서는 거의 다루지 않고 있다).

133 Richard Hirsch, "Die Möbelschreinerei in Mainz", in *Schriften des Vereins für Social Politik*, 34, 1893, pp. 296, 312.

134 Otto Wiedfeldt, a. a. O. S. 188.

135 Otto Wiedfeldt, a. a. O. S. 390.

136 Otto Wiedfeldt, a. a. O. S. 386.

137 Germain Martin, *La Grande industrie sous le règne de Louis XIV*, p. 144.

138 *A General Description of All Trades*, p. 339.

옮긴이의 말

본서는 독일의 경제학자이자 사회학자인 베르너 좀바르트Werner Sombart(1863~1941)의《근대 자본주의의 발전사에 대한 연구Studien zur Entwicklungsgeschichte des modernen Kapitalismus》(München und Leipzig, Duncker & Humblot, 1913)의 제1권《사치와 자본주의Luxus und Kapitalismus》를 번역한 것이다(제2권은《전쟁과 자본주의Krieg und Kapitalismus》이다).

베르너 좀바르트는 부유한 지주이자 정치가의 아들로 태어나, 베를린대학에서 경제학을 공부하였으며, 사상적으로는 슈몰러Gustav von Schmoller, 마르크스Karl Marx, 딜타이Wilhelm Dilthey 등의 영향을 받았다. 졸업 후에는 이탈리아의 피사대학에 유학하여 빈곤한 농촌 지대의 여러 문제에 흥미를 느껴 농업경제에 관심을 가졌으며, 귀국 후에는 브레멘 상공회의소의 고문이 되었다(1888~1890). 그 뒤 브레슬라우대학과 베를린상과대학을 거쳐, 1917년에 모교인 베를린대학의 교수가 되었고, 1931년에는 명예교수로서 베를린상과대학으로 옮겼다. 한편 1904년부터는 막스 베버Max Weber(1864~1920)와 함께《사회과학 및 사회정책 잡지Archiv für Sozialwissenschaft und Sozialpolitik》를 편집하면서 규범적인 경제학에 반대하였다. 그는 초기에는 마르크스에게 동정적이었으나 나중에는 차차 반反마르크스 쪽으로 변하였으며, 또다시 말년에는 민족주의로 기울었다.

그의 주저로는《사회주의와 사회운동Sozialismus und Soziale Bewegung》(1896. 이 책은 처음에는 소책자였으나 판을 거듭하면서 개정 증보되었다. 1924년 출간한 제10판은《프롤레타리아 사회주의Der proletarische Sozialismus》로 책명이 바뀌었으며, 계급 증오감에 입각한 사회주의, 특히 마르크스주의만을 비판적으로 다루었다. 1934년에 출간한《독일 사회주의Deutscher Sozialismus》는 그 자매편으로서 독일의 국민성에 맞는 건설적인 사회주의를 논하였다), 필생의 대작이라고 말할 수 있는《근대 자본주의Der moderne Kapitalismus》(제1·2권, 1902; 제3권, 1927)《유대인과 경제생활Die Juden und das Wirtschaftsleben》(1911),《부르주아Der Bourgeois》(1913),《세 종류의 경제학Die drei Nationalökonomien》(1930),《사회학Sozioligie》(1936),《인간에 대하여Vom Menschen》(1938) 등이 있다.

여기서 독자에게 소개하는《사치와 자본주의》는 그의 주저에는 들어가지 않지만, 매우 독특한 시각을 엿볼 수 있는 저작이다. 사치란 남녀 간의 사랑(특히 비합법적인 사랑)과 관련이 있는 육욕적인 소비 행위이며, 이러한 감각적인 소비 풍조가 사회 전체에 만연되어 서구 사회에 자본주의라는 경제체제를 탄생시켰다는 것이다. 이러한 주장은 근대 자본주의의 발생 원인을 탐구한 당시의 경제사가들뿐만 아니라, 좀바르트 사후의 많은 사회과학자들의 연구 성과와도 상당히 다르다. 물론 좀바르트가 쓰고 있는 자본주의 개념에는 이론異論의 여지가 있으며, 또 동시대인으로서 그와 비슷한 문제에 대해서 연구한 막스 베버에게서 볼 수 있는, 다른 지역(중국, 인도 등)과 비교 분석하는 시도가 없는 것도 아쉬운 점이다.

그렇지만 이 책에는 우리가 결코 무시할 수 없는 좀바르트의 독창성이 담겨 있다. 특히 그것은 제3장 "사랑의 세속화"에서 전개되고 있는, 새로운 '에토스ethos'의 출현에 대한 변화된 성적 가치의 기여에 대한 분석이다. 그의 주장을 간단하게 살펴보자. 서구에서는 11세기부터 사랑이 점차 세속화되었다. 즉 사랑은 종교적인 목적이나 규칙, 제도 등에 점점 덜 구속되었다. 그리고 13세기 이후에는 "쾌락주의적이며 심미적인 여성관"이 서서히 출현하였다. 한마디로 말해서 사랑은 더욱더 자유로워졌으며, 이러한 사랑의 "해방"과 함께 고급창녀Kurtisane, 애인Maitresse, 매춘부Grande Cocotte, 매음녀Cortegiana 등등의 다양한 이름으로 불리는 새로운 계급의 여성들이 출현하였다. 그들은 궁정이 있는 곳이면 어디에나 있었는데, 이들은 궁정사회에 부, 장식품, 과시적 소비에 대한 욕망을 불러일으켰다. 그러나 그러한 유형의 여성들을 애첩(애인)으로 삼은 것은 왕후王侯나 궁정 귀족만이 아니었다. 자본가나 부유한 상인들도 정부를 거느리는 데 막대한 돈을 썼다. 그리고 그 새로운 계급의 여성들은 상류사회의 부인들의 생활양식에도 결정적인 영향을 끼쳐 낭비와 사치 풍조를 사회 전체에 퍼지게 하였다.

이상과 같은 좀바르트의 진술은 그가 머리말에서 이 책의 제목을 "사랑, 사치와 자본주의"라고 붙였어야 했다고 말한 이유를 알게 해주는 근거이다. 사실, 1983년에는 이 책이 《사랑, 사치와 자본 주의Liebe, Luxus und Kapitalismus》(Berlin, Klaus Wagenbach)라는 제목을 달고 서 새로 출간되었다(이 신판에는 "낭비정신에서의 근대세계의 발생에 대하 여Über die Entstehung der modernen Welt aus dem Geist der Verschwendung"라는 부제가 붙어 있다).

《사치와 자본주의》는 사치의 경제사적 의미뿐만 아니라 사치의 사 회문화사적 의미도 파악하려고 시도한 것으로 볼 수 있다. 비록 과학 적인 엄밀성과 타당성이 부족하다 하더라도, 근대 자본주의의 발생 에 관한 미개척 연구 영역으로 안내해 준다는 점에서는 커다란 이점 을 갖고 있다.《사치와 자본주의》가 근대사회의 형성에 있어서의 소 비의 역할 및 소비문화의 발전을 연구하는 소비역사학자들의 참고문 헌에 끊임없이 등장하는 이유도, 또 현재 생성 중에 있는 학문인 '소 비학consumology'의 고전이라고 말할 수 있는 근거도 그 점에 있을 것이 다.

본서는 생산주의 사관에 젖어 있는 사회과학자들로부터는 외면당 해왔고 또 앞으로도 계속 외면당하겠지만, '생산주의적 편견productivist bias'에서 벗어나려고 하는 사람에게는 상당한 지적 자극을 줄 것이다. 그것이 이 책이 최근에 다시 주목받기 시작한 이유라고 생각한다.

1997년 11월
이상률

옮긴이 **이상률**

고려대학교 문과대학 사회학과와 같은 대학원을 졸업하고, 프랑스 니스대학교에서 수학했다. 현재는 번역가로 활동 중이다. 주요 번역서로는 클로드 프레드릭 바스티아의 《국가는 거대한 허구다》, 가브리엘 타르드의 《모방의 법칙》, 《여론과 군중》, 표트르 크로포트킨의 《빵의 쟁취》, 막스 베버의 《도교와 유교》, 《직업으로서의 학문》, 칼 뢰비트의 《베버와 마르크스》, 로제 카이와의 《놀이와 인간》, 데이비드 리스먼의 《고독한 군중》, 세르주 모스코비치의 《군중의 시대》, 피터 L. 버거의 《사회학에의 초대》, 그랜트 매크래켄의 《문화와 소비》 등이 있다.

사치와 자본주의

개정판 1판 1쇄 발행 2017년 1월 25일

지은이 베르너 좀바르트 | 옮긴이 이상률
펴낸곳 (주)문예출판사 | 펴낸이 전준배
출판등록 1966. 12. 2. 제 1-134호
주소 03992 서울시 마포구 월드컵북로 6길 30
전화 393-5681 | 팩스 393-5685
홈페이지 www.moonye.com | 블로그 blog.naver.com/imoonye
페이스북 www.facebook.com/moonyepublishing | 이메일 info@moonye.com

ISBN 978-89-310-1030-5 03300